T0081397

**CURSO DE FORMACION
TEOLOGICA EVANGELICA**

IX

Escatología II

ESTE CURSO DE FORMACION TEOLOGICA EVANGELICA

consta de los siguientes títulos, todos ellos publicados:

De venta en CLIE, Galvani, 113-115, Terrassa (Barcelona), y en las librerías evangélicas de España e Hispanoamérica

CURSO DE FORMACION TEOLOGICA EVANGELICA

Tomo IX
ESCATOLOGIA II

Francisco Lacueva

editorial clie

Libros CLIE
Galvani, 113
08224 TERRASSA (Barcelona)

ESCATOLOGÍA II

© por CLIE

Depósito Legal: SE-3780-2004
ISBN 84-7228-781-5

Impresión: Publidisa

ÍNDICE DE MATERIAS

SEGUNDA PARTE: EL ESTADO INTERMEDIO

TERCERA PARTE: LAS RESURRECCIONES

SÉPTIMA PARTE: EL ESTADO ETERNO

INTRODUCCION

«Escatología» es un término griego que significa «tratado de las últimas cosas». La Escatología cristiana tiene, como el resto de la teología, un fondo viejotestamentario, ya que los escritores del Nuevo Testamento eran judíos, con una mentalidad semítica, según se echa de ver por los frecuentes hebraísmos. Ahora bien, los judíos dividían la historia de la humanidad en dos partes: «los primeros tiempos», que abarcan hasta la Venida del Mesías, con la que se inauguraba el llamado «cumplimiento de los tiempos» (Mr. 1:15; Gá. 4:4); y «los últimos tiempos», a partir de la Venida del Mesías (v. 1.ª Jn. 2:18), los cuales habían de culminar en el acto final: «el Día de YHWH», en el que Dios juzgaría a la humanidad y bajaría el telón de la Historia.

La Escatología suele dividirse en individual o particular, y colectiva o general. La primera concierne a la suerte de cada individuo, y trata de responder a preguntas tan inquietantes como éstas: ¿Se acaba todo con la muerte? ¿Adónde voy a desembocar al final de mi vida en este mundo? ¿Qué hay reservado para mí al otro lado de la tumba? He. 9:27 nos dice lacónicamente (aunque allí lo ofrece únicamente como una comparación) que «está reservado a los hombres el morir una sola vez, y después de esto el juicio». La muerte marca así la línea divisoria, irreversible, para el individuo humano.

Pero la salvación final del hombre entero coincide con la Segunda Venida de Cristo (v. Ro. 8:24; 1.ª Co. 13:10; 15:19 ss.; 1.ª Ts. 4:13 — 5:11; 2.ª P. 3:1 ss.; 1.ª Jn. 3:2; etc., y, especialmente, He 9:28) De ahí, el énfasis que notamos *en Ap. 22:17 ss. Esa es la culminación del Reino de Dios en la eternidad, y la suerte final de la humanidad. Muchas veces nos preguntamos: ¿Adónde va la humanidad? ¿En qué van a desembocar los avatares de la Historia, a la vista de las crisis económicas, políticas, sociales, religiosas, culturales, que estamos presenciando? ¿Quién y cómo va a detener la escalada de violencia, de libertinaje, de ansiedad, de frustración y de confusión con que la humanidad de hoy se ve acosada y envuelta?*

Una cosa es cierta para todo creyente maduro: Dios está en su trono, el Dios viviente tiene el control del Universo y, por discordantes que nos parezcan muchas de las cosas que suceden, sabemos que, así como un acorde de séptima dominante parece herir el tímpano de un buen músico y exige la transición a un acorde final perfecto, así también nuestro Dios pondrá, con el último gesto de su batuta omnipotentemente directora, un final justo y perfecto a la Historia de la humanidad: Su conducta quedará plenamente justificada (v. Sal. 51:4 b), y Su nombre será total y universalmente glorificado (v. Ap. 4:11; 5:13). Se habrá dado el «jaquemate» al mal, por mucho que el Maligno haya confiado en la estrategia, fríamente calculada, de sus jugadas.

El mundo anda a ciegas en cuanto al desenlace de este juego, para él incomprensible, de la Historia. Incluso dentro del ámbito de los que profesan ser cristianos, la teología liberal, como los burladores del primer siglo de nuestra era (v. 2.ª P. 2:1 ss.; 3:3 ss.), adopta la táctica del avestruz y se atreve a negar prácticamente las verdades bíblicas que pertenecen al campo de la Escatología.[1] En cambio, el verdadero creyente encuentra en la Biblia la respuesta a las dudas más tenaces y a las preguntas más inquietantes, atento a la palabra profética «como a una lámpara que alumbra en un lugar oscuro, hasta que despunte el día, y el lucero de la mañana alboree en nuestros corazones» *(2.ª P. 1:19).*

---

1. Véase HARVEY M. CONN, *Teología Contemporánea en el Mundo* (trad. de J. M. Blanch, publicado por la Subcomisión Literatura Cristiana de la Iglesia Reformada, s/f), pp. 40, 53 y 92.

Es cierto que hay aspectos de la Escatología no del todo claros, más por defecto de una correcta hermenéutica que por la cantidad de datos revelados, los cuales es menester analizar, estudiar y ponderar en sí mismos y en el conjunto de las Escrituras. Para esta tarea, es preciso dejar a un lado los prejuicios de escuela, revestirse de humildad para cambiar de opinión ante la evidencia y no permitir que se relaje el vínculo de la paz —que es el amor— (Ef. 4:2-3) en la discusión con otros hermanos que, sin mala fe, sostienen puntos de vista diferentes de los nuestros. Tales aspectos no deben producir división entre los creyentes (recordemos siempre lo de Agustín: «en lo necesario, unidad; en lo dudoso, libertad; en todo, caridad»). La clásica fábula del trágico final de los conejos, por entretenerse en discutir si los perros que les perseguían eran galgos o podencos, nos ha de servir siempre de lección. El estudio y la discusión de las doctrinas escatológicas nunca deben relegar a segundo plano las verdades medulares del Evangelio para la salvación de los perdidos y la santificación de los creyentes. Una morbosa curiosidad acerca de fechas, lugares y otros detalles periféricos, es claro indicio de inmadurez espiritual. Como dice Thieme, «el bebé busca entretenimiento».[2]

Esto no significa que el estudio de la Escatología haya de ser relegado al olvido. Son ya bastantes los pastores de iglesias (evangélicas), a quienes he oído que no se atreven a predicar o enseñar sobre el libro del Apocalipsis, sencillamente porque no lo entienden o creen que carece de importancia. Y eso, siendo el libro que cierra majestuosamente la revelación escrita de Dios y que, a mayor abundamiento, es el único que comienza con una bienaventuranza para «el que lee y los que oyen las palabras de esta profecía, y guardan las cosas escritas en ella; porque el tiempo está cerca» *(Ap. 1:3). Y la proclamación continua (nótese el tiempo presente) del mensaje medular del Evangelio* —«la muerte del Señor»—, *no debe escaparse de nuestra recordación (gr. «anámnesis», vocablo que connota repe-*

---

2. Véase mi libro *Espiritualidad Trinitaria* (CLIE, Terrassa, 1983), 3.ª parte, capítulo 1.º, punto 1.

tición), «hasta que Él (el Señor Jesús del contexto) venga» (1.ª Co. 11:26); por supuesto, hasta que venga por Segunda vez, puesto que, cuando Pablo escribía esto, hacía más de medio siglo que había venido ya por vez primera. El culto, pues, por excelencia, de la comunidad eclesial incluye, en su misma significación fundamental, un importantísimo aspecto escatológico; tan importante, que él sirvió para mantener en vigilia tensa y expectante a la primitiva Iglesia y, detalle muy curioso, comenzó a palidecer precisamente cuando la Iglesia salió de las catacumbas y pasó a ser protegida por el Estado.

Por tanto, ya que la Palabra de Dios tan repetidamente nos exhorta a la amorosa expectación de la Segunda Venida del Señor (v. por ej., 1.ª Ts. 5 y 2.ª P. 3), nos interesa mucho el estudio profundo de la profecía y, especialmente, del Apocalipsis, libro al que, como ya hemos dicho, tanto miedo tienen muchos pastores y predicadores, y que tan ligeramente es expuesto y alegorizado por bastantes teólogos y exegetas.[3] Me atrevo a decir que el libro del Apocalipsis posee una como clave perfectamente detectable cuando se estudia mediante una correcta hermenéutica (la literal o histórico-gramatical) y dentro del contexto general de los numerosos lugares bíblicos que apuntan hacia la consumación, mostrando claramente que el reino mesiánico tendrá cumplimiento final en la tierra (v. Lc. 1:32:33). La dificultad del tema no debe impedir, sino estimular, el estudio de la profecía (comp. con 2.ª P. 3:16).

---

3. El prestigioso teólogo reformado Ch. Hodge, en su *Systematic Theology*, III, p. 790, se expresa así acerca de la Segunda Venida: «Este tema no se puede discutir adecuadamente sin hacer un recorrido por todas las enseñanzas proféticas de las Escrituras, tanto del Antiguo como del Nuevo Testamento. Esta tarea no puede ser llevada a cabo satisfactoriamente por alguien que no se haya especializado en el estudio de las profecías. El autor, sabedor de que no posee tal cualificación para esa tarea, se propone limitarse en gran medida a un resumen histórico de los diversos esquemas de interpretación de las profecías bíblicas que se refieren a este asunto.» Lo curioso e inexplicable del caso es que un autor que confiesa paladinamente su ignorancia acerca de la profecía, se meta a refutar los puntos de vista del dispensacionalismo. ¡Cosas veredes!

El que esto escribe fue enseñado, primero en la Iglesia de Roma, después en el lado evangélico (aunque sin dogmatizar), a mantener y defender una postura amilenarista, alegorizante de la profecía. Un estudio profundo del Apocalipsis, en exposición semanal a mi congregación de Vigo, durante dos años enteros (de 1977 a 1979), me llevó a la firme convicción de que el premilenarismo pretribulacionista y dispensacionalista era la única solución al aparente rompecabezas de los textos proféticos.[4] Esta es la postura que pienso sostener en el presente volumen. Con ello, tendrán los estudiosos de nuestro CURSO DE FORMACION TEOLOGICA EVANGELICA una alternativa (que editor y autor hemos juzgado necesaria) al volumen que, con el mismo título, escribió para este mismo CURSO el profesor J. Grau, cuyos puntos de vista (aunque sin tanto dogmatismo) compartía yo cuando se publicó su libro. Yo le animé, es cierto, como él mismo dice en su libro,[5] a que lo escribiese, aunque también le previne contra el peligro de resultar demasiado polémico, y en esto pienso que se excedió.

En su libro A Survey of Bible Doctrine, *el doctor Charles C. Ryrie encabeza el último capítulo (9* What Does the Future Hold?*) del siguiente modo:*

El interés del hombre en el futuro es legendario, y muchos profetas —verdaderos y falsos— han tratado de satisfacer dicho interés. Profetizar es un negocio arriesgado, aunque sólo sea por la simple razón de que no se puede mantener un negocio cuando se han sufrido demasiados fracasos. El Antiguo Testamento preceptuaba que el profeta del que hubiese evidencia de que no hablaba en nombre del Señor, o cuya profecía no se cumpliera, fuese apedreado sin compasión (Dt. 13:1-11; 18:20-22). En el caso de profetas que hiciesen algunas veces predicciones acertadas (lo cual ocurre, en algunos casos, incluso hoy), su mensaje tenía que ser contrastado con los verda-

---

4. Véase mi libro *Mi Camino de Damasco*, 3.ª ed. (Portavoz Evangélico, Barcelona, 1981), pp. 107-111.
5. P. 27.

deros mandamientos que el Señor había dado previamente a Su pueblo. Si no se ajustaban a dichos mandamientos, tales profetas tenían que ser apedreados también. La Biblia, por supuesto, no sólo contiene muchas profecías, sino que a través de esas mismas profecías nos da seguridad de su exactitud. Ha transcurrido suficiente tiempo como para observar que muchas de sus predicciones se han cumplido con toda exactitud, dándonos así la seguridad de que las que están todavía sin cumplir, sucederán tan exactamente como quedan registradas.[6]

Mucho daño han hecho al premilenarismo dispensacionalista quienes, como Hal Lindsey, se han empeñado en señalar fechas concretas, así como los que tratan de desligar el Evangelio de sus implicaciones sociales, llevados de un pesimismo radical acerca del mundo y de una Teología del Pacto que asemeja la situación de la Iglesia en su entorno a la de Israel, en el Antiguo Testamento, en medio de las naciones circundantes.

Aun cuando las «señales de los tiempos» (Mt. 16:3) nos indican que se aproximan los últimos acontecimientos, no es posible arriesgarse a dar fechas concretas ya que no nos toca «conocer los tiempos o las sazones que el Padre puso en su sola potestad» (Hch. 1:7). Es cierto que las profecías sobre Israel y sobre la confederación final se van cumpliendo paso a paso, pero ignoramos el intervalo de tiempo que nos separa de las que todavía quedan por cumplir.

Por otra parte, la Iglesia ha recibido la Gran Comisión de proclamar el Evangelio a todas las naciones hasta lo último de la tierra; evangelio que anuncia la voluntad de Dios de que «todos los hombres sean salvos» (1.ª Ti. 2:4) y de que sea salvo el hombre entero: «todo vuestro ser, espíritu, alma y cuerpo» (1.ª Ts. 5:23). Por eso mismo, tan incorrecto es olvidar las implicaciones sociales del Evangelio como hacer del Evangelio un manifiesto revolucionario, según propugna la Teología de la Liberación.

---

6. *Op. cit.*, p. 159.

Dentro del campo evangélico, se ataca al dispensaciona-lismo desde dos puntos: 1) se le acusa de fomentar el ocio, al centrar la visión en el futuro, con detrimento de la urgente tarea de evangelizar. Esta acusación es totalmente falsa, puesto que el hecho de suspirar por la pronta Venida de nuestro Salvador, lejos de hacernos ociosos, nos espolea a actuar con urgencia en la predicación del Evangelio y en la preparación de la Esposa de Cristo (v. 2.ª P. 3:9-11); 2) se le acusa también de hacer de menos a la Iglesia, al considerarla como un «paréntesis» tras el cual Israel constituirá el centro de atención y será el recipiendario primordial de las promesas mesiánicas. También esta acusación es falsa, puesto que el dispensacionalismo, lejos de hacer de menos a la Iglesia, la hace de más, ya que (a) ella disfruta de bendiciones celestiales (Ef. 1:3), mientras que a Israel le están reservadas bendiciones terrenales; (b) la Iglesia tiene a Cristo por Esposo; Israel lo tiene por Rey; y es mucho más honroso ser «esposa» que «súbdito» del Rey; (c) es cierto que el dispensacionalismo insiste (porque lo ve en la Biblia) en las diferencias existentes entre Israel, como tal, y la Iglesia; pero también es cierto que reconoce el predominio actual de la unidad sobre la diversidad (1.ª Co. 12:13, comp. con 1.ª P. 3:7).

Sé que me comprometo en la exposición de un tema, además de difícil, amplio. No es posible condensar bien en un pequeño Manual de texto todo lo que el tratado de la Escatología comporta, pero guiado por el estudio y la oración, y basado en una metodología correcta, espero poder ofrecer, con la gracia de Dios, una panorámica suficientemente clara de tan fascinante e importante tema.

Repetimos, que un asunto como éste no debería dividir a los creyentes sino espolearnos a todos al estudio e investigación imparcial de la profecía, sin dogmatismos de una parte, ni ataques de la otra. No se puede ser dogmático en una materia, en que más que en ninguna otra, carecemos de una luz cenital que ilumine los más recónditos arcanos del texto sagrado. Tampoco se puede tachar de «herejía», como hacen algunos, al dispensacionalismo, pues tamaña afirmación sólo puede ser proferida desde el prejuicio de

*un fanático o desde la ignorancia de alguien que no se
ha dedicado de lleno al estudio de las Escrituras.*

Como escribe el profesor E. Trenchard:

> La profecía no es precisamente un foco eléctrico
> para poner en evidencia todo cuanto ha de suceder en
> el porvenir (lo que haría más daño que bien), sino
> «un candil que alumbra en lugar oscuro» (2.ª P. 1:19,
> trad. lit.), de utilidad para que no tropecemos y para
> que pongamos la mira en la gran consumación que
> se espera.[7]

*Pido a Dios que se digne bendecir a cada uno de los
lectores con las mismas bendiciones que ha recibido el
autor durante la preparación y redacción de este libro.*

FRANCISCO LACUEVA

Backwell (Inglaterra), a 16 de diciembre de 1982

---

7. *Estudios de Doctrina Bíblica*, p. 372 (los paréntesis son suyos).

Primera parte

**LA MUERTE
DEL INDIVIDUO HUMANO**

LECCION 1.ª CONCEPTO DE MUERTE I
(SISTEMAS FALSOS)

1. El materialismo

De este sistema, como de todos los demás que vamos a exponer, sólo puntualizamos lo que tiene que ver con la muerte.

Tanto el materialismo histórico como el dialéctico están de acuerdo en afirmar que, siendo el hombre un organismo meramente material, todo se acaba para él con la muerte. No hay que pedirle, pues, a la vida más de lo que ésta nos puede dar y hay que resignarse a perecer, siendo ésta la suerte común de los mortales.

El materialismo parte del prejuicio lamentable de no reconocer como existente sino lo que es perceptible por los sentidos y sujeto a la experimentación científica. De este modo, la existencia de un Dios que es espíritu purísimo y del alma espiritual humana quedan *a priori* descartadas. Hace pocos días desde que escribo esto, un músico ruso, de origen musulmán, suficientemente remunerado económicamente por el gobierno y con cerebro bien lavado a sus 65 años (justamente los que distan de la revolución rusa), decía tranquilamente que él no creía en la existencia de Alá porque Dios existe solamente en el cerebro de los hombres. Pero sólo una táctica semejante a la del avestruz, cuando esconde la cabeza bajo la arena ante la presencia de sus enemigos, puede hacer que alguien sostenga dogmáticamente que Dios no existe, sólo porque él piense que no existe. Ro. 1:18 ss. no deja lugar a dudas sobre la vanidad de los humanos raciocinios cuando el corazón se

halla entenebrecido por el pecado. Un coraz.ón puro y humilde reconoce su propia insuficiencia, contempla las maravillas de la creación y se siente instintivamente religado
a un Ser Absoluto, de cuya existencia depende (Hch. 17:
25, 28). Pensar que de una materia eterna, puesta por sí
misma en movimiento, que asciende dialécticamente de lo
simple a lo completo, de lo inorgánico a lo orgánico, hasta
llegar al hombre, etc., todos los fenómenos de la vida y
de la historia hallan explicación cumplida, es el desatino
más colosal que puede sufrir la razón humana.

2. El existencialismo

Al hablar de existencialismo, podemos decir que el único propiamente dicho es el sostenido por J. P. Sartre. Sartre no se contenta con poner en duda la existencia de Dios,
ni siquiera con negarla, sino que se atreve a sostener que
la existencia de Dios es totalmente imposible. No cabe
para Sartre el Ser Absoluto; sólo cabe la Nada Absoluta
y el ser relativo que es el hombre, de quien Sartre sabe
únicamente que es «un ser para la muerte». Según él, somos arrojados a la existencia sin saber por qué, nos vemos forzados a elegir «libremente» los caminos que hemos
de seguir y las posibilidades que nos salen al encuentro,
y la única certeza que abrigamos es que estamos abocados a la muerte, a la nada. En su libro *El Ser y la Nada*,
estampa las siguientes frases: «La muerte es una aniquilación siempre posible de mis posibilidades, que está fuera
de mis posibilidades; la muerte no es sino la revelación
de lo absurdo de toda espera.»[1] ¡No cabe un pesimismo
más radical! A. Camus sacó la última consecuencia de la
filosofía de Sartre: «Si Sartre tiene razón, la única salida
es el suicidio.»

Otro existencialista, éste español, Blas de Otero, dice en
una de sus amargas poesías:

---

1. *L'Être et le Néant*, p. 619.

Sólo el hombre está solo. Es que se sabe
vivo y mortal. Es que se siente huir
ese río del tiempo hacia la muerte.
Es que quiere quedar. Seguir siguiendo,
subir, a contra muerte, hasta lo eterno.
Le da miedo mirar, cierra los ojos,
para dormir el sueño de los vivos.[2]

Quizás el autor español que mejor representa la corriente existencialista es Miguel de Unamuno. Sin embargo, después de leer sus libros es difícil saber a qué carta quedarse. Es cierto que del existencialismo tiene la angustia ante la muerte, la lucha contra la razón,[3] el ánimo quijotesco de «desfacer entuertos». Para unos, como el difunto obispo de Canarias, Antonio Pildáin, fue «máximo hereje y maestro de herejías»; para otros, como un fraile dominico de Salamanca, «el mayor místico que él había conocido». Me parece que no fue ni lo uno ni lo otro, sino un espíritu atormentado por la duda, pero con un fondo religioso que no logró sacudirse. Frente a su famoso poema *El Cristo de Velázquez*, que con tanto trabajo y entusiasmo ha comentado Roberto Lazear,[4] y el soneto aquel que comienza:

Ahora que voy tocando ya la cumbre
de la carrera que mi Dios me impuso...[5]

tiene este otro poema, que bien podría haber firmado Sartre:

¿Qué es tu vida, alma mía? ¿Cuál tu pago?
¡Lluvia en el lago!

---

2. Véase SÁINZ DE ROBLES, *Historia y Antología de la Poesía Española* (Aguilar, Madrid, 1967), II, p. 2334.
3. Comentando el proverbio tomista «Nada es querido sin ser antes conocido», solía replicar, diciendo: «¡Todo lo contrario! Nada es conocido sin ser antes querido» (comp. con Jn. 7:17: «El que quiera... conocerá...», y con el dicho de Pascal «Tiene el corazón razones que la razón ignora»).
4. R. LAZEAR, *El Maestro de Dolores* (Edit. Caribe, Miami, 1979).
5. Véase SÁINZ DE ROBLES, *op. cit.*, II, p. 1338.

¿Qué es tu vida, alma mía, tu costumbre?
¡Viento en la cumbre!
¿Cómo tu vida, mi alma, se renueva?
¡Sombra en la cueva!

Lágrimas es la lluvia desde el cielo,
y es el viento sollozo sin partida,
pesar la sombra sin ningún consuelo,
y lluvia y viento y sombra hacen la vida.[6]

El existencialismo radical tiene en su angustia y tormento del «sinsentido» el argumento mismo que lo refuta. De todos seres existentes, ¿sólo el ser humano, el único «sujeto» propiamente dicho, habría sido arrojado al ser desde la Nada Absoluta, con el único destino de soportar una existencia corta y amarga, como un aborto de la Naturaleza? ¿No será más bien que el ser humano está caído, por el pecado, de su prístina condición de inocencia, y en esa misma caída experimenta, con lo que le queda de «imagen de Dios», un anhelo de eternidad que sólo Dios pudo poner en su interior? Rota la comunión con Dios, viene la desgracia (Is. 59:1-2), pero Dios mismo, en Su infinita misericordia, ha tendido el puente para salvar el abismo (1.ª Ti. 2:5), y ha reconciliado en Cristo consigo al mundo (2.ª Co. 5:19). El único existencialismo con alguna cordura es el de Agustín de Hipona cuando escribió: «Nos hiciste, Señor, para ti, y está intranquilo nuestro corazón hasta que descanse en ti.»

3. La teoría reencarnacionista

La reencarnación, conocida también con el nombre de metempsicosis (o metempsícosis), es una doctrina según la cual una misma alma puede animar sucesivamente diferentes cuerpos. Platón la admitió en su *Fedro*, llevado de la

---

6. Véase SÁINZ DE ROBLES, *op. cit.*, II, p. 1339. Para todo este tema del existencialismo, véase mi libro *Catolicismo Romano* (CLIE, Tarrasa, 1972), pp. 81-83, y, especialmente, S. VILA, *La Nada o las Estrellas* (CLIE, Tarrasa, 1970), pp. 91 y ss.

llamada «ley de los contrarios», según la cual, así como la muerte viene de la vida, así también la vida viene de la muerte. También se apoyaba en la «ley del recuerdo», pretendiendo que el proceso del aprendizaje no es otra cosa que ir acordándose de los conocimientos y experiencias habidos en una vida anterior. Posteriormente, la teoría de la reencarnación fue adquiriendo un carácter metafísico, completamente esotérico. Los gnósticos de todos los tiempos la han admitido como ley universal.

En este siglo de tan acusado materialismo, se da el curioso fenómeno, especialmente en el hemisferio occidental, de que muchas gentes que han dado de lado al cristianismo, se han convertido en ardientes defensores de la doctrina de la reencarnación. El autor ha observado este fenómeno en España y en Guatemala.

La teoría de la reencarnación tiene un atractivo peculiar por lo razonable que aparentemente se presenta el hecho de que «quien la hace, la paga». Toda acción humana —según esta teoría— deja un «karma» (voz sánscrita que designa los efectos benéficos o maléficos del acto). El ser humano no puede así escapar impune de los crímenes que cometa, sino que ha de expiarlos en reencarnaciones sucesivas, que le servirán como de «escuela de la vida», hasta que se haya purificado de todo rastro impuro y pueda entonces volver al Principio Divino Universal del que salió.

El creyente cristiano no puede admitir la teoría de la reencarnación por dos razones muy sencillas: 1) El ser humano, caído por el pecado, es incapaz de expiar por sí mismo sus maldades, pero el mismo Dios que lo creó, hizo *la purificación de nuestros pecados por medio de sí mismo* (He. 1:3). 2) La misma epístola a los hebreos nos dice tajantemente que *está reservado a los hombres el morir una sola vez, y después de esto el juicio* (He. 9:27). Con lo que la necesidad de ponerse a bien con Dios es tan apremiante, que quien yerra ese paso antes de la muerte, lo ha perdido todo para siempre. «Llevo tres espinas —decía Teresa de Jesús— que siempre me punzan: primera, que no tengo más que una vida en la tierra; si hubiera otra, podría enmendar en ella los fallos de ésta; segunda, que tengo una sola alma; si tuviera dos, aunque perdiese una, podría quizá salvar la otra; tercera, que hay un solo Juez celestial; si hubiese dos, quizá podría acudir al segundo, si el primero me condenara.» No será muy bíblico el razonamiento, pero tampoco se puede negar que rebosa prudencia.

CUESTIONARIO:

1. ¿Cuál es la afirmación básica del materialismo? — 2. ¿En qué prejuicio se apoya el materialismo? — 3. ¿Qué nos indica Ro. 1:18 ss. sobre las conclusiones del materialismo? — 4. ¿Qué opina J. P. Sartre sobre el destino del hombre? — 5. ¿Qué características tiene el existencialismo de Unamuno? — 6. ¿Es razonable la tesis del existencialismo radical? — 7. ¿Qué remedio nos propone la Palabra de Dios contra la angustia de «ser para la muerte»? — 8. ¿En qué se apoya la teoría de la reencarnación? — 9. ¿Qué atractivos ofrece dicha teoría? — 10. ¿Cómo puede refutarse con base en la Palabra de Dios?

LECCION 2.º CONCEPTO DE MUERTE II
(DOCTRINA VERDADERA)

1. La muerte no es cesación, sino separación

Como dice el doctor Ryrie,[7] la muerte no implica cesación o destrucción, sino *separación*. En esta misma línea, escribe Raimundo Lulio: «La muerte corporal es separación del cuerpo y del alma, y la muerte espiritual está en el alma que se aleja de Dios»[8] (v. Is. 59:2; Ro. 7:24).

El concepto de *muerte* se entiende mejor por contraste con el de *vida*.[9] Así como la vida verdadera del ser humano está en razón directa de su comunión con el Dios viviente (YHWH), así también la muerte, en su sentido pleno, está en relación directa de la separación de Dios. De ahí que la Palabra de Dios nos haya dejado tres ejemplos vivos de esto con el arrebatamiento en vida de Enoc, porque *«caminó con Dios»* (Gn. 5:22, 24; He. 11:5), y de Elías, el profeta de fuego (2.ª R. 2:11), así como con el sepelio de Moisés, llevado a cabo sin testigos por el mismo Dios (Dt. 34:5-6), ya que, de ser conocida su sepultura, los israelitas habrían quizá sucumbido a la tentación de venerarle supersticiosamente, pues el mismo texto sagrado nos dice que *«nunca más se levantó profeta en Israel como Moisés, con quien trataba YHWH cara a cara»* (Dt. 34:10).

---

7. En *Balancing the Christian Life*, p. 188.
8. Citado en *Diccionario Antológico del Pensamiento Universal*, de Antonio MANERO (UTEHA, México, 1958), p. 624.
9. Véase en la lección 35.ª, punto 5, la definición que doy de «vida eterna».

2. La raíz de la muerte, el pecado

La muerte penetró en este mundo, desde el fondo del Averno, como efecto y de la mano del pecado (v. Gn. 2:16-17; 3:19; Ro. 5:12, 14, 17, 21; 1.ª Co. 15:21-22; Stg. 1:15). El pecado abrió la compuerta de la disolución, que el árbol de la vida habría mantenido cerrada. No se necesitó cambio alguno en la constitución física del hombre; sólo fue dejado a merced de su constitución orgánica: *«pues polvo eres, y al polvo volverás»* (Gn. 3:19). Es cierto que, al desobedecer Adán, no murió de momento la periferia de su ser, pero se hizo «mortal de necesidad», porque la muerte, con su aguijón (1.ª Co. 15:56) se instaló en el centro mismo del ser humano.

Por eso llama el Apóstol a la muerte *«la paga* —o salario— *del pecado»* (Ro. 6:23). Dos observaciones nos ayudarán a comprender lo siniestro de dicha afirmación: 1) mientras la vida eterna es un *don* de Dios (*khárisma* en el original, don útil para la comunidad, no mero «regalo» —*dorón*— que se disfruta en privado), la muerte es el *salario* con que el diablo paga por pecar, es decir, por *obrar* (¡por trabajar!) el mal. Y el mundo está tan ciego (v. 2.ª Co. 4:4), que prefiere trabajar para morir antes que recibir de regalo para vivir. 2) Pero, además, el término griego para *paga* no es el *misthós* en moneda corriente, con el que hasta se puede comprar un campo (comp. con Hch. 1:18), sino *«ta opsónia»*, la paga «en especie» (como en 2.ª Co. 11:8), con lo que no hay compensación posible; es como un plato de lentejas que, como dice el adagio vulgar, «o las comes o las dejas». ¡Triste potaje, por el que, como en el caso de Esaú (Gn. 25:29-34), un ser humano, destinado en principio a la primogenitura celestial, para obtenernos la cual el Hijo de Dios derramó toda su sangre (1.ª P. 1:18-19), la menosprecia por la bazofia que el mundo ofrece!

3. No es sólo el cuerpo, sino el hombre entero el que muere

El ser humano es una *unidad* de existencia, vida y destino. De modo que no es sólo el cuerpo el que muere, sino que muere el *hombre*. El hombre entero se perdió, y el hombre entero necesita ser salvo. Sólo en el sentido de la sinonimia que la Biblia misma establece entre «alma» y «persona», se puede hablar de la «salvación del alma». No es algo *nuestro* lo que se pierde o salva, sino que somos *nosotros* mismos los perdidos y necesitados de la salvación (Ro. 3:23).

Por eso, el proceso de la redención efectuada por Cristo tuvo que hacer reversible todo el proceso de la muerte (no sólo muriendo, sino también resucitando), para que el hombre pudiese ser salvo (v. Ro. 4:25; 1.ª Co. 15:17).[10] El Verbo se hizo *carne*, y pasó por el dolor, la muerte, la tumba y la resurrección, para recuperar al hombre entero (v. Ro. 5:12 ss.; Ef. 2:1 ss.; 1.ª Ts. 5:23 y 1.ª Jn. 3:14, como eco de Jn. 5:24).

Más aún, la muerte del ser humano ha tenido efectos cósmicos (v. Ro. 8:20-22, eco de Gn. 3:19). El mundo fue creado por Dios para ser escenario y laboratorio del hombre (Gn. 1:28-30; 2:8). Así que el pecado del hombre produjo una alteración sustancial en las condiciones de vida del mundo, y el mismo Hijo de Dios hubo de sufrir en su adorable cabeza las punzadas cruentas de aquellos mismos espinos que la maldición sobre la tierra, a causa del pecado del hombre, hizo brotar; por eso, se había hecho solidario de esta raza humana caída (v. He. 2:11 ss.). Fue el pecado, no unos gases cualesquiera, lo que produjo la peor «contaminación atmosférica».

4. La obra de Cristo ha hecho reversibles los efectos de la muerte

Al soportar la muerte en todas sus dimensiones, como nuestro sustituto, Jesucristo mató a la muerte muriendo y

---

10. Véase mi libro *La Persona y la Obra de Jesucristo* (CLIE, Tarrasa, 1980), pp. 224-226.

le quitó el aguijón,[11] al abolir la fuerza legal que el pecado ejercía sobre los mortales (v. Ro. 6:6; 1.ª Co. 15:22, 56-57). Así tenemos las consoladoras paradojas de que la muerte del creyente *es estimada* —tiene valor— a los ojos de Dios (Sal. 116:15); es *posesión* nuestra, como todas las demás cosas de este mundo (1.ª Co. 3:22), porque ya no nos domina con el terror de su guadaña, sino que somos sus dueños en virtud de la obra de Cristo (Jn. 3:15-16, 36; 6:40; 11:25; Ro. 5:17-21; 8:23, 28, 38; 1.ª Co. 15:26, 51-57; Ap. 21:4). Los «muertos en unión con el Señor» son llamados «*dichosos*» (Ap. 14:13). Para Pablo «*partir y estar con Cristo*» era «*mucho más mejor*», como dice literalmente el original de Flp. 1:23. A los que «durmieron» en Jesús, Dios también los traerá con Jesús, mediante la resurrección o la transformación. Por eso, exhorta Pablo a los tesalonicenses a que, acerca de la muerte, no se entristezcan como los demás que no tienen esperanza (1.ª Ts. 4:13-14), ya que nuestro Salvador Jesucristo «*abolió la muerte y sacó a luz la vida y la inmortalidad por medio del Evangelio*» (2.ª Ti. 1:10), es decir, de la buena nueva de la obra de Cristo (v. 1.ª Co. 15:1-4). De esta forma, él participó de nuestra naturaleza, «*para, por medio de la muerte, anular el poder al que tenía el imperio de la muerte, esto es, al diablo, y librar a todos los que por el temor de la muerte estaban durante toda la vida sujetos a servidumbre*» (He. 2:14-15).

La palabra «cementerio» es así típicamente cristiana, ya que significa «dormitorio». De las 18 veces que el verbo griego *koimáomai* = dormir, ocurre en el Nuevo Testamen-

---

11. Quiero copiar de mi libro *Mensajes de Siempre para Hombres de Hoy* (CLIE, Tarrasa, 1981), pp. 112-113, el siguiente párrafo:

Una señora estaba en la playa con una hijita suya de tres años, cuando una abeja picó a la madre en un brazo y fue después a posarse en el bracito de la pequeña. Al principio, la pequeña se alarmó; pero su mamá le dijo: «¡No te asustes! Como me ha picado antes a mí, ha perdido ya el aguijón y no puede hacerte ningún daño.» Así pasa con el creyente: la muerte perdió su aguijón cuando el castigo de nuestros pecados cayó sobre los hombros de Jesús, nuestro Salvador, quien al morir por nosotros en la Cruz, mató a la muerte muriendo.

to, 14 se refiere a la muerte de creyentes. Dentro de un contexto de enorme belleza poética, escribía Minucio Félix en su *Octavio*, a fines del siglo II de nuestra era: «Los cuerpos en el sepulcro son como los árboles en invierno: ocultan su verdor bajo una ficticia aridez. ¿Por qué tienes prisa de que reviva y vuelva, estando aún en lo más crudo del invierno? Es menester que aguardemos también a que venga una primavera del cuerpo.»[12] En la misma línea escribía Lutero: «Nuestro Señor ha escrito la promesa de la resurrección, no sólo en libros, sino también en cada hoja de la primavera.»[13]

Más aún, el cristiano mira a la muerte, no como algo que va a suceder inevitablemente, sino como Alguien que viene a recibirnos alegremente. Como escribió Norman Macleod:

> Nos imaginamos a la muerte como algo que viene a destruir; imaginémonos, más bien, a Cristo que viene a salvar. Pensamos en la muerte como en un final: pensemos mejor en una vida que comienza más abundantemente. Pensamos que vamos a perder algo; pensemos que vamos a ganar mucho. Pensamos en una partida; pensemos en un encuentro. Pensamos que vamos a marchar; pensemos en que vamos a llegar. Y cuando la voz de la muerte nos susurre al oído: «Tienes que dejar la tierra», oigamos la voz de Cristo que nos dice: «¡Estás llegando hacia Mí!»[14]

El apóstol Pedro, que nos exhorta a pasar por este mundo como *«extranjeros y peregrinos»* (1.ª P. 2:11), es decir, como gente que reside en otra comarca y va de paso, habla de la muerte como del abandono de una tienda de campaña (*«skénoma»*, 2.ª P. 1:13-14, comp. con el *«eskéno-*

---

12. Véase M. J. ROUËT DE JOURNEL —que citaremos más adelante simplemente como R.—, *Enchiridion Patristicum* (Herder, Barcelona, 1959), n.° 272.
13. Véase *The Encyclopedia of Religious Quotations* (Ed. F. S. Mead, Old Tappan, Spire Books, 1976), pp. 565-566.
14. Véase *The Enciclopedia of R. Q.*, p. 157.

sen» de Jn. 1:14).[15] Teresa de Jesús llamaba a esta vida «una mala noche en una mala posada» y suspiraba por la muerte como quien suspira por la vuelta del Amado:

> *Vivo sin vivir en mí,*
> *y tan alta vida espero,*
> *que muero porque no muero.*

Y en otro lugar:

> *Ven, muerte, tan escondida,*
> *que no te sienta venir,*
> *por que el placer de morir*
> *no me vuelva a dar la vida.*

Y también:

> *Dadme muerte, dadme vida,*
> *dad salud o enfermedad,*
> *honra o deshonra me dad,*
> *dadme guerra o paz crecida,*
> *flaqueza o fuerza cumplida,*
> *que a todo digo que sí.*
> *¿Qué mandáis hacer de mí?*

Una de las súplicas que la liturgia de la Iglesia nos ha conservado desde la alta Edad Media dice así: «*A subitanea et improvisa morte, libera nos, Domine*» = ¡Líbranos, Señor, de una muerte repentina y de improviso! No dice «impraevisa» (imprevista), sino «improvisa» (sin proveer). Las vírgenes insensatas de Mt. 25:3 no son acusadas de necedad por dormirse (también las prudentes se durmieron sin daño alguno), sino porque «*no tomaron consigo aceite*». La única preparación necesaria para la muerte es «*el ser vigorizados con poder en el hombre interior por medio de su* (del Padre, v. 14) *Espíritu; para que habite*

Cristo por medio de la fe en nuestros corazones» (Ef. 3:16-17). Si, según la recomendación del apóstol, lo hacemos todo para la gloria de Dios (1.ª Co. 10:31), no importa qué es lo que estamos haciendo cuando nos sorprenda la muerte.[16] La pregunta que deberíamos hacernos con frecuencia es: ¿Es para la gloria de Dios lo que estoy haciendo? ¿Edifica a mi prójimo mi conducta? ¿Me agradaría que la muerte, o la Venida del Señor, me sorprendiera en el lugar donde estoy y en la tarea que, en este momento, me ocupa? Si tenemos el hábito de procurar la comunión con el Señor, de andar en Su presencia, de extender el Evangelio, de hacer el bien a todos, de no poner tropiezo al hermano, la muerte nunca nos sorprenderá de improviso.[17]

---

16. A J. Wesley le preguntaron una vez qué haría si supiera que iba a morir aquella misma noche. Contestó: «Tomaría mi cena, predicaría a la luz de la candela, diría mis oraciones y me iría a la cama» (*The Encyclop. of Rel. Quot.*, p. 363).

17. Para quienes puedan leer inglés, y por no deteriorarla con una mala traducción en prosa, queremos poner aquí un hermoso poema que lleva por título *«Consolation»* (consuelo), basado en Jn. 14:19:

Not dead —oh no, but borne beyond the shadows
    Into the full clear light;
For ever done with mist and cloud and tempest
    Where all is calm and bright;

Not even sleeping —called to glad awakening
    In Heaven's cloudless day;
Not still and moveless —stepped from earth's rough places
    To walk the King's highway.

Not silent —just passed out of earthly hearing
    To sing Heaven's sweet new song;
Not lonely —dearly loved and dearly loving
    Amid the white-robed throng.

But not forgetful —keeping fond remembrance
    Of dear ones left awhile;
And looking gladly to the bright reunion
    With hand-clasp and with smile.

Oh no, not dead, but past all fear of dying,
    And with all suffering o'er;
Say not that I am dead when JESUS calls me
    To live for evermore.

5. ¿Por qué muere el creyente?

Si la muerte es el salario del pecado (Ro. 6:23), parecería a primera vista que, perdonados todos los pecados mediante la fe en el que mató a la muerte muriendo, el creyente habría de estar libre de la pena, una vez expiada la culpa. Pero hemos de notar, ya de entrada, que la muerte no es para el creyente un *castigo*, sino una *penalidad* que tiene muy elevados objetivos:

A) La muerte, con todo lo que la precede y acompaña (enfermedades, molestias, dolores) le sirve al creyente de clarinazo que le avisa con fuerte sobriedad que este mundo no es su verdadera patria, que es un peregrino para la otra, que su corazón debe estar desapegado de lo terreno como quien va de paso (v. 1.ª Ti. 6:7), que es el dolor, no el placer, lo que más le ayuda a sentir su dependencia de Dios.

B) Es también una prueba de la fe cristiana (Flp. 1:20; 1.ª P. 3:13-18; 4:12-13; Ap. 2:11; 12:11; 20:6), que halla en la muerte la manera más gloriosa de dar la vida. Como Jesús (Jn. 10:18; 19:30), también el que es de Cristo puede dar la vida por otros (1.ª Jn. 3:16), desviviéndose al estilo de Pablo (2.ª Co. 12:15), en sacrificio de libación (Flp. 2:17, 2.ª Ti. 4:6), inclinando la cabeza como las flores naturales, y acabando así de exhalar el «*buen olor de Cristo*» (2.ª Co. 2:14-15).

C) Como todo sufrimiento, y aun cuando no tenga el carácter de disciplina drástica (v. 1.ª Co. 11:30), la muerte es también un medio de purificación. Muchos creyentes refinan su carácter cristiano, ejercitando el fruto del Espíritu de modo especial, en el lecho del dolor. El ser humano se distingue de los animales precisamente en que *sabe* que muere, y puede así paladear de antemano el amargo regusto de la muerte.[18] Pero Dios no nos ha concedido ese privilegio para amargarnos la vida, sino para mejor pre-

18. Véase S. Vila, *La Nada o las Estrellas*, pp. 153 y ss. También es algo misterioso el que muchos de los más dedicados siervos del Señor mueran relativamente jóvenes, como prematuramente (véase, en S. Vila, *op. cit.*, p. 345, la poesía de D. C. Araújo, a la muerte del pastor don Vicente Mateu). El apócrifo libro de la Sabiduría, que

pararnos con miras a la otra vida, y para ofrendar con toda consciencia la vida presente.

D) La muerte hace realidad en el creyente lo que fue su situación legal desde el momento en que, al ser complantado con Cristo, se hizo partícipe de Su muerte, tanto como de Su resurrección; de Sus dolores, tanto como de Sus glorias (v. Ro. 6:3-11; 8:2, 38; 1.ª Co. 3:22; 15:31 —cada día expuesto a la muerte—; Gá. 2:20; Flp. 3:10-14; Col. 1:24). Este último lugar es muy expresivo, ya que los padecimientos sufridos por la extensión del Evangelio completan, en el plano de la *aplicación* de la redención, los que sufrió el mismo Señor Jesucristo en el plano de la *obtención* de la redención.

E) Como consecuencia de lo que acabamos de decir, la muerte del creyente puede ser un medio de glorificar a Dios. Notemos cómo habla Juan de la muerte de Pedro, tras la descripción velada que el Maestro había hecho a Simón acerca del futuro martirio de éste: *«Esto dijo, dando a entender con qué muerte había de GLORIFICAR A DIOS»* (Jn. 21:19).

CUESTIONARIO:

1. ¿Es la muerte una cesación de existir o una separación? — 2. ¿Cómo se entiende mejor el concepto de muerte? — 3. ¿Cuál es la raíz de la muerte? — 4. ¿Qué detalles interesantes halla en Ro. 6:23? — 5. ¿Cuál debió ser la obra de Cristo para hacer reversible el proceso de la muerte? — 6. ¿Se reducen sólo al ser humano los efectos mortales causados por el pecado? — 7. ¿Qué implicaciones tiene la extraña paradoja de que hasta la muerte pueda llamarse «nuestra»? — 8. ¿Por qué llamaron los cristianos a los sepulcros «cementerios»? — 9. ¿Qué consideraciones debe hacerse el creyente ante la idea de una muerte repentina? — 10. ¿Qué motivos hay para que un creyente genuino y dedicado al Señor pase por el amargo trance de la muerte, con las molestias graves que muchas veces la acompañan?

―――――――

contiene muchas cosas buenas, dice en 4:13, hablando de la muerte prematura del justo: «*Alcanzando en breve la perfección, llenó largos años*» (Biblia de Jerusalén).

LECCION 3.º CARACTERISTICAS
DE LA MUERTE FISICA (I)

Aunque la Palabra de Dios expresa en un solo vocablo (hebr. *máwet*; gr. *thánatos*) la muerte, ésta reviste tres aspectos conectados entre sí: la muerte física, la muerte espiritual y la muerte segunda o muerte eterna. Lo que llevamos dicho hasta ahora, aunque en algunos lugares engloba de algún modo los tres aspectos, se refiere especialmente a la muerte física, cuyas principales características vamos a estudiar en la presente lección.

1. Importancia de la muerte

El doctor E. Kevan, en su *Correspondence Course* [19] del London Bible College, cita lo siguiente, del libro *And The Life Everlasting*, p. 284, del doctor Baillie: «*El cristianismo... ha insistido en la muerte como en la más solemne y extremosa crisis, el umbral del juicio eterno, en cuyas márgenes todos estamos en cada momento.*»

Efectivamente, la muerte es la parca de sentido completamente igualitario y sin contemplaciones, sin acepción de personas, que, sin pedir permiso, se allega lo mismo al rey que al esclavo, al potentado lo mismo que al menesteroso. Como escribió Abd-El-Kader, «la muerte es un camello negro que se arrodilla a la puerta de todos».[20]

---

19. VII, lecc. II, *Introduction* (los subrayados son suyos).
20. Véase *The Encyclop. of Rel. Quot.*, p. 149.

Lo verdaderamente tremendo de la muerte es que ella marca, para cada uno de los seres humanos, la línea divisoria entre el tiempo y la eternidad, ya que, en ese momento decisivo, el destino eterno del ser humano queda fijado, como en una placa fotográfica, de manera irreversible. Los escritores eclesiásticos, desde los primeros siglos, han insistido en esta característica. En el año 252, escribía Cipriano de Cartago:

> Cuando se retira alguien de este mundo, ya no queda lugar alguno para el arrepentimiento, ningún efecto tiene la satisfacción. Aquí es donde la vida o se pierde o se tiene; aquí hay provisión para la salvación eterna mediante el culto a Dios y el fruto de la fe. ¡Que a nadie le retrasen de conseguir la salvación ni los pecados ni los años! Para el que todavía está en este mundo, no hay arrepentimiento tardío, pues está abierto el acceso al perdón de Dios.[21]

Unos 90 años más tarde, escribía Afraates:

> Cuando Abraham dijo al rico: «*Una gran sima está puesta entre nosotros y vosotros, de manera que los que quieran pasar de aquí a vosotros, no puedan, ni de allá pasar acá*» (Lc. 16:16), mostró que, después de la muerte y de la resurrección, no habrá ningún arrepentimiento. Ni los impíos se convertirán para entrar en el reino, ni los justos pecarán para ir al tormento.[22]

Hacia el 386, escribía Jerónimo:

> «*Así que, según tengamos oportunidad, hagamos el bien a todos, y mayormente a nuestros familiares en la fe*» (Gá. 6:10). El tiempo de la sementera, como dijimos, es el tiempo presente y la vida que recorremos. En ésta, podemos sembrar lo que queramos; cuando se pase esta vida, se nos habrá retirado el

21. *Ad Demetrianum*, 25 (R. 561).
22. *Demonstrationes*, 20:10 (R. 693. Los subrayados son suyos).

tiempo de obrar. «*Es menester obrar mientras el día dura; viene la noche, cuando nadie puede trabajar*» (Jn. 9:4).[23]

2. Expresiones bíblicas para describir la muerte

La Palabra de Dios describe la muerte con términos muy expresivos, como los siguientes:

A) «Entrar por el camino de todo el mundo» (Jos. 23:14).

B) «Ser reunido a sus padres» (por ej., Gn. 49:33; Jue. 2:10).

C) Sinónimo de veneno letal (2.ª R. 4:40).

D) Exposición a un peligro mortal (Jue. 5:18, comp. con 2.ª Co. 11:23).

E) Marcha a lugar de lobreguez y tinieblas (Job 10:21-22; 38:17, comp. con la «noche» de Jn. 9:4).

F) Cesación del respirar (Sal. 104:29).

G) Salida del cuerpo (Is. 38:12; 2.ª Co. 5:8).

H) Demolición de nuestra tienda de campaña (2.ª Co. 5:1; 2.ª P. 1:13, 14).

I) Ser desnudado (2.ª Co. 5:3-4).

J) Dormición (Sal. 13:3; Jer. 51:39; Jn. 11:13 ss.; Hch. 7:60; 1.ª Ts. 4: 14, 15).[24]

K) Un pasaje sumamente interesante acerca del proceso de la decrepitud que conduce a la muerte, y de la muerte misma, es Ecl. 12:1-7, lleno de simbolismos que, a veces (v. 6), parecen revestir carácter esotérico. El «Predicador» (hebreo *Qohéleth*; griego *ekklesiastés*) que, dicho de paso, es el libro de la Biblia «menos predicado», acumula figuras para describir los achaques de la vejez: (a) se aca-

---

23. *Comentarios a la epístola a los gálatas*, 3, 6, 10 (R. 1364. Los subrayados son suyos).

24. La lista podría alargarse: «Ser cortado» (Job 14:2); «descender al silencio» (Sal. 115:17); «volver al polvo» (Gn. 3:19; Ecl. 12:7); «entregar el alma a petición de Dios» (Lc. 12:20); «ir por el camino por el que no se vuelve» (Job 16:22, comp. con Jos. 23:14); «expirar» (Hch. 5:10); «partir» (Flp. 1:23).

ban los placeres (v. 1); (b) las tormentas del versículo 2 parecen ser las frecuentes molestias y enfermedades; (c) los «guardas» son las manos (v. 3); (d) los «hombres fuertes», las piernas; (e) «las que muelen», los dientes; (f) «las que miran», los ojos; (g) «las puertas de afuera» (v. 4), los oídos; (h) «el ruido del molino», aunque el simbolismo es más oscuro, parece representar la facultad de hablar con fluidez (que va unida a la de pensar con agilidad; por eso, nuestro D. M. de Unamuno la comparaba al molino de viento); (i) «las hijas del canto» = las aves cantoras, representan la facultad de oír; (j) «vértigo» y «sustos» muestran los temores, acentuados en la vejez (v. 5); (k) lo del «almendro» (la temprana primavera), la «langosta» y la «alcaparra» (lectura alternativa de «deseo»), significan el vigor y lozanía perdidos (o la falta de apetito); (l) la «morada eterna» (v. Job. 17:13) expresa el abandono de la esperanza en volver a la vida (no se olvide el contexto del libro ni la época temprana en que fue escrito —cuando las enseñanzas reveladas acerca de ultratumba eran muy escasas); (m) «los endechadores» son las personas encargadas de hacer el duelo por el difunto (comp. 2.ª Cr. 35:25; Mt. 9:23 y paral.); (n) «el cordón de plata»[25] parece simbolizar el principio vital que mantiene al cuerpo sin caer y disolverse; (o) el cuenco de oro —con aceite dentro de una lámpara— simboliza el cuerpo; (p) «el cántaro» es otro símbolo del cuerpo que se mantiene vivo gracias al agua de vida que se saca del pozo, del fondo de la existencia (comp. Hch. 17:25, 28).[26] (q) Finalmente, el versículo 7 nos lleva directamente a Gn. 2:7, comparado con Gn. 3:19.

---

25. Según los ocultistas, el «cordón de plata» es como una especie de ombligo que mantiene a nuestro cuerpo «astral», desde el plexo solar, en unión con el principio universal de la vida.

26. La explicación precedente de Ecl. 12:1-7 es la que ofrece G. S. HENDRY en *The New Bible Commentary* (The Inter-Varsity Fellowship, 1953). Otra explicación, diferente en algunos puntos, puede verse en *La Sagrada Escritura* (texto y comentario de profesores de la Compañía de Jesús, BAC, Madrid), tomo IV del Antiguo Testamento, donde Justo J. SERRANO dice —sobre el v. 6— que, «según el Targum, la cadena es la lengua; la lámpara, la medula; el cántaro, la vegija de la hiel; y la rueda, el cuerpo» (¡!).

3. Rapidez con que se acerca la muerte

¿Quién no recuerda las famosas coplas de Jorge Manrique por la muerte de su padre?

> *Recuerde el alma dormida,*
> *avive el seso y despierte*
> *contemplando*
> *cómo se pasa la vida,*
> *cómo se viene la muerte*
> *tan callando...*

La Biblia compara la vida del hombre: a un correo ligero; a una lancha de papiro que se desliza veloz; al
águila que se arroja sobre la presa (Job. 9:25-26); a la lan-
zadera de un tejedor; a un soplo; a una nube que se desva-
nece rápidamente (Job 7:6-9); a la flor de un día (en griego
«eph'emeras», de donde procede el término «efímero»
= lit. lo que sólo dura un día; «efemérides» =-los sucesos
día a día); a la sombra que huye (Job 14:2; Ecl. 6:12); al
agua de un río o de un lago, que se evapora (Job 14:11).
Continuaba Jorge Manrique:

> *Nuestras vidas son los ríos*
> *que van a dar en la mar*
> *qu'es el morir...*

Pero el agua que va al mar, se evapora, forma las nubes y vuelve a recorrer su ciclo: «*Todos los ríos van al*
mar, y el mar no se llena; al lugar de donde los ríos vinie-
ron, allí vuelven para correr de nuevo» (Ecl. 1:7). Pero el
hombre... *sólo una vez* recorre ese ciclo (v. He. 9:27).

El emperador filósofo Marco Aurelio dijo algo muy
profundo cuando escribió: «El que muere joven pierde
igual que otro que ha vivido muchos años; ambos pierden
sólo el instante presente, porque no podrían perder lo que
no tienen.» [27] ¡Gran verdad! De ahí la inconsecuencia de
nuestro lenguaje castellano en la expresión —peculiar de

---

27. Véase *Diccionario Antológico del Pensamiento Universal*, página 624.

nuestro idioma—: «¿Cuántos años tienes?» Los años que
se *tienen* son los que están todavía en nuestra mano, y
ésos sólo Dios los sabe. Cuando preguntamos por los años
que alguien tiene, estamos en realidad preguntando por
los años que ya *no* tiene, porque los gastó (bien o mal; ahí
radica la gran diferencia).

En la *Oración de Todas las Horas*,[28] dice P. Charles:

> La ocasión de deciros «sí» pasa con el minuto que
> la contiene, y el gran arte de la santidad no consiste
> en henchir el mundo con una virtud desbordante,
> sino simplemente en encontraros a cada instante,
> como medida de una armonía.

El conocido adagio «a la ocasión la pintan calva» debe
su origen al antiguo mito que representaba las oportunidades de la vida bajo la figura de una bella dama, cuyo
rostro está totalmente cubierto con su propio cabello, por
lo que no se la puede reconocer, pero se la puede asir por
el pelo cuando pasa a nuestro lado; una vez que pasó, ya
no se puede agarrar, porque, al llevar el cabello por delante del rostro, no hay modo de asirla. Aprovechar la
oportunidad es lo que Pablo llama «*redimir el tiempo*»
(Ef. 5:16; Col. 4:5).[29] Dice P. Charles, hablando de «esa
cobardía común que se llama dilación»:

> Me hubieran parecido excesivamente impulsivos
> esos apóstoles que a una palabra salida de vuestros
> labios abandonan sus redes, sus peces recién pesca-
> dos y aun a su padre aturdido del todo en su barca.
> Mucho más fácil hubiera sido aparentar que nada
> habían oído y vender primero su pesca milagrosa. Ya
> se os hubieran juntado más tarde, para pedir infor-
> mes suplementarios. Se han jugado su vida en un mi-
> nuto: era el minuto de vuestro deseo y lo fue el de
> su aceptación.[30]

---

28. (Desclée de Brouwer, Bilbao, 1961), pp. 196-197.
29. Bernardo de Claraval decía que hay un medio de redimir el
tiempo, convirtiéndolo en eternidad: Con el arrepentimiento, se rescata el pasado; con la fe, se rescata el presente, y con la esperanza,
se rescata por anticipado tl porvenir.
30. *Op. cit.*, p. 196.

¡Sí! La vida pasa rápidamente; la muerte se acerca veloz. Y lo que realmente debería inquietar a todo el que no esté en buenas relaciones con el Juez de vivos y muertos, es que el tren de la vida, en el que todos estamos viajando, no se para en ninguna estación; nadie se puede bajar impunemente hasta que se llega a la estación de término. Y, cuando del otro lado de la tumba, volvamos la mirada a esta vida que pasó, es seguro que nos parecerá como un punto casi imperceptible entre dos espacios infinitos: la eternidad que nos precedió, y la eternidad que seguirá por siempre jamás... Bien dice el «Predicador»: «*Mejor es ir a una casa en duelo que a una casa en fiesta; porque aquello es el fin de todos los hombres, y al que vive le hará reflexionar*» (Ecl. 7:2).

4. La normal anomalía de la muerte

Pero, ¿es natural al hombre la muerte? Sí y no...

A) Sí, porque la constitución física del hombre, con un elemento deleznable (el «polvo de arcilla» —hebr. '*adamah* = tierra rojiza— de Gn. 2:7; 3:19; Ecl. 12:7), le hace susceptible de disolución.

B) No, porque Dios no quería que el hombre muriese; por eso, puso a su disposición «el árbol de la vida» (Gn. 2:9). La muerte entró en el mundo por el pecado (Gn. 2: 16-17; 3:19; Jn. 11:25; Ro. 5:12-21; 6:23; 1.ª Co. 15:54-58; Stg. 1:15). Por eso, la Escritura equipara la muerte a la ira de Dios (Sal. 90:7, 11), al juicio de Dios (Ro. 1:32), a la condenación (Ro. 5:16) y a la maldición (Gá. 3:13).

Los pelagianos (del siglo V y del siglo XX) niegan que la muerte sea consecuencia del pecado original. Según ellos, el pecado de Adán le dañó a él sólo; la muerte es connatural al hombre y, por tanto, Adán fue creado *mortal*. El Concilio de Cartago condenó el pelagianismo (año 418), diciendo: «Quienquiera que diga que Adán el primer hombre, fue creado mortal, de forma que, pecase o no pecase había de morir, esto es salir del cuerpo, no por causa del pecado, sino por necesidad natural, sea anatema,» [31]

De todo esto se deduce que Adán fue creado en una condición bipolar ante la muerte, lo mismo que frente al pecado, que es la causa y el aguijón (1.ª Co. 15:56); es decir, podía morir y podía *no* morir, como podía pecar y podía *no* pecar. Por el pecado, se hizo incapaz de sobrevivir: ya *no* puede *no* morir, como *no* puede *no* pecar. El creyente glorificado obtendrá la perfecta condición: *no* podrá morir, como *no* podrá pecar.

CUESTIONARIO:

1. ¿Por qué es la muerte algo tan importante? — 2. ¿Dónde radica la tremenda importancia de la muerte? — 3. ¿Qué consecuencias prácticas hemos de sacar de este hecho? — 4. Principales expresiones bíblicas para describir la muerte. — 5. ¿Cómo describe Ecl. 12:1-7 el proceso de la decrepitud y de la muerte del ser humano? — 6. ¿Cómo expresa la Biblia la brevedad de la vida terrenal? — 7. ¿Qué es lo que debería inquietar, respecto a este punto, a todo aquel que no está en buenas relaciones con Dios? — 8. ¿Qué profunda lección nos enseña Ecl. 7:2? — 9. ¿Es natural al hombre la muerte? — 10. ¿En qué condición se encontraban nuestros primeros padres respecto de la muerte, y cómo se tornó su condición a causa de su pecado?

---

31. DENZINGER-SCHÖNMETZER, *Enchiridion Symbolorum, Definitionum et Declarationum...*, n. 222.

LECCION 4.ª CARACTERISTICAS DE LA MUERTE FISICA (II)

5. Universalidad de la muerte

Etán Ezraíta dice en el Sal. 89:48: «¿Qué hombre vivirá sin ver la muerte? ¿Librará su vida del poder del She'ól?» La universalidad del pecado lleva consigo la universalidad de la muerte (v. Ro. 3:23; 5:12 ss.; 1.ª Co. 15:22; He. 9:27). Es cierto, como ya dijimos, que Enoc y Elías parecen haber sido sustraídos a esta ley universal, pero es probable la opinión de que, en los últimos días, hayan de morir bajo el poder del Anticristo, como testigos de la verdad que predicaron ya con su conducta de comunión íntima con Dios, sea cual sea la interpretación de Ap. 11:3 ss.[32] Una excepción clara y explícita en la Palabra de Dios la constituyen los creyentes de la presente dispensación, que estén aún con vida cuando la Iglesia sea arrebatada (v. 1.ª Co. 15:51; 1.ª Ts. 4:15, 17).

La regla general, pues, es que *todos* vamos por el camino que conduce al sepulcro (Jos. 23:14; 1.ª Ro. 2:2). En cuanto a *igualdad*,[33] la verdadera democracia se encuentra

---

32. El contexto apunta a Moisés y Elías (v. 6), pero bien podrían ser dos israelitas con el espíritu de Moisés y de Elías, en representación de la Ley y de los Profetas. ¿Volverá también Enoc, para ser testigo a los gentiles de la Gran Tribulación, y morir en aras de su testimonio?

33. No en cuanto a *libertad* (están exánimes y, por tanto, inertes), ni en cuanto a *fraternidad* (no hay posibilidad de relacionarse corporalmente). En este sentido, y sólo en éste, cabe el acuerdo con la famosa rima de G. A. BÉCQUER, la que tiene por estribillo: «¡Qué solos se quedan los muertos!»

en los cementerios: ricos y pobres caben por igual en siete pies de tierra, y de nada sirve que se les erija suntuosos mausoleos ni que se les entierre con sus joyas, «*porque nada hemos traído a este mundo, y sin duda nada podremos sacar*» (1.ª Ti. 6:7, comp. con Job 1:21).[34] ¡Qué triste es que, no sólo los mundanos (sirven a su «dios»; v. Mt. 6:24), sino también muchos creyentes, tengan su corazón pegado a los bienes y comodidades de este mundo!

6. Certidumbre de la muerte

Apenas hay objeto o concepto sobre el cual no hayan discutido los filósofos y científicos sin ponerse, las más de las veces, de acuerdo. Pero sobre el hecho cierto de la muerte, no hay (ni cabe) discusión. Nada más cierto que el hecho de la muerte. No sólo la leemos en la prensa diaria, sino que la contemplamos en propios y ajenos. Es una lección constante, especialmente para *»el corazón de los sabios»* (Ecl. 7:4). Por eso, suena con tanta fuerza la exhortación de Am. 4:12: «*prepárate para venir al encuentro de tu Dios».*[35]

Con todo, el mismo hecho que debe hacer temblar de espanto a quienes continúan «*sin Cristo... sin esperanza y sin Dios en el mundo»* (Ef. 1:12, comp. con 1.ª Ts. 4:13 ss.), llena de gozo a cuantos aman la aparición del Señor (2.ª Ti. 4:8). Jesús comparó la muerte a la noche (v. Jn. 9:3-5), pero quienes se complacen en la visión del cielo estrellado, no tienen miedo a la noche, porque, para ellos, la muerte

---

34. Tuve, con mi familia, la oportunidad de presenciar por televisión, con toda la pompa y solemnidad que los ingleses saben echarle a estas cosas, el funeral de Lord Mountbatten (verano de 1979), emparentado con la familia real inglesa. Detrás del féretro, marchaban dos pertenencias muy estimadas por el difunto: su caballo favorito y una gran bandeja, en manos de un personaje de rango, con las numerosas condecoraciones que había obtenido en vida. ¡No pudo llevárselas consigo, porque sólo las buenas obras traspasan la aduana de la eternidad! (véase Ap. 14:13).

35. Aunque esta frase tiene destinatario y contexto específicos, como toda la Biblia, es correcta su aplicación a los destinatarios generales de la Escritura (véase 2 Ti. 3:15-17).

significa *el despuntar del día y el alborear del lucero de la mañana dentro del corazón* (2.ª P. 1:19).

7. Incertidumbre de la muerte

Pero la muerte nos ofrece también una de las más tremendas paradojas: nada hay más cierto que el *hecho* de la muerte, pero nada hay tan incierto como el tiempo, el lugar y el modo de la muerte.

A) Nada tan incierto como el *tiempo* de la muerte (v. Lc. 12:35-40). Se acuesta uno (viejo o joven), y no sabe si despertará; despierta uno, y no sabe si llegará al final del día. ¡Cuántos salen a la calle llenos de ilusión, y ya no vuelven a casa con vida! Accidentes de tráfico, violencia en calles y casas, enfermedades traidoramente solapadas...; cuando menos se piensa, la muerte está al acecho. De ahí, la necesidad de orar y velar, de estar preparados... Cuando, como el que esto escribe, se está en la octava década de la vida (la edad bíblica «normal» para morir, Sal. 90:10) y con indicaciones interiores de que el final puede llegar en cualquier momento, el pensamiento de la muerte es algo insoslayable y, por qué no decirlo, una gracia especial de nuestro Dios y Padre.[36]

B) Nada tan incierto como el *lugar* de la muerte. Si es incierta en cuanto al tiempo, ¡cómo no va a serlo en cuan-

---

36. Recuerdo vivamente cómo, en marzo de 1948, siendo el que esto escribe coadjutor de una parroquia en Tarazona de Aragón, el párroco (de 67 años, pero de una salud «a prueba de bomba») sólo recelaba de su presión arterial, pues estaba demasiado grueso. El médico que le tomó la presión le dio absoluta confianza: «Tiene usted —le dijo— la presión como un niño.» Esto le bastó para soltar riendas a su voraz apetito. Un par de meses después, marchó al pueblo de una hermana suya, para una breve vacación tras la Semana Santa. ¡Nunca volvió a su parroquia! A los ocho días de su marcha, era cadáver, víctima de un inesperado ataque de apoplejía. Verdaderamente, el hilo de nuestra vida pende frágil sobre nuestras cabezas, como la espada de Dionisio —colgada del techo con una crin de caballo— sobre la cabeza de Damocles, con lo que el desdichado perdió totalmente el apetito, tras alzar la mirada cuando apuraba la primera copa de vino en el opíparo banquete del monarca.

to al lugar! No hay lugar en el que la muerte no pueda entrar sin pedir permiso. Aquí es muy oportuna la pregunta que cada uno debemos hacernos: ¿Estoy en un lugar en el que puedo esperar la muerte con tranquilidad de conciencia? ¿Y en compañía o relación con alguien, de forma que no me avergonzaría de presentarme ante mi Señor? (v. 1.ª Jn. 2:28).[37]

C) Nada tan incierto como el *modo* de la muerte. ¿Será tras larga o corta enfermedad? ¿Tras una dolencia crónica o tras una crisis aguda? ¿Será de accidente o de enfermedad? ¿De infarto —«la enfermedad de los ejecutivos»—, de hemorragia cerebral, de sofocación, de quemaduras, de envenenamiento? Nadie lo sabe ¡Se corren tantos peligros, consciente e inconscientemente!

CUESTIONARIO:

1. ¿De qué es consecuencia la universalidad de la muerte? — 2. ¿En qué «iguala» a todos la muerte? — 3. ¿Qué consideración práctica nos ofrece 1.ª Ti 6:7? — 4. ¿Qué evidencia tenemos del hecho de la muerte? — 5. ¿Cómo debemos reaccionar ante esta evidencia? — 6. ¿Qué motivo primordial hay para que el verdadero creyente no tenga miedo a la muerte? — 7. ¿Puede alguien emplazar a la muerte para que acuda a la hora deseada? — 8. ¿Cuál es la actitud sensata frente a tal incertidumbre? — 9. ¿Es indiferente la relación personal que mantengamos o el lugar en que nos hallemos cuando nos sorprenda la muerte? — 10. ¿Por qué no podemos conjeturar el modo como hemos de morir?

37. En 1974 murió en París, repentinamente, en la habitación de una prostituta de lujo, un famoso teólogo y cardenal francés, según información de la revista «Triunfo», con un inmisericorde comentario de Miret Magdalena. Si es cierto el hecho, ¿cuánto se imaginaría el desdichado que iba a morir precisamente en aquel lugar? La explicación que dieron sus hermanos de religión fue que estaba haciendo labor de apostolado entre tales personas. En todo caso, bueno sería que, al juzgar hechos como ése, tuviésemos en cuenta los vv.: Jn. 8:7 y 1 Co. 15:10: «*por la gracia de Dios soy lo que soy*». Aquí encaja bien una de las frases lapidarias de Agustín: «No hay hombre que no sea capaz de hacer lo que haga cualquier otro hombre, si le dejare de Su mano Aquél que hizo al hombre.»

LECCION 5.ª LA MUERTE ESPIRITUAL

La muerte espiritual es la separación de Dios en lo
más íntimo del ser humano por causa del pecado (Is. 59:2).
Este sentido primordial de muerte, del que la muerte física
es un resultado necesario, está implicado en Gn. 2:17 y
Ro. 5:12; 1.ª Co. 15:22. La *muerte segunda* (Ap. 20:6; 21:8)
no es otra cosa que la fijación en el estado de muerte
espiritual al término de la vida presente, cuando una persona ha persistido en la incredulidad hasta ese crítico momento (Jn. 8:24).

1. Una distinción necesaria

Aunque la muerte espiritual coincide con el estado de
pecado, es decir, de separación espiritual de Dios, no se
identifica totalmente con el pecado, sino que es el primer
efecto de él en el pecador. En otras palabras, una cosa es
el *acto* culpable de la persona que comete el pecado, y
otra cosa, aun cuando íntimamente ligada con la primera,
el *estado* de muerte espiritual provocado por el acto culpable.

Esta distinción es absolutamente necesaria para entender el sentido de 2.ª Co. 5:21, donde, como en ningún otro
lugar de las Escrituras, se declara llana y concisamente
el papel de sustituto nuestro que Jesucristo asumió en la
Cruz del Calvario, provocando así el desamparo que sufrió
por parte de Dios el Padre. Allí se nos dice que *al que
no conoció pecado* = no cometió personalmente ningún
acto pecaminoso (v. Jn. 8:46; y, aún más fuerte, Lc. 23:41

«*éste* (Jesús) *no ha hecho nada impropio*»; lit. *nada fuera de lugar*), «(Dios) *lo hizo pecado por nosotros*» = lo puso en estado de muerte espiritual en nuestro lugar, con lo que debió sufrir la condenación de Dios, ¡la muerte segunda!, el Infierno, si no en *extensión* (eternamente), sí con una *intensidad* incomprensible al entendimiento humano, «*para que* así *nosotros fuésemos hechos justicia de Dios en El* (Cristo)», no sólo con respecto a la *unión efec-*tuada en la justificación de una vez por todas, sino también a la *comunión* que disfrutamos con el Señor y que fue quebrantada por el pecado. Aun cuando la justificación no es afectada por los altibajos que sufre nuestra comunión, es precisamente esa «*justicia imputada*» la que posibilita la restauración de la comunión para el creyente pecador, mediante el perpetuo poder purificador de la sangre de Cristo (1.ª Jn. 1:7, 9), que cubre nuestros pecados presentes y futuros, de la misma manera que cubrió los pasados.

2. La muerte espiritual es la verdadera alienación del hombre

De todos los epítetos con que las Escrituras designan al pecado,[38] destaca el más usual —el más genérico en concepto y contenido: simplemente «*pecado*» (hebr. *jet'*; gr. *hamartía*), que expresa la idea de «errar el blanco, no alcanza el objetivo», con lo que tenemos el hecho sorprendente —para el que esto escribe, sencillamente conmovedor— de que Dios considera el pecado, antes que nada, como un daño que a sí mismo se hace el pecador, más aún que como una ofensa terrible que se comete contra Dios mismo. ¡He aquí la más profunda alienación del ser humano! ¡La pérdida de su *verdad* intrínseca! (v. Ecl. 12:13). Así como la verdad de Dios es ser *fiel* a su Palabra, la verdad del hombre es ser *obediente* a esa Palabra, pues sólo así empalma con la santidad, la gloria y la bienaventuranza de Dios. «*El que guarda el mandamiento guarda su alma*»

---

38. Véase mi libro *El Hombre, Su Grandeza y Su Miseria* (CLIE, Tarrasa, 1976), pp. 145-146.

(Pr. 19:15). «*El que me pierde* —dice la Sabiduría divina— *se arruina a sí mismo; todos los que me aborrecen aman la muerte*» (Pr. 8:36). «*Vuestros pecados apartaron de vosotros el bien*» Jer. 5:25).

La «*asotía*» = disolución, de Ef. 5:18, como el *asótos* = disolutamente, de Lc. 15:13, expresan esa «perdición» del hombre *alienado*, que no se pertenece, que no es *él mismo*, puesto que está «fuera de sí» (nótese el «*vuelto en sí*» de Lc. 15:17, como primer paso de salvación). La muerte espiritual comporta, con la pérdida de la verdadera vida, la pérdida de la verdadera *identidad*, por el fracaso en seguir el destino que Dios nos ha programado. De ahí, lo terrible del «*¡No os conozco!*» (v. Mt. 7:23; 25:12). ¡Ser un «desconocido» para Dios es la mayor tragedia que puede sufrir un ser humano! Dice a este respecto F. Martínez García:

> Quien peca se encuentra frente a su pecado, no sólo frente a Dios. Es cierto que, a veces, según la Biblia, Dios castiga el pecado con daños terrenales y aun con la muerte biológica. Pero esto no es lo fundamental del pecado. Es algo más profundo: contradicción existencial, sinsentido histórico, fracaso del amor, soledad desgarradora. Algunos hablan del pecado como «autodestrucción»; mas esto es una expresión no correcta. La aniquilación sería un descanso...[39]

3. Sólo el pecado confiere a la muerte toda su negrura

Adrede hemos usado el vocablo «negrura» en el epígrafe de este punto, ya que el término «negro» viene del sánscrito *nac*, a través del griego *nekrós*, que significa «muerto». De ahí que el negro sea, en Occidente, el color del luto por un familiar.[40] Tenemos aquí un arquetipo ancestral (colectivo, como diría K. G. Jung), y también bíblico, den-

---

39. En *La Misa, Compromiso de la Comunidad Cristiana* (Centro Berit, Zaragoza, 1978), pp. 52-53.
40. Véase R. Barcia, *Diccionario Etimológico de la Lengua Española*, tomo 3, pp. 909-910.

tro de los conocidos binomios, evidentes en su sinonimia: negro-blanco = muerte-vida = noche-día = tinieblas-luz, que, en último término, reflejan el de «pecado-santidad».

El pecado o muerte espiritual es el estado en que todos nacemos (Sal. 51:5; Ef. 2:1 ss.), como consecuencia del pecado de Adán (Ro. 5:12). Y, así como Cristo mató a la muerte muriendo, el creyente tiene que «matar» (*«nekrósate»*, Col. 3:5, comp. con el *thanatoúte* de Ro. 8:13) la práctica del pecado, para vivir la vida de Cristo, que ahora está escondida en Dios, pero será manifestada cuando Cristo se manifieste en su Segunda Venida (Col. 3:3-4).

Con la vida eterna (la *«zoé aiónios»*) dentro de sí, la muerte biológica ha perdido su aguijón para el creyente, como varias veces llevamos dicho. La muerte física es, por tanto, para el justo como un breve túnel oscuro entre dos vidas, mientras que, para el incrédulo, esta breve vida terrenal es un corto espacio entre dos muertes. «Para los buenos —dice Ambrosio de Milán—, la muerte es un punto de descanso; para los malos, un naufragio.»[41] Ya dijimos que esta vida es como un punto microscópico entre dos espacios infinitos. Así la verán también los impíos después de la muerte, pero... será demasiado tarde.

Permanecer, pues, en la muerte espiritual —el pecado imperdonable—, a sabiendas de lo que uno se juega al rechazar el perdón que Dios ofrece gratis a todo pecador (Is. 55:1-2), es señal de suprema insensatez (Ro. 1:18 ss.; 1.ª Co. 1:20), por menospreciar el único saber necesario, el «saber de salvación» (2.ª Ti. 3:15) que la Palabra de Dios viva nos proporciona. Una vez más, como lo he hecho en otros libros, quiero repetir aquellas líneas tan clásicas y, al mismo tiempo, tan sensatas, de uno de nuestros poetas:

> *Que, al final de la jornada,*
> *Aquel que se salva, sabe;*
> *Y el que no, no sabe nada.*

El creyente puede, y debe, dar razón de su *esperanza* (1.ª P. 3:15), porque nuestra *esperanza no avergüenza*, no

---

41. Citado en *Diccionario Antológico del Pensamiento Universal*, p. 616.

nos deja en ridículo, ya que está fundada en la base firme del amor que Dios nos tiene (Ro. 5:5 ss.; 8:28-39), mientras que el mundano se mantiene de *ilusiones*, que son esperanzas fallidas («ilusión» viene del latín *illudere*, que significa «burlarse»), pues gasta tiempo y dinero en lo que no satisface (Is. 55:2), e intenta calmar su sed en cisternas rotas que no retienen el agua (Jer. 2:13).

4. La muerte segunda o muerte eterna

La muerte segunda o muerte eterna es simplemente la actitud voluntaria y deliberada de permanecer en ruptura con Dios, rechazando el perdón (Jn. 8:24; Ro. 2:4-11). Es así lo contrario a la vida eterna. Como la vida eterna es un perpetuo vivir en plenitud, sin cesar jamás de vivir, así también la muerte eterna es un continuo morir, sin acabar jamás de morir. El «flash» de la muerte sorprenderá al impío como un ladrón en la noche, y fijará para siempre la postura que libremente haya adoptado. No es la destrucción, sino la capacidad de morir, lo que habrá sido echado en el lago de fuego y azufre (Ap. 2:14).[42]

CUESTIONARIO:

1. ¿Qué es la muerte espiritual? — 2. ¿Coincide exactamente el concepto de muerte espiritual con el de pecado? — 3. ¿Qué importancia tiene tal distinción para entender bien el papel sustitutorio de Cristo en el Calvario? — 4. ¿Qué nos sugiere el epíteto genérico con que la Biblia designa al pecado? — 5. ¿Por qué es el pecado la más profunda alienación del ser humano? — 6. ¿Qué conexión puede observarse entre dicha alienación y la frase: «No os conozco» del Señor? — 7. ¿Qué ligazón semántica existe entre la «negrura» del pecado y la muerte? — 8. ¿Por qué es el pecado la suprema insensatez? — 9. ¿En qué se basa la esperanza del cristiano frente a la muerte, en contraste con las vanas ilusiones del impío? — 10. ¿Qué es la muerte segunda, en oposición a la vida eterna?

---

42. Más sobre la muerte eterna, en la 7.ª Parte del presente libro, cuando hablemos del Infierno.

1. Una pregunta inquietante

Una de las cuatro preguntas inquietantes de Job 14, la que tiene referencia al tema que nos ocupa en la presente lección, la hallamos en el versículo 14: «*Si el hombre muere, ¿volverá a vivir?*» En una época tan temprana del proceso de la revelación divina, Job no encuentra respuesta a tan importante pregunta, y el texto hebreo del libro no ofrece lo que desearíamos hallar en él, por más que haya exegetas que pretendan haberlo hallado.

Hemos citado más de una vez Ecl. 12:7, que parece ofrecernos un poco de luz, frente al aparente escepticismo de 3:19-21. Efectivamente, en 12:7, el «Predicador» nos dice que, mientras *el polvo vuelve a la tierra de donde procede, el espíritu vuelve a Dios que lo dio*». Dice Justo J. Serrano en comentario a este lugar:

> Qoh (abreviatura de Qohéleth) termina esta exhortación con la mención de Dios, como la había comenzado. No hay duda del sentido que da ahora a sus palabras, que, como el polvo baja a la tierra, el alma sube a Dios. No habla ahora bajo la emoción intensa de 3:21, sino con la reflexión y responsabilidad de quien, llegado al término de la vida, lega a los jóvenes su experiencia y su doctrina. El recuerdo del Creador durante la juventud corresponde al pensamiento de Dios a la hora de la muerte: es evidente que quien da tal consejo, aunque no conozca el modo, como en tiempo de Qoh no lo conocían, sabe que no

todo termina con la muerte. Estas palabras son un eco de Gén. 3:19.[43]

En realidad, Ecl. 12:7 nos refiere a Gn. 2:7, más aún que a 3:19. Lo que nos hace pensar que, ver en estas palabras la inmortalidad del alma es un poco arriesgado, cuando el sentido obvio parece ser que el principio vital del ser humano vuelve al pecho de Dios de donde salió. Robert Laurin lo expresa concisamente, diciendo: «...y el *espíritu*, esto es, el aliento de vida, vuelve a su fuente (*cf.* Gn. 2:7; Job 34:14, 15; Sal. 104:29). El hombre cesa de existir como tal.»[44] No podemos poner en el texto sagrado más de lo que dice. Es cierto que el Señor apeló a las Escrituras para convencer a los saduceos de la realidad de la resurrección (v. Mt. 22:29; Mr. 12:24), pero es preciso tener en cuenta que, para entonces, el progreso de la revelación era ya lo suficientemente claro (v. Dan. 12:2, 13) como para ignorarlo. Además, si no certeza, había vislumbres en el A. T., como veremos en el punto 4, que cobran luz con la revelación novotestamentaria.

El tema es de excepcional importancia por su conexión con la doctrina bíblica sobre el Hades y, especialmente, sobre el Infierno eterno, como veremos en el punto 2 de la presente lección, así como en las partes segunda y séptima del presente libro.

2. Adversarios de la inmortalidad del alma

A) *El materialismo.* Los materialistas de todas las especies niegan que exista ninguna cosa espiritual y, por tanto, niegan la inmortalidad del alma. Feuerbach decía que el cerebro segrega el pensamiento, como el hígado segrega la bilis. Es cierto que, si el cerebro no funciona bien, tam-

---

43. *La Sagrada Escritura.* Antiguo Testamento, tomo IV, p. 581 (el paréntesis es nuestro). De manera parecida se expresa Ch. BRIDGES, *Ecclesiastes* (The Banner of Truth, Londres, 1960), pp. 295-298.
44. En *The Wycliff Bible Commentary* (ed. por Ch. F. Pfeiffer y E. F. Harrison, Moody Press, Chicago, 1980), p. 593 (el énfasis es suyo).

poco nuestros pensamientos proceden ordenadamente, pero esto no significa la identidad del cerebro con el pensamiento. Tampoco un violinista toca bien si su violín está desafinado, pero nadie confunde por eso el violín con el violinista.[45] Asumir dogmáticamente que el alma no existe por el hecho de que no se ve, no sólo no es científico, sino que demuestra una supina ignorancia científica, por entrometerse a juzgar sobre un campo de la ciencia que escapa a la experiencia sensorial para entrar en el terreno de la metafísica. Dice sir William Osler:

> En presencia de tantos misterios que han sido desvelados, y de tantos otros que quedan aún velados, el científico no puede ser dogmático y negar la posibilidad de un estado futuro... De las cosas que no se ven, la ciencia nada sabe, y de momento no tiene medios de conocer nada.[46]

Pero como dijo el poeta latino: «*Naturam expellas furca, tamen usque redibit*» = Por mucho que te empeñes en expulsar a palos a la naturaleza, siempre regresa una y otra vez. Y los materialistas, que niegan la inmortalidad del alma, tratan de hallar sustitutos para el instintivo anhelo de sobrevivirse:

(a)   Unos la sustituyen con la inmortalidad del *recuerdo*. ¡Pobre recurso! «*No hay recuerdo de los antiguos* —dice el «Predicador»—, *como tampoco lo habrá de los venideros en los que les sucederán*» (Ecl. 1:11). Y, más adelante: «*Aún hay esperanza para todo aquel que está entre los vivos; porque mejor es perro vivo que león muerto.*

---

45. Cuéntase de Napoleón que, en su destierro en la isla de Santa Elena, un general francés que le acompañaba le expuso su escepticismo acerca de Dios y de las cosas espirituales, «porque nadie las ha visto». «¿Cree usted en mi talento militar?», le preguntó Napoleón. «Sí, por cierto», le respondió el general. «Y, ¿dónde lo ha visto usted?» «En el campo de batalla, donde se han manifestado su prodigiosa capacidad de maniobrar y su coraje.» «Y, ¿no es usted capaz de ver a Dios en las estupendas maravillas del Universo? Yo contemplo a Dios a través de Sus obras.»
46. En *The Encyclopedia of Religious Quotations*, p. 375.

Porque los que viven saben que han de morir; pero los muertos nada saben, ni tienen más paga; PORQUE SU MEMORIA ES PUESTA EN OLVIDO» (Ecl. 9:4-5).

(b) Otros la sustituyen pensando sobrevivirse en su *descendencia.* Pero tampoco este recurso sirve de mucho a los fallecidos. «*Sus hijos* —dice Job 14-21— *tendrán honores, pero él no lo sabrá; o serán humillados, y no se enterará.»*

(c) Otros, en fin, reniegan de los sentimentalismos y afirman que hay que contentarse con portarse bien y cumplir con su deber, al estilo del imperativo categórico de Kant; añaden que el anhelo de una recompensa en la otra vida es utilizar la religión como una máscara de egoísmo. Los que así hablan desconocen completamente lo que es la vida eterna, como consumación de un amor eminentemente generoso (1.ª Co. 13).

B) *El Agnosticismo.* El agnosticismo se basa, para negar la inmortalidad del alma, en el principio kantiano de que la razón humana sólo puede conocer el *fenómeno* = lo que aparece a los sentidos; de ahí que todo lo espiritual escapa del campo del conocimiento propiamente dicho. El caso es que toda una gama de ciencias morales, sociales, políticas, así como el campo de lo religioso, quedaba así en el aire. Por lo cual, Kant se vio obligado a escribir la *Crítica de la Razón Práctica,* en la que admitía como postulados fundamentales la existencia de Dios, el libre albedrío como base de la responsabilidad, y la inmortalidad del alma a fin de establecer el equilibrio que la justicia inmanente demanda. Entraba así, por la vía del sentimiento, lo que Kant había expulsado por la vía de la razón. Con ello, quedaban echadas las bases para el modernismo, tanto ético como teológico y bíblico. Los desastrosos resultados de esta filosofía los estamos palpando en nuestros días, ya que el existencialismo es producto directo, no sólo colateral, del agnosticismo kantiano.

C) *El Escepticismo.* Los escépticos se diferencian de los agnósticos en que recalcan el aspecto pesimista de la incognoscibilidad y adoptan una actitud de *perplejidad* ante las paradojas que la vida ofrece, sin encontrar solución a lo que, para ellos, es completamente enigmático. Como decía A. Marsillach:

> No siento la «presencia» de Dios, ni su «mano», ni su «gesto señalador», ni su justicia... No entiendo un mundo con Dios. Lo que ocurre es que tampoco lo entiendo sin Él.[47]

Son varios los escépticos a quienes he oído que no pueden creer en el más allá porque nadie ha vuelto para decirlo. Dejando a un lado las pretendidas revelaciones de ultratumba en los círculos espiritistas, etc., la Palabra de Dios es suficiente para todo creyente. Y la Palabra de Dios habla abundantemente del más allá. Incluso narra la aparición del difunto Samuel (y su declaración) a Saúl (1.ª S. 28:12 ss.).[48]

D) *El Panteísmo.* Todas las especies de panteísmo, así como la doctrina del *nirvana* (hinduismo), niegan la inmortalidad del alma, al negar la identidad personal del ser

---

47. En el libro de J. M. GIRONELLA, *Cien Españoles y Dios*, p. 382. En esta línea se sitúa, al parecer, G. A. BÉCQUER, cuando escribe:

> *¿Vuelve el polvo al polvo?*
> *¿Vuela el alma al cielo?*
> *¿Todo es vil materia,*
> *podredumbre y cieno?*
> *¡No sé; pero hay algo*
> *que explicar no puedo,*
> *que al par nos infunde*
> *repugnancia y miedo,*
> *al dejar tan tristes,*
> *tan solos, los muertos!*

Véase también lo que digo en el libro (escrito en colaboración con otros autores), *Treinta mil españoles y Dios* (Ed. Nova Terra, Barcelona, 1972), pp. 39-88.

48. Hay quienes opinan que no fue Samuel quien se apareció, sino un espíritu diabólico que fingió la voz de Samuel. Contra esta interpretación, nos presenta el texto sagrado dos evidencias: 1.ª, sólo un verdadero profeta pudo predecir con seguridad lo que iba a sucederle a Saúl al día siguiente; 2.ª la adivina de Endor estaba, sin duda, familiarizada con los espíritus malignos; pero esta vez vio algo muy distinto, que le hizo *clamar en alta voz* (v. 12).

humano o la pérdida final de consciencia en la vuelta al Gran Todo. Esta filosofía arrebata al ser humano individual todo su valor intrínseco y va directamente contra los conceptos bíblicos de comunión perenne con Dios, de filiación divina irreversible y de *«una herencia incorruptible, incontaminada, inmarcesible, reservada en los cielos para nosotros, que somos guardados por el poder de Dios mediante la fe»* (1.ª P. 1:4-5).

E) *La teoría de la aniquilación final.* Entre los que profesan ser cristianos, los Adventistas del Séptimo Día, los llamados «Testigos de Jehová», y algunos grupos que pasan por «evangélicos», sostienen que el alma humana no es inmortal por naturaleza; la inmortalidad será otorgada sólo a los justos, mientras que los impíos serán destruidos tras el Juicio ante el Gran Trono Blanco. Sus argumentos se reducen a cuatro: (a) La Biblia no expresa en ninguna parte la inmortalidad del alma humana; más aún, al referirse al incrédulo, le llama literalmente *animal* (1.ª Co. 2:14), es decir, carente de espíritu inmortal; (b) por eso, al hablar del final de los impíos, usa los términos «destruir», «destrucción»; (c) afirma expresamente que sólo Dios posee la inmortalidad (1.ª Ti. 6:16) y que fue Cristo quien la sacó a luz, para los creyentes, por medio del Evangelio (2.ª Ti. 1:10); finalmente, (d) que Dios sería un sádico, si concediera la inmortalidad a los impíos, a fin de torturarlos horriblemente durante toda la eternidad.

En mi opinión, esta teoría de la aniquilación final de los impíos es la más peligrosa de todas las que venimos examinando, no sólo porque pretende apoyarse en la Palabra de Dios, sino también porque quita todo el tremendo mordiente, contenido en la seria advertencia del Señor Jesús: *«Y Yo os digo, amigos míos: No temáis a los que matan el cuerpo, y después nada más pueden hacer. Pero os mostraré a quién debéis temer: Temed a Aquel que después de haber quitado la vida, tiene autoridad para echar en el Infierno; sí, os digo, a Este temed»* (Lc. 12:4-5). Si todo acaba en la nada, ¿a qué, tanto temor? Vamos, pues, a refutar esta teoría, y lo haremos desde dos ángulos, y con pruebas terminantes:

(a) Primero, con argumentos directamente bíblicos:

1) Es cierto que la Biblia no dice explícitamente «el alma humana es inmortal», pero lo sobreentiende al declarar *eterno* el castigo de los malvados, como *eterna* será la vida para los justos. Véase por ej., Is. 33:14, donde las «*llamaradas eternas*» son la manifestación de la ira sempiterna de Dios. «El juicio divino —dice el rabino Slotki—[49] es tan eterno como Dios mismo»; Mr. 9:48 (atestiguado por todos los MSS) habla del «Infierno (lit. Gehenna), *donde su gusano no se muere, y el fuego no se apaga*»; Mt. 25:46 menciona el «*castigo eterno*» de los impíos, exactamente con el mismo adjetivo que aplica a la *vida* de los justos; Ap. 14:11, después de mencionar que los seguidores del Anticristo *serán atormentados con fuego y azufre*, asegura que «*el humo de su tormento* —no sólo de un fuego sin atormentados por El— *sube por los siglos de los siglos*»; Ap. 20:10 (comp. con v. 15 y 21:8) asegura: «*y serán atormentados día y noche por los siglos de los siglos*».

2) El incrédulo es llamado «*animal*» (gr. «*psykhicós*»), no porque carezca de alma inmortal como los brutos, sino porque tiene cerrada la ventana que mira hacia las cosas espirituales, y su horizonte se limita a las cosas de este mundo. Su espíritu está «*muerto*» (v. Ef. 2:1), no en el sentido de que no exista físicamente, sino de que no funciona como debería en relación con *las cosas que son del Espíritu de Dios*; no está extinguido (no podría recibir la vida, Ef. 2:5), sino desorientado (Ro. 1:21).

3) Los términos «destruir», «destrucción», no significan jamás aniquilación, sino ruina. Véase Gn. 6:11; Est. 4:16; Sali. 119:176; Is. 49:17. En ninguno de estos casos puede significar aniquilación, como es obvio. En Dan. 12:2, va ligado explícitamente a *eternidad*. En el Nuevo Testamento, tenemos muestras de lo mismo en Mt. 10:6, 39, 42; 2.ª Cor. 7:2. Por otra parte, el verbo griego «*apóllymi*» no

---

49. *Isaiah* (The Soncino Press Ltd., Londres, 1970), p. 156. Igualmente, el Targum interpreta este lugar como mención del Infierno eterno, al que serán arrojados los malvados (véase *Dr. Gill's Commentary*, vol. 3, p. 881).

puede significarlo en Mt. 8:25; 9:17; Lc. 15:6, 17; 19:10;
Jn. 10:10; 18:14. En cuanto al verbo «*katargéo*», jamás significa destruir, sino abolir legalmente, o contrarrestar, hacer inoperante, detener la acción («katá» y «ergon»), como
es el caso en Lc. 13:7; Ro. 3:3, 31; 6:6; 1.ª Co. 13:11. El verbo «*porthéo*» y el sustantivo «*ólethros*», no indican aniquilación, sino ruina (v. Hch. 9:21; Gá. 1:13, 23; 1.ª Co. 5:5;
1.ª Ts. 5:3; 2.ª Ts. 1:9; 1.ª Ti. 6:9).

4)   1.ª Ti. 6:16 dice de Dios: «*el único que posee inmortalidad*», en el sentido de que YHWH, el *YO SOY*, es el
único que existe por sí mismo y, por tanto, el único que
posee la inmortalidad como en su fuente, *por su propia
esencia*.[50] Pero también los seres espirituales creados —los
ángeles y los hombres— son inmortales, porque Dios les
dio una naturaleza inmortal, aun cuando dependen de Dios
en su mismo existir (v. Hch. 17:25, 28). En realidad, la
verdadera *inmortalidad* —ausencia perpetua de muerte—
es propia de los justos, y en este sentido dice Pablo en
2.ª Ti. 1:10 que Cristo sacó a luz la *inmortalidad* —la vida
inmortal— para los creyentes en el Evangelio (comp. Jn.
1:4, 9; 8:12; 1.ª Ti. 1:17; 1.ª P. 1:3), siendo Su propia resurrección gloriosa la garantía de la nuestra (2.ª P. 1:19: «*el
lucero de la mañana*»).[51] A los impíos no podemos aplicarles —con toda propiedad— el término *vida inmortal*,
sino el de *existencia imperecedera*,[52] ya que no tendrán
una *eterna vida*, sino una *eterna muerte*.

(b)   Segundo, con argumentos teológicos, basados en el
contexto general de la Palabra de Dios:

1)   Si el alma no fuese inmortal, correría la misma
suerte que el cuerpo; desaparecería el principio vital, puesto que el cadáver ya no tiene alma. Pero la Escritura asegura la supervivencia en el estado —más bien que «lu-

---

50. Véase lección 7.ª, punto 3.
51. Véase W. Hendriksen, *The Epistles to Timothy and Titus*
(The Banner of Truth, Londres, 1964), pp. 233-234.
52. Véase W. Hendriksen, *op. cit.*, p. 208.

gar»— que el hebreo del Antiguo Testamento llama «She'ól», y el griego del Nuevo Testamento «Hádes».

2) Si la pena final del incrédulo fuese la aniquilación, Cristo no habría podido ser nuestro sustituto en la Cruz, ya que en ella no fue aniquilado por nosotros, sino que soportó —en intensidad— lo que es el Infierno en duración: el desamparo de Dios y la sed inextinguible.

3) Hemos visto que 2.ª Ti. 1:10 afirma que Cristo «alumbró —hizo brillar— *la vida y la incorruptibilidad*» (trad. lit.). Pero sólo se puede iluminar lo que ya existe.

4) La aniquilación no sería una pena, sino una bendición, para los impíos, pues escaparían indemnes a la nada, y para los suicidas en especial, pues podrían evadirse de la escena de la vida sin sufrir las consecuencias de su cobarde crimen. Pero no escaparán. Los malvados del tiempo de la Gran Tribulación: «*buscarán la muerte, y de ningún modo la hallarán; y ansiarán morir, pero la muerte huirá de ellos*» (Ap. 9:6). «*Y decían a los montes y a las peñas: Caed sobre nosotros, y escondednos del que está sentado sobre el trono, y de la ira del Cordero*» (Ap. 6:16). ¡LA IRA DEL CORDERO! ¡Qué contraste, capaz de hacer temblar al más valiente! La característica del Cordero es la mansedumbre (v. Is. 53:7). ¿Cómo será su ira? Si estos desdichados buscarán la muerte, y la muerte huirá de ellos, ¿qué harán los condenados al lago de fuego y azufre, cuando la muerte —que es lo que desearían— haya sido también lanzada al lago de fuego, no para consumirse, sino para perpetuarse? (v. Ap. 20:14).

5) Lo de que «Dios sería un sádico, al torturar eternamente a los impíos» se vuelve contra los mismos que lo dicen. Sería un sádico, si las almas fueran mortales, y les otorgara la inmortalidad para que los impíos marchasen al castigo eterno. Pero el hecho de que el castigo de los impíos sea *eterno* es una prueba más de que tienen un alma imperecedera.

6) Finalmente, recuérdese lo que dijimos al comienzo de la lección 2.ª: la muerte no es una *cesación*, sino una *separación*. No habrá, pues, aniquilación, sino *separación* eterna de Dios.

CUESTIONARIO:

1. ¿Hay en el contexto próximo de Job 14:14 y Ecl. 12:7, una respuesta satisfactoria, prescindiendo de la culminación de la revelación en el Nuevo Testamento? — 2. ¿Cómo tratan vanamente los materialistas de buscar sustitutos para el anhelo de inmortalidad? — 3. ¿Qué resultados morales y religiosos ha provocado el agnosticismo kantiano? — 4. ¿Es cierto que nadie ha venido del más allá para asegurarnos de que hay vida de ultratumba? — 5. ¿Qué valores auténticos naufragan con la filosofía panteísta? — 6. ¿En qué se apoyan los partidarios de la aniquilación final de los impíos? — 7. ¿Qué textos bíblicos invocan a su favor? — 8. ¿Cuál es la interpretación correcta de dichos textos? — 9. ¿Qué textos bíblicos expresan claramente la condición imperecedera de los malvados? — 10. ¿Qué absurdos se seguirían, en cuanto a la sustitución de Cristo por nuestros pecados, en cuanto al castigo de la impenitencia final, en cuanto al objetivo de los suicidas, si los impíos fueran aniquilados tras el Juicio Final ante el Gran Trono Blanco?

3. Tres clases de inmortalidad

Con lo que llevamos dicho en la lección anterior, ya podemos barruntar que hay tres clases de inmortalidad:

A) *Esencial.* Es la que dimana de la propia naturaleza del Ser Necesario, que no debe la existencia a ningún otro ser, sino que existe por Sí mismo. Es exclusiva de Dios, el «YO SOY» de Ex. 3:14, porque Dios es el único que posee propiamente en Sí y por Sí la inmortalidad, como hemos explicado en la lección anterior, al interpretar 1.ª Ti. 6:16.

B) *Natural.* Esta es propia de los ángeles y del alma humana, pues aun cuando son seres relativos y contingentes, Dios los ha creado con una naturaleza inmortal, al hacerlos simples, sin composición física, inmunes así a la disolución, pero dependiendo en cada momento del poder conservador de Dios (v. Col. 1:17; He. 1:3), sin cuya acción todo ser creado quedaría disuelto en la nada de la que fue creado.

C) *Gratuita.* Esta es la inmortalidad que hubiesen tenido nuestros primeros padres, mediante el árbol de la vida, y la que poseerán nuestros cuerpos después de la resurrección o transformación, cuando esto mortal se revista de inmortalidad (1.ª Co. 15:50, 53). Será un don de Dios, en virtud de nuestra unión con el Cristo resucitado y glorioso (Ro. 6:3-10; 8:10-11, 17-18; 1.ª Co. 15:19 ss.; Flp. 3:10-14, 20-21; 1.ª Ts. 4:17; 1.ª P. 1:3-5; Ap. 22:5).

4. Pruebas directas de la inmortalidad del alma humana

A) Aun cuando la revelación del Antiguo Testamento era todavía oscura con relación a la inmortalidad del alma, ya vislumbramos allí que la vida es *comunión* con Dios; la muerte, *separación* de Dios. Gn. 1:26; 2:7, 17; 3:8-10, 22-24 nos dan la primera pauta. Por eso, el Señor Jesucristo arguyó, contra los saduceos, que Dios no es Dios de muertos, sino de vivos (Mt. 22:32; Lc. 20:38). Bastantes rayos de luz se filtran a través de textos como Sal. 17:15; 49:15; 73: 24, hasta llegar al lugar clarísimo de Dan. 12:2. La práctica —aunque prohibida— de la nigromancia (v. 1.ª S. 28) añade nueva fuerza al argumento.

B) Sal. 37:37-39; 73:17-18, aun dentro de la limitación repetidamente explicada, nos hacen vislumbrar la necesidad de una retribución de ultratumba, ya que la vida presente es insuficiente para hacernos ver la justicia de Dios, puesto que aquí son muchos los malvados que triunfan, y los justos que sufren injusticias y persecuciones (Sal. 73: 3-9, 14).

C) El Nuevo Testamento habla claro sobre este punto, iluminando el tema desde tres ángulos: (a) *supervivencia*, tanto de justos como de impíos (v. por una parte, Lc. 23:43; Jn. 11:25-26; 14:2; Hch. 7:59; 2.ª Co. 5:1-4; y, por otra, Mt. 11:21-24; 12:41; Ro. 2:3-11; Ap. 20:10, comp. con 14:11, y aun Mt 25:46 por paralelismo); (b) *resurrección* (v. Lc. 20:27-38; Jn. 5:25-29; 1.ª Co. 15:13, 21, 52; Flp. 3:21; 1.ª Ts. 4:16; Ap. 20:4-5, por una parte; y, por otra, Jn. 5:29; Hch. 24:15; Ap. 20:5-6, 12, 15); (c) *bienaventuranza* (v. Mt. 13:43; 25:34, 46; Ro. 2:7, 10; 1.ª Co. 15:49; 2.ª Ti. 4:8; Ap. 21:4; 22:3-5, «servir a Dios es reinar»).

Dice un proverbio alemán: «Los que viven en el Señor, nunca se ven por última vez.»[53] Dice P. Charles:

---

53. En *The Enciclopedia of Religious Quotations*, p. 370. A los pies del lecho donde acababa de fallecer su esposa, un señor lloraba amargamente hincado de rodillas, aunque ambos eran creyentes. El médico creyente, que la había asistido durante la enfermedad, puso su mano sobre el hombro del desconsolado marido y se limitó a decirle: «Volverá a verla.» Estas palabras fueron como bálsamo sobre la herida.

Tenemos la esperanza, no la esperanza incierta y conjetural que es la mensajera de los hombres, sino la garantía de vuestra fidelidad. Si consentimos en no abandonaros por el camino, Vos mismo nos introduciréis en vuestra casa, en la casa del Padre. La esperanza cristiana nos familiariza con todo lo que se encuentra más allá del umbral, y en esa misma medida lo borra. No hay ruptura para ella. Poseemos ya lo que vamos a tener. Puede muy bien la muerte ser dolorosa como una avulsión, pero ha dejado de ser enloquecedora como una catástrofe. Sé de antemano en qué brazos me hará caer.[54]

Puesto que lo que más nos interesa en este punto, para refutar las falsas opiniones de Adventistas y «Testigos», es la afirmación de que el alma humana es inmortal por naturaleza, podemos resumir el punto de vista bíblico acerca de este tema con las palabras de W. Broomall: «La Biblia presenta la inmortalidad de los justos y la inmortalidad de los impíos con igual evidencia; es, pues, imposible negar la una sin negar la otra (Mt. 25:34, 41, 46; Lc. 16:19-31).»[55]

5. La fe de la primitiva Iglesia

Es indudable que la Iglesia cristiana creyó, desde los primeros tiempos, en la inmortalidad del alma humana. Veamos algunos testimonios, entre los muchos que podrían citarse:

A fines del siglo II, escribía Ireneo:

Mas, si al llegar a este lugar, hay quienes dicen que las almas que hace poco comenzaron a existir, no pueden sobrevivir por mucho tiempo, sino que o no comenzaron a existir para ser inmortales, o, si tuvieron principio, han de morir con el cuerpo, que aprendan que... todo cuanto es hecho, tiene un comienzo de existencia y, por esto mismo, es inferior a

---

54. En *La Oración de Todas las Cosas*, pp. 216-217.
55. En *Wycliffe. Bible Encyclopedia*, I, p. 836.

quien lo hizo, puesto que tuvo principio; pero perseveran (las almas) y se extienden a lo largo de los siglos, conforme a la voluntad de Dios que las hizo.[56]

Y, más adelante, da la razón de ello, diciendo:

> Pues morir es perder la capacidad de vivir... Pero esto no le sucede al alma, pues es el aliento de vida; ni al espíritu, ya que, no siendo compuesto, no puede disolverse.[57]

Muy pocos años después, decía Tertuliano: «Afirmamos que el alma fue creada inmortal por el aliento de Dios.»[58] Y, hablando de la resurrección en general, decía Epifanio (hacia el año 375):

> La resurrección no se dice de lo que nunca cayó, sino de lo que, habiendo caído, vuelve a levantarse... Pues lo que no muere no se dice que caiga, sino lo que muere. Pero lo que muere es la carne, puesto que el alma es inmortal.[59]

6. Solemnidad del hecho de la inmortalidad

El pensamiento de la eternidad nos hace exultar o temblar. Dice Víctor Hugo: «El invierno está sobre mi cabeza, pero la primavera eterna está en mi corazón.»[60] No sabemos qué sentido tiene esta frase en un autor que vivió y murió sin religión.[61] Lo cierto es que la inmortalidad del alma humana implica una tremenda responsabilidad, que se hace grito de urgencia en la exhortación de Pablo: «*He aquí ahora el tiempo favorable; he aquí ahora el día de salvación*» (2.ª Co. 6:2). Después de un contexto (5:14-21)

---

56. Véase Rouët, 206.
57. Véase R. 252.
58. Véase R. 349.
59. Véase R. 1100.
60. En *The Encyclopedia of Rel. Quot.*, p. 370.
61. En su última voluntad, dejó escrito: «Rechazo la plegaria de todas las iglesias; pido una oración de todas las almas. Creo en Dios.» (Véase *Gran Enciclopedia Larousse*, vol. 5, p. 840.

cuya importancia no admite escapismo ni dilación, ese *ahora* invita a una profunda reflexión: «¿Qué será de mí por toda la eternidad, si dejo pasar este instante, el único que de cierto está en mi mano, para reconciliarme con Dios?» Una vez que se haya cortado el hilo de mi vida, ¡qué gozo o qué desesperación!

No sirve dejarlo para mañana. Pasado este momento de gracia, nadie sabe si tendrá esta misma gracia, ni si tendrá tiempo, ni si tendrá ya voluntad. Además, la vida entera es como un noviciado para la eternidad. Aquí forjamos nuestro carácter, y el carácter no se improvisa. Como ha escrito L. Lunger: «La inmortalidad es algo que no se puede improvisar en el momento de la muerte. Es más bien la lenta acumulación de los años. Es el producto de una vida vivida según el modelo de Jesucristo.» [62]

No estará de más una observación que sirve también para el prudente discernimiento de espíritus. Satanás, el gran adversario de nuestras almas, suele sugerir confianza al que permanece en el pecado; desconfianza del perdón, al que se siente acusado por la conciencia; seguridad, al que no siente ninguna preocupación por lo espiritual; desasosiego, al que siempre teme no estar al nivel de lo que el Señor le pide; distracción, al que se habitúa al vicio; indecisión, al que teme lanzarse a la obra por pensar que no está capacitado. Cuando no puede inducir al mal, se las arregla para impedir el bien. No es extraño que el apóstol exhorte a vestirse *de toda la armadura de Dios*» (Ef. 6:11).

CUESTIONARIO:

1. ¿A qué se llama inmortalidad esencial? — 2. ¿Por qué se llama natural a la inmortalidad del alma humana? — 3. ¿Qué entendemos por inmortalidad gratuita? — 4. ¿Qué vislumbres de la inmortalidad del alma hallamos en el An-

---

62. En *The Encyclopedia of Religious Quotations*, p. 372.

tiguo Testamento? — *5. ¿Desde qué ángulos ilumina el Nuevo Testamento esta doctrina?* — *6. ¿Con qué textos podríamos resumir el punto de vista bíblico acerca de la inmortalidad, tanto de justos como de impíos?* — *7. ¿Cómo exponen esta doctrina los escritores eclesiásticos de los primeros siglos?* — *8. ¿Cuál es el consuelo que los creyentes obtenemos de esta verdad?* — *9. ¿Por qué adquiere tanta solemnidad el hecho de que seamos inmortales?* — *10. Ante la urgencia tremenda del «ahora» de 2.ª Co 6:2, ¿qué demanda la prudencia más elemental?*

Segunda parte

EL ESTADO INTERMEDIO

LECCION 8.°   EXISTENCIA DEL ESTADO INTERMEDIO

1.   ¿Qué sabemos de cierto sobre el estado intermedio?

Todos los cristianos estamos de acuerdo en que, después de la muerte, y hasta la resurrección, las almas desencarnadas están sobreviviendo en algún lugar; y los evangélicos en general creemos, contra los adventistas y los «testigos de Jehová», que dichas almas son conscientes de la condición en que se encuentran.

2.   Qué hay de incierto acerca de este tema?

Dicho lo anterior, tenemos que confesar, con E. Kevan:

> En ninguna otra parte de nuestro pensamiento escatológico, tenemos que hablar con tanta perplejidad como en este tema, y es posible que en ningún otro aspecto de nuestro presente estudio tengamos más necesidad de parar mientes sobre lo mucho que nos queda por *no aprender*.[1]

Con todo, veamos qué nos dice la Palabra de Dios a este respecto.

3.   El «She'ol» hebreo

Las Escrituras definen el lugar de los difuntos como *she'ól* (hebreo) o *hádes* (griego). A primera vista, ambos

---

1. En su *Dogmatic Theology Correspondence Course* del London Bible College, VII, IV, *Introduction* (el subrayado es suyo).

vócablos designan la misma cosa. Hay versiones de la Biblia que siembran mucha confusión, al verter tales vocablos por «fosa», «sepulcro» o «infierno». Es preciso añadir que, a pesar de la aparente sinonimia, el *she'ól* del Antiguo Testamento parece distinguirse algún tanto del *hádes* del Nuevo Testamento. Vamos a estudiar las características más importantes de este lugar o estado.

A) Podemos afirmar, en primer lugar, que el *she'ól* designa, en el hebreo original del Antiguo Testamento, el lugar de las almas de los difuntos, tanto justos (v. Gn. 37:35), como impíos (v. Pr. 9:18). En especial, designa el lugar de retribución de los impíos (v. Pr. 1:12; 5:5; 7:27; 9:18; 23:14). No obstante, es muy frecuente el caso en que se emplea la voz «*she'ól*» en formas literarias que designan otra cosa; por ejemplo: Es un «lugar de silencio» (Sal. 31:17; 115:17), donde no se alaba a Dios (Sal. 6:5; Is. 38:18); es un lugar de penas y dolores (2.ª S. 22:6; Sal. 18:5; 116:3), o de inactividad (Ecl. 9:10). Otras veces, no se distingue del «pozo» (hebr. *bor*), como en Sal. 28:1, o de «las profundidades de la tierra» (Is. 44:23), y del «'*Abadón*» (vocablo hebreo para «destrucción», Job 26:6; 28: 22; 31:12; Sal. 88:11, comp. con Ap. 9:11; a la luz de este último lugar, se aprecia la sinonimia en Pr. 15:11; 27:20). También se le llama, en Job 10:21-22, «la región de las tinieblas y de sombra de muerte».[2] Incluso hallamos en Gn. 42:38 la expresión de Jacob: «*Haréis descender mis canas con dolor al She'ól*». Opinamos, con Kevan,[3] que no se intenta aquí confundirlo con el sepulcro, sino usar una expresión metafórica, mediante la cual un término más amplio contiene a otro más restringido. La designación de «*sombra*» alude a lo que los seres humanos son allí en comparación con lo que fueron.

B) El «*she'ól*» es un lugar indeseable. El Antiguo Testamento describe el *she'ól* como lugar tenebroso y caó-

---

2. No debe confundirse con la frase «*sombra de muerte*» (*hebr. tsalmawet*), de Sal. 23:4, que es una figura descriptiva de una oscuridad muy densa, en la que peligra la vida de las ovejas.

3. *Op. cit.*, VII, IV, I (a).

tico, donde la misma luz es tenebrosa y donde el vocablo «polvo» indica, por una parte, algo así como los desperdicios que quedan tras la vida terrena; y por otra parte, la soledad desierta de un lugar estéril, carente de fertilidad; en una palabra, todo lo contrario de «la tierra de los vivientes» (v. Job 7:21; 10:22; 17:16; Sal. 88:10; 143:3; Is. 26:19). El habitante del she'ól es el hombre mismo (hebr. néphesh = alma, como sinónimo de «persona»), en una condición miserable, pues está separado de la comunión con Dios y del culto que se tributa a YHWH; nadie escapa de descender al she'ól, porque éste no respeta clases altas ni categorías de ninguna especie (v. 1.ª R. 17:22; Job 30:23; Sal. 6:5; 30:3, 9; 86:13; 88:10, 12; 89:48; 94:17; 105:16, 17; Is. 38:18). Como dice el doctor Salmond:

> La peor de todas las miserias del she'ól, el más oscuro de todos los temores a la vista del she'ól, es la pérdida de la comunión con Dios. Su omnipotencia llega hasta ese terrible reino de los muertos; Sus ojos lo escrutan. El she'ól y el Abadón están en Su presencia; el she'ól está al desnudo delante de El, y el Abadón no tiene con qué cubrirse. Si alguien hace su lecho en el she'ól (v. Sal. 139:8), allí está Dios. Pero en el she'ól no hay revelación de Su gracia, no hay acceso a El, no hay continuación de Sus visitaciones; mucho menos ninguna elevación de esa experiencia de Su presencia que produce el gozo de la vida de Sus siervos en la tierra. Estar en el she'ól equivale a no tener ninguna muestra de Sus maravillas, no conocer nada de Sus misericordias, de Su fidelidad ni de Su justicia. Entrar por las puertas del she'ól es «no ver más a ningún hombre con los habitantes del mundo». Pero, el más amargo de todos los pensamientos es no ver a YHWH.[4]

C) *El she'ól es un lugar neutral* (v. 1.ª S. 28:19; Job 3:11, 13, 17; 14:13; Ecl. 9:2-6). Con todo, su misma descripción y su sinonimia con «Abadón», daban al she'ól un tinte

---

4. En *Christian Doctrine of Inmortality*, p. 204 (citado por E. KEVAN, *op. cit.*, VII, IV, p. 2).

de pena, de castigo por el pecado, de falta de comunión con Dios, de ausencia de la presencia de YHWH; en una palabra, como ya hemos dicho, de algo *indeseable.*

D) *¿Un lugar o un estado?* Aunque siempre es necesario estar atentos al contexto próximo, para ver si el término empleado es una metáfora que expresa un *lugar,* podemos afirmar que el *she'ól* designa un *estado* o una *condición* de los muertos, más bien que un *lugar.* Es preciso añadir que el Antiguo Testamento no presenta jamás ningún otro lugar como receptáculo de los perdidos, con lo que, a veces, resulta el *she'ól* un sinónimo de «infierno». Sin embargo, el judaísmo tardío llegó a percibir en el *she'ól* dos aspectos decisivos para la transición al concepto de *hádes,* según lo presenta el Nuevo Testamento: (a) un lugar *transitorio;* (b) un lugar con bien marcada *división.*

4. El «Hádes» griego

Para los griegos, *hádes* era uno de los nombres que se le daban a Plutón, el dios de las regiones subterráneas, pero fue transferido también para designar la región de los muertos, la cual estaba dividida en dos partes: 1) una más profunda, llamada Tártaro, donde eran torturadas las almas de los malvados; 2) otra menos profunda, llamada los Campos Elíseos o Elisios, lugar de bendiciones para los buenos, especialmente para los grandes héroes de la patria. No pensemos que el *hádes* del Nuevo Testamento tenga nada que ver con tales ideas, excepto el vocablo.

Diez veces sale dicho término en el original del Nuevo Testamento. No todas nos ofrecen la misma descripción; por ejemplo, en Mt. 11:23 y Lc. 10:15, expresan el contraste entre una sublime exaltación y un ignominioso abatimiento; en Mt. 16:18, es una figura de las fuerzas del mal, satánicas, que aparecen bajo el símbolo de una ciudad amurallada, pero cuyo poder va a fracasar en sus asaltos contra la Iglesia, tanto en el plano de los creyentes individuales, para quienes la muerte ha perdido su aguijón, como para la colectividad misma, que ha de perdurar hasta que acontezca el arrebatamiento.[5] Lc. 16:23 es el lugar más claro y expresivo, pues allí aparece separado, por *una gran sima* (v. 26), del lugar de los justos, y es descrito como lugar de *tormentos* (vv. 23, 24 y 25). Hch. 2:27, 31, por ser una cita de Sal. 16:10, parece sembrar cierta confusión, pero ésta desaparece si se traduce literalmente el original hebreo, que dice así: «*No abandonarás mi alma AL she'ól*», lo que explica la segunda parte del mismo versículo, la cual, por otro lado, sólo se cumplió en Cristo, no en David, según hizo notar Pedro en su mensaje de Pentecostés (Hch. 2:29-31), así como Pablo, al hablar en la sinagoga de Antioquía de Pisidia (Hch. 13:35-37). Ap. 1:18 y Mt. 16:18 se iluminan recíprocamente: Cristo tiene potestad para salir, y para sacar, de la muerte. La misma conexión con la muerte se observa en Ap. 6:8; 20:13-14, donde, en la misma línea de Lc. 16:23, el *hádes* designa el estado de los impíos. Tras el Juicio ante el Gran Trono Blanco (Ap. 20:11-14), vemos que el *hádes* desaparece, para dar paso al «*lago de fuego*», sinónimo del Infierno o «Gehenna».

Para finalizar este punto, añadiremos que en la Iglesia primitiva se pensó muy poco sobre el estado intermedio, debido al predominio que ejercía sobre la comunidad cristiana la anhelante expectación de la *parusía* o Segunda Venida del Señor, como se echa de ver en 1.ª Co. 16:22; Ap. 22:12, 17, 20, así como en la *Didakhé* 10, 6. Tanto ésta como 1.ª Co. 16:22 nos han conservado la frase aramea que, al parecer, repetían frecuentemente los primeros cristianos: «*Marana tha*» = el Señor viene; o «*Maran atha*» = ¡Señor, ven!

CUESTIONARIO:

1. ¿Qué sabemos de cierto acerca del estado intermedio entre la muerte y la resurrección? — 2. Qué vocablos cas-

---

5. No se trata en dicho lugar de «infalibilidad» ni de «indefectibilidad», como pretende la Iglesia de Roma, sino sólo de *perpetuidad* de la Iglesia o de *inmortalidad* final de los creyentes.

*tellanos son inexactos para designar el she'ól hebreo, o
morada de los difuntos? — 3. ¿Con qué figuras literarias
describe el Antiguo Testamento lo que es el she'ól? —
4. ¿Cuáles son las características predominantes que el Antiguo Testamento atribuye al she'ól? — 5. ¿Cuál era, para
un buen israelita, el aspecto más triste del she'ól? —
6. ¿Era el she'ól un lugar o un estado? — 7. ¿Qué dos aspectos importantes llegó a percibir en el she'ól el judaísmo
tardío? — 8. ¿En qué se diferencia el hádes del Nuevo Testamento del hádes helénico? — 9. ¿Cómo nos describe el
Nuevo Testamento, especialmente, Lc. 16:23 ss., lo que es
el hádes? — 10. ¿A qué se debe el hecho de que, en la Iglesia primitiva, se pensara tan poco acerca del estado intermedio entre la muerte y la resurrección?*

LECCION 9.ª LA SUERTE DE LOS SALVOS, EN EL ESTADO INTERMEDIO

1. Los salvos entran, inmediatamente después de morir, en la gloria celeste

Todos los evangélicos creemos, contra la doctrina católico-romana del Purgatorio,[6] que los creyentes, carnales o espirituales, entran de inmediato, después de su muerte, a gozar gloriosamente de la presencia del Señor. Dice la Confesión de Westminster, capítulo 32, 1: «Las almas de los justos, hechas perfectas en santidad, son recibidas en lo más alto del Cielo, donde contemplan la faz de Dios en luz y gloria, esperando la completa redención de sus cuerpos.» Nos vemos precisados a matizar esta descripción, afirmando que lo de «contemplar la faz de Dios» —sacado quizás de Ap. 22:4, a la luz de Mt. 5:8— no puede significar la visión directa e intuitiva de la esencia divina,[7] pues ello contravendría la tajante aseveración de Pablo en 1.ª Ti. 6:16, y dejaría sin explicación la respuesta de Jesús mismo en Jn. 14:9.

La prueba de esta creencia en la situación feliz y consciente de los creyentes difuntos se halla en 2.ª Co. 5:8, donde Pablo prefiere «estar ausente del cuerpo y presente con el Señor», y en Flp. 1:23, donde expresa su deseo de «partir y estar con Cristo», lo cual no sería muchísimo mejor que disfrutar de la comunión con el Señor aquí abajo, si el estado intermedio comportara una situación de sueño e

---

6. Véase la lección 11.ª del presente libro.
7. Véase la 7.ª Parte de este libro, al hablar del Cielo.

inconsciencia. Que «estar con Cristo» equivale a «estar en el Paraíso» = en el Cielo, se ve por Lc. 23:43, cuya puntuación cierta, a pesar de la ausencia de la conjunción griega *oti*, es la que dan nuestras Biblias: «*De cierto te digo: HOY estarás conmigo en el Paraíso*»; no «De cierto te digo hoy: Estarás conmigo en el Paraíso», lo cual no dejaría de ser una tautología innecesaria e indigna del buen helenista que era Lucas. Por otra parte, está claro que, en el Nuevo Testamento, «Paraíso» equivale a «Cielo», por la sinonimia que establecen 2.ª Co. 12:2, 4, así como Ap. 2:10. Incluso Ap. 22:1 ss. describe el estado final de los salvos con los colores del Paraíso. Más aún, si como escribió A. Cowler, «Dios plantó el primer jardín; Caín edificó la primera ciudad», podemos decir que, en el Paraíso Recuperado de Ap. 22, también la *ciudad* [8] quedará redimida, pues allí tendremos *una ciudad con el jardín en medio.*

Con la muerte, sepultura y resurrección de Jesucristo (la redención consumada), cambió la suerte, pero no necesariamente el lugar de las almas de los creyentes difuntos. Ef. 3:8-10 y 1.ª P. 3:19-20 no dan pie para asegurar, como algunos piensan, que Cristo descendió al llamado «Limbo de los Justos» [9] o «Seno de Abraham», como veremos en su lugar. [10] Digo que cambió la suerte, porque sólo cuando Cristo ascendió a los Cielos, comenzó el Cielo a ser realmente un lugar beatificante, puesto que el Cielo está donde está Jesucristo, visible y audible, a la diestra del Padre. [11]

---

8. Símbolo, como insinúa Cowler, de las obras de los hombres, en contraste con la naturaleza, obra de Dios, más apta para hacer que se eleven al Cielo nuestros pensamientos.

9. Véase la lección 12.ª

10. Véase también mi libro *La Persona y la Obra de Jesucristo*, pp. 197-204.

11. Como todo exegeta bien informado sabe, la «diestra del Padre» es una metáfora que indica el lugar de honor y autoridad, ya que Dios es Espíritu infinito (Jn. 4:24) y, por tanto, no tiene mano diestra ni siniestra. También el verbo «*se sentó*» de He. 1:3 y 10:12 denota dicho honor, además del detalle importantísimo de que, con ese gesto, se da a entender la consumación de su sacrificio, realizado de una vez por todas en el Calvario, puesto que los sacerdotes debían permanecer de pie mientras ofrecían los sacrificios, y sólo po-

Esto es, sin duda, lo que significa el participio de perfecto medio-pasivo *teteleioménon* = perfeccionados, de He. 12: 23, a la vista de 11:40 de la misma epístola. La unión de estos dos textos arroja enorme luz sobre el cambio introducido en el estado intermedio de los justos, a causa de la obra llevada a cabo en el Calvario.[12] Dice el señor Trenchard:

> A nuestro modo de ver, pues, los «espíritus de los justos hechos perfectos» son los santos del Antiguo Testamento que ya entran en su esfera de bendición y de gloria sobre la base de la obra de Cristo, y dentro de la perfecta confraternidad de todas las partes del Sión celestial.[13]

2. Los salvos llevan, en el estado intermedio, una vida activa

1.ª Ts. 5:10 da a entender que la *vida* del espíritu humano no se interrumpe con la muerte.[14] Por otra parte, el hecho de ser *espíritu* no implica inactividad, ya que Dios es, al mismo tiempo, Espíritu purísimo (Jn. 4:24) y Espíritu activísimo (Hch. 17:28). Es cierto que el Nuevo Testamento habla de la muerte de los justos como de un *sueño* o *dormición*,[15] pero esa dormición no se refiere al alma,

---

dían sentarse fuera ya del santuario, acabada la ceremonia y despojados de las vestiduras sacerdotales. Sin embargo, en Ap. 5:6, aparece el Cordero «*en pie como degollado*» (lit.), es decir, vivo, pero con las señales de haber sido sacrificado. «Estar en pie» es, por otro lado, la postura que simboliza a Cristo en su actual ministerio sacerdotal de intercesión. Aunque no se explicite dicha postura en He. 7:25, es altamente significativo que, en la expresión paralela de Ro. 8:34, aparezca el verbo «estar» en vez de «sentarse».

12. Véase E. Trenchard, *Hebreos* (Literatura Bíblica, Madrid, 1974), pp. 211-212 y 234-235.

13. *Op. cit.*, p. 235.

14. En cambio, Ro. 8:10 no prueba nada a este respecto, pues dicho vers. no tiene el sentido que le da E. Kevan, *op. cit.*, VII, IV, V, (a).

15. Tanto es así que, de las 18 veces que ocurre en el Nuevo Testamento el verbo griego *koimáomi* = dormir, 14 se refieren a la muerte.

sino al cuerpo. Dan. 12:2 habla de «*los que duermen en el polvo de la tierra*», frase que sólo al cuerpo de los difuntos puede aplicarse. Lo mismo debe decirse de Mt. 27:52, aun cuando el verbo concierta con «santos», no con «cuerpos», pero éstos son los que *yacen* y *son levantados*. La similitud de Hch. 7:59 con Jn. 19:30 nos da también a entender que el espíritu de los justos, cuyo cuerpo «duerme», está consciente y activo.

Los pasajes del Antiguo Testamento que podrían dar a entender un estado inconsciente de las almas de los difuntos (por ej., Sal. 6:5; 30:9; 115:17; 146:4; Ecl. 9:10; Is. 38: 18, 19), sólo expresan el desconocimiento, por parte de los difuntos, de lo que sucede en este mundo. De esto sí que podemos deducir que los difuntos —aun nuestros familiares más próximos— no saben lo que hacemos, a menos que Dios tenga a bien revelarles algo; negar esta posibilidad, sería ir demasiado lejos.[16]

3. Es un estado de gozo y bienaventuranza, aunque incompleto

A) Ap. 14:13 llama «*bienaventurados*» —«*desde aquí en adelante*»— a los que «*mueren en el Señor*». Aun cuando la referencia es, muy probablemente, exclusiva de los mártires del período de la Gran Tribulación,[17] el hecho —extensivo a todos— es que se les llama «bienaventurados» desde el momento en que han muerto. Y Flp. 1:22-23 dice que es «*mucho más mejor*» (literalmente) «*partir* = morir, *y estar con Cristo*».

B) Sin embargo, el estado intermedio comporta una situación *incompleta*, ya que el ser humano necesita recuperar el cuerpo para rehacer su integridad individual. Por eso, Pablo lo describe como un estado de *desnudez*; su an-

---

16. Según el dogma católico romano de la visión beatífica, los santos en el Cielo ven, en la esencia misma de Dios, todo lo que sucede en el mundo (y aun en todo el Universo), ya que *todo* lo existente está representado en la esencia divina.

17. Véase J. F. WALVOORD, *The Revelation of Jesus Christ*, p. 220.

helo era no ser desnudado, sino revestido (v. Ro. 8:23; 2.ª Co. 5:1-4; Flp. 3:11). Ya están en la gloria los santos, pero todavía no están glorificados (v. 1.ª Co. 15:43, 48 ss.; Col. 3:3; 1.ª Jn. 3:2).

CUESTIONARIO:

1. ¿Cuál es la creencia general de los evangélicos, frente a la doctrina de Roma, acerca de la suerte inmediata de los creyentes difuntos? — 2. ¿Qué le parece de la descripción que de esta creencia hace la Confesión de Westminster? — 3. ¿Qué lugares del Nuevo Testamento nos presentan la mejor prueba del estado feliz de los creyentes difuntos? — 4. ¿Qué relación tiene con el Cielo la presencia de Cristo? — 5. ¿Cómo sabemos que en el Nuevo Testamento «Paraíso» equivale a «Cielo»? — 6. ¿Tienen He. 11:40; 12:23 alguna conexión con el cambio introducido por la obra del Calvario? — 7. ¿Por qué no implica inactividad la condición desencarnada de los espíritus de los difuntos? — 8. ¿Qué significan, pues, los lugares del Antiguo Testamento que parecen presentar a los espíritus de los difuntos en estado de inconsciencia? — 9. ¿Qué textos del Nuevo Testamento nos declaran que el estado intermedio de los justos es de gozo y bienaventuranza? — 10. ¿Por qué es todavía incompleta esa bienaventuranza?

LECCION 10.° LA SUERTE DE LOS IMPIOS EN EL ESTADO INTERMEDIO

1. El estado de los impíos, tras la muerte, es de sufrimiento consciente

El lugar más claro y detallado, para probar la afirmación que encabeza este punto, es Lc. 16:23 ss. Allí se nos dice que el rico inmisericorde es *atormentado*. Aun concediendo que se trate de una parábola, su empleo por parte del Señor habría sido poco apropiado, si no reflejase, no sólo la mentalidad judía, sino también la del propio Jesucristo. Dice, a este propósito, L. Berkhof:

> El rico se encuentra aquí en el lugar del tormento; su condición estaba determinada para siempre; era consciente de su miserable situación, procuró buscar consuelo a la pena que sufría, y deseaba que sus hermanos fueran advertidos para que pudieran evitar una condenación semejante.[18]

Opino que esta apariencia de altruismo está destinada solamente, en la mente del Señor, a poner de relieve la amargura de su situación, lo irremediable de su condición, y la ineficacia de los milagros para quienes se obstinan en rechazar la Palabra de Dios.

También tenemos 1.ª P. 3:19, donde, dejando aparte otros detalles sobre los que hay gran diferencia de opiniones, está el hecho incontrovertible de la *prisión* (gr. *phyla-*

---

18. *Teología Sistemática*, p. 814.

ké = custodia), en la que los malvados están encerrados bajo estricta y severa guardia.

Finalmente, 2.ª P. 2:9 afirma que Dios *reserva «a los injustos bajo castigo para el día del juicio»*, lo que sólo puede entenderse del estado intermedio.

Podemos, pues, concluir que, así como los espíritus de los justos entran de inmediato en un estado de bienaventuranza, los de los impíos entran también de inmediato en un estado de condenación.

2.   Este estado tiene carácter permanente y definitivo

La Confesión de Fe de Westminster, capítulo 32, dice: «El alma de los malvados es arrojada al infierno, en donde permanece atormentada y envuelta en densas tinieblas, reservada para el juicio del gran día.» Aunque aquí se usa la palabra «infierno», que más bien es aplicable al «lago de fuego» o «Gehenna», no está, sin embargo, fuera de lugar, ya que da a entender un estado irreversible por toda la eternidad.

Así como los justos no cambian su estado de bienaventuranza, sino su condición, que pasa a ser glorificada, así tampoco los impíos cambian su estado de condenación, sino su condición de desencarnados. Por tanto, el *hádes* de Lc. 16:23, aunque lo llamemos «estado intermedio», por preceder a la «resurrección de condenación», no es algo provisional, sino una anticipación del estado final.

CUESTIONARIO:

1. ¿Cuál es el estado de los impíos, tras la muerte, según Lc. 16:23? — 2. ¿Cree usted que el rico al que se refiere dicho lugar tenía verdadero amor a sus hermanos? — 3. ¿Qué nos dice 2.ª P. 2:9 de la situación en que se hallan los malvados difuntos, antes del día del Juicio? — 4. ¿Cuál es el aspecto más temible de la situación en que se hallan las almas de los impíos durante el estado intermedio? — 5. ¿En qué sentido es temporal, y en qué sentido es definitivo el «hádes» al que se refiere Lc. 16:23?

LECCION 11.ª ¿EXISTE EL PURGATORIO?

1. Fundamento de la doctrina católica sobre el Purgatorio

Según la Iglesia de Roma, el Bautismo, válidamente recibido, perdona todos los pecados, tanto el original como los actuales, quedando el creyente en disposición de pasar inmediatamente a la gloria celestial, si la muerte le sorprendiera después de recibir el sacramento. Pero, una vez incorporado a la Iglesia, la expiación del Calvario se le aplica a un cristiano de acuerdo con su arrepentimiento.

Para el perdón de los pecados llamados «mortales», es necesario someterlos al confesor en el sacramento de la Penitencia; de modo que, sin la absolución del sacerdote (o su deseo, supuesta la contrición perfecta, arrepentimiento por motivo de amor a Dios), no es posible el perdón de tales pecados. Los pecados veniales no privan de la gracia santificante al pecador y, por ello, no es necesario confesarlos. El caso es que, ya se confiesen o no, es preciso expiarlos de algún modo. Por otra parte, como digo en mi libro *Catolicismo Romano*:

> En el «sacramento» de la Penitencia, se perdona la culpa y la pena *eterna* debida por los pecados «mortales», pero queda la pena *temporal* por los pecados ya perdonados en cuanto a la culpa, a no ser que la contrición haya sido extremadamente profunda y universal, lo cual no es corriente; de ahí que se suponga que hasta los mayores «santos» pueden pasar por el Purgatorio.[19]

---

19. P. 190.

Cinco son los medios de los que el católico pretende disponer para la expiación de dicha pena temporal. Aquí sólo nos interesa el de padecer las penas del Purgatorio.[20]

La doctrina del Purgatorio es negada, no sólo por todos los evangélicos,[21] sino también por las iglesias griegas separadas de Roma.

2. ¿En qué consiste el Purgatorio, según la Iglesia de Roma?

L. Ott da la siguiente escueta definición del Purgatorio: «El fuego purificador (purgatorium) es un lugar y estado de purificación penal temporal.»[22] Para no incurrir en equivocaciones, conviene añadir que, según la doctrina católica romana, en el Purgatorio no se perdonan *pecados*, ni mortales ni veniales, sino que sólo se expía la *pena* temporal de los mismos. ¿Qué pasa, pues, si alguien muere con pecados veniales sin perdonar? Responde L. Ott:

> El perdón de los pecados veniales que no han sido aún remitidos, ocurre, según la enseñanza de santo Tomás (De malo, 7, 11), del mismo modo que en esta vida: por un acto de contrición motivado por el amor y ejecutado con el auxilio de la gracia. Este acto de contrición, que es despertado, como es presumible, inmediatamente después de entrar en el fuego purificador, no tiene, sin embargo, el poder de abrogar ni disminuir el castigo por los pecados, ya que en la otra vida no existe ya ninguna posibilidad de merecer.[23]

3. Documentos oficiales sobre el particular

La primera declaración oficial de la Iglesia de Roma acerca del Purgatorio data de la fecha, más bien tardía, del

---

20. Para más detalles, véase mi citado libro, pp. 189 y ss.
21. Más tarde diremos algo de la actual mentalidad anglicana a este respecto.
22. En *The Fundamentals of Catholic Dogma*, p. 482.
23. *Op. cit.*, p. 485.

6 de marzo de 1254, en que el Concilio I de Lión, bajo Inocencio IV, después de citar a su favor Mt. 12: 32 y 1.ª Co. 3: 13, 15, declaró «que las almas de los que mueren después de recibir la penitencia, pero sin llevarla a cabal cumplimiento, o mueren sin pecado mortal, pero con veniales y diminutos (*"minutis"*), son purificadas después de la muerte, y pueden ser ayudadas por los sufragios (oraciones, penitencias, misas, etc.) de la Iglesia».[24]

Casi tres siglos más tarde, León X, en su Bula «*Exsurge Domine*» contra M. Lutero (año 1520), condenada la siguiente proposición del Reformador: «El Purgatorio no puede probarse por ninguna Sagrada Escritura que esté en el canon».[25]

Finalmente, el Concilio de Trento, el 3 de diciembre de 1563, en su sesión XXV, mediante el Decreto sobre el Purgatorio, declaró:

> Puesto que la Iglesia católica, instruida por el Espíritu Santo, ha enseñado, con base en las Sagradas Letras y en la antigua tradición de los Padres, en los sagrados Concilios y últimamente en este Sínodo Ecuménico,[26] que existe el Purgatorio, y que las almas allí detenidas son ayudadas por los sufragios de los fieles, y muy especialmente por el aceptable sacrificio del altar:[27] manda el santo Sínodo a los

---

24. Véase DENZINGER-SCHÖNMETZER, *Enchiridion Symbolorum, Definitionum et Declarationum*, n. 838.

25. Véase DENZINGER-SCHÖNMETZER (en adelante, sólo D.), *op. cit.*, n. 1487.

26. El Concilio hace referencia, al llegar aquí, al canon 30 de la sesión VI del mismo Concilio, que dice así: «Si alguien dijere que, después de recibir la gracia de la justificación, a cualquier pecador arrepentido se le borra la culpa y el reato de la pena eterna hasta tal punto que no quede ningún reato de pena temporal, que debe ser pagada o en este siglo, o en el otro en el Purgatorio, antes que pueda tener acceso al reino de los cielos, sea anatema» (D. 1580).

27. En este punto, el Concilio alude a D. 1743 y 1753, donde se declara que el sacrificio de la Misa tiene valor propiciatorio, «no sólo para (*«pro»*) los pecados, las penas, satisfacciones y otras necesidades de los fieles vivos, sino también para los muertos en Cristo que no han sido purificados completamente» (*«nondum ad plenum purgatis»* —D. 1743).

obispos que procuren con toda diligencia el que los fieles cristianos crean, sostengan, enseñen y prediquen en todas partes la sana doctrina del Purgatorio, transmitida por los santos Padres y los sagrados Concilios.[28]

4. ¿Cómo entró esta doctrina en la Iglesia de Roma?

Examinando a fondo la Historia del cristianismo, se echa de ver la influencia de elementos gnósticos (platónicos) y, simplemente, paganos en la formación de la doctrina católica romana sobre el Purgatorio. Pero la enseñanza no habría prosperado sin la falsa interpretación que, desde muy temprano, se dio a ciertos pasajes de la Escritura que, a primera vista, parecían favorecer una expiación de ultratumba. Los damos a continuación, haciendo ver, al mismo tiempo, que dichos lugares nada tienen que ver con el supuesto «Purgatorio», y reservando para otro punto de esta misma lección, la refutación directa de esta doctrina con base en la propia Escritura.

Mt. 5:26: «*De cierto te digo que no saldrás en absoluto de allí* (de la cárcel), *hasta que pagues el último cuarto*». Parece ser que fue Tertuliano el primero en usar este texto para deducir la doctrina del Purgatorio, aunque comienza apoyándose en una falsa razón. Pues dice así:

> Es muy congruente que el alma sea castigada sin relación con la carne, por lo que cometió sin unión de la carne. De la misma manera que será recreada sin la carne, por los pensamientos piadosos y benévolos en los que no necesitó de la carne.[29] ...En una palabra, cuando entendemos que la cárcel aquella de

28. Véase D. 1820.
29. Aquí se ve el error básico de Tertuliano, no sólo porque en esta vida es el hombre *entero* el que obra bien o mal, pues no hay actos anímicos sin intervención del cerebro, sino también porque va contra 2 Co. 5:10, que habla de «*recoger*» en el tribunal de Cristo, «*en relación a lo que hizo MEDIANTE EL CUERPO, tanto bueno como ruin*» (trad. literal).

la que habla el Evangelio son los infiernos (no se refiere al Infierno de los condenados) e interpretamos el último cuarto como el mínimo delito que ha de expiarse allí antes de la resurrección... [30]

Si se analiza bien el contexto y se perciben los elementos parabólicos de Mt. 5:25-26, no hay dificultad en interpretar correctamente lo que el Señor quiso decir: El contendiente es ese hermano que tiene algo contra nosotros y con quien hay que ponerse a bien, porque mientras el acreedor no esté satisfecho, es imposible que el deudor quede absuelto. Nada tiene que ver con una expiación de ultratumba (comp. con Mt. 6:14-15; 18:23-35).[31]

Mt. 12:32. «...no le será perdonado ni en esta época ni en la venidera.» Este lugar sirvió a varios escritores eclesiásticos para basar en él la doctrina del Purgatorio. A finales del siglo VI, escribía el obispo de Roma Gregorio I:

> Cada cual es presentado en el juicio tal cual salió de aquí. Pero, no obstante, es menester creer que existe un fuego purificador, para algunas culpas leves, antes del juicio, por cuanto la Verdad dice que, si alguien dice una blasfemia contra el Espíritu Santo, «*no le será perdonada en este siglo ni en el futuro*» (Mt. 12:32). En esa frase se da a entender que algunas culpas pueden ser remitidas en este siglo; pero otras, en el venidero.[32]

Casi dos siglos antes, a este lugar se había referido también, aunque implícitamente, Agustín de Hipona, cuando escribía:

> La oración de la Iglesia o de algunos santos es oída para ciertos difuntos, pero sólo para aquellos que, regenerados en Cristo, no vivieron tan mal que se los juzgara indignos de tal misericordia, ni tan bien

---

30. Véase ROUËT DE JOURNEL (en adelante, R.), *Enchiridion Patristicum*, n. 352.
31. No he visto mejor interpretación de este pasaje que la que ofrece el doctor John Gill, en su comentario [escrito en 1852!
32. R. 2321.

que no necesitaran de la misma. También después de la resurrección de los muertos habrá algunos a quienes Dios les hará misericordia y no los enviará al fuego eterno, a condición de que hayan sufrido las penas que sufren las almas de los difuntos. Porque no sería verdadero decir de algunos que no se les perdonó en esta vida ni en la otra, si no hubiera otros a quienes se les perdona, si no en esta vida, sí en la otra.[33]

Tal interpretación de las palabras del Señor sólo es posible cuando se desconoce la mentalidad judía sobre la división de los tiempos. La «*época venidera*» comienza con la Venida del Mesías; la cual, para un judío, comenzaba con el Juicio (v. Is. 61:2; Mt. 3:10). Y, como dice Weiss: «y puesto que el Juicio resuelve el destino eterno de los hombres, no puede haber nunca perdón».[34] Es, pues, solamente una afirmación enérgica de que tal pecado es imperdonable.[35]

1.ª Co. 3:15. «*Si la obra de alguno se quema, él sufrirá pérdida, si bien él mismo será salvo, aunque así como a través del fuego.*» Sobre este texto, quizá el más usado por los teólogos católicos, junto con el de 2.ª Mac. 12:42-46, dice Agustín:

> «*Señor, no me reprendas en tu furor, ni me castigues en tu ira*» (Sal. 37:2 en la Vulgata Latina)... Purifícame en esta vida y hazme tal, que ya no haya necesidad del fuego que castiga para aquellos que son salvos, «*aunque así como a través del fuego*» (1.ª Co. 3:15)... Pues dice: «*Si bien él mismo será salvo, aunque así como a través del fuego.*» Y porque dice: «*será salvo*», es despreciado aquel fuego.[36]

---

33. *La Ciudad de Dios*, XXI, 24, 2. Un fragmento de este texto se halla en R. 1780.
34. Citado por J. A. BROADUS, *Comentario sobre el Evangelio según Mateo*, p. 348.
35. Más sobre este texto, en la lección 13.ª Comparándolo con el lugar paralelo de Mr. 3:29, se comprende mejor su significado.
36. R. 1467.

Tal interpretación está totalmente fuera de lugar. El Apóstol se refiere a los edificadores de la Iglesia, especialmente los predicadores, como se ve por el contexto anterior, pero en forma extensiva a todos los creyentes. Todo material inútil será consumido ante la mirada del Juez divino (v. He. 12:29), y el creyente perderá recompensa, pero él mismo será salvo de toda condenación, como quien escapa de un incendio con las manos vacías, pero sin sufrir daños personales. En el tribunal de Cristo, habrá diferencia de premios para los *siervos* (Lc. 19:17-26), pero no habrá diferencia de seguridad para las *ovejas* (Jn. 10:28-29).

En cuanto al texto de 2.ª Mac. 12:43-46, copio de mi libro *Catolicismo Romano*:

> Los libros de los Macabeos no se encuentran en el canon palestinense, único reconocido por judíos y evangélicos. Pero aún reconocido como libro histórico que refleja el pensamiento del judaísmo tardío, no ofrece fundamento para el Purgatorio, pues trata de «sacrificio por el pecado» que implica una purificación legal, no una expiación de ultratumba, ya que la expiación personal está clara en el versículo 40.[37]

5. Conclusión bíblicamente falsa en que se apoya esta doctrina

Si bien se mira, la raíz última de la doctrina romana sobre el Purgatorio es el principio antibíblico de que la expiación del Calvario no se aplica al creyente mediante la fe en la sangre de Cristo que limpia de todo pecado, sino mediante la penitencia sacramental y la contrición del sujeto, con lo cual nunca se llega al nivel requerido por Dios, pues los méritos y satisfacciones del cristiano no alcanzan a la pureza que es menester poseer para llegar a la visión facial de Dios. Veamos cómo lo expone Tomás de Aquino, la máxima autoridad teológica para los católicos tradicionalistas:

---

37. P. 193, nota 54.

Se ha de tener en cuenta que, por parte de los buenos, puede haber algún impedimento para que sus almas no reciban, tan pronto como salen del cuerpo, su último premio, que consiste en la visión de Dios. Pues la criatura racional no puede ser elevada a tal visión, si no está totalmente purificada, ya que tal visión excede toda capacidad natural de la criatura... Sabemos que el alma se mancha por el pecado, en la medida en que se une a cosas más bajas. Es cierto que de esta mancha se purifica en esta vida por medio de la penitencia y de otros sacramentos... Pero a veces sucede que tal purificación no se lleva a cabo completamente en esta vida, sino que el hombre queda todavía deudor de la pena, ya sea por alguna negligencia u ocupación, o porque es sorprendido por la muerte. Pero no por eso merece ser excluido totalmente del premio, porque pueden ocurrir tales cosas sin pecado mortal, que es el único que quita el amor («caritatem»), al cual se debe el premio de la vida eterna... Por tanto, es menester que sean purificados después de esta vida, antes de obtener el premio final. Mas esta purificación se hace por medio de penas, como también en esta vida se habría llevado a cabo por medio de penas satisfactorias; de lo contrario, estarían en mejores condiciones los negligentes que los diligentes, si no sufrieran en el futuro la pena que en esta vida no cumplen por sus pecados... Esta es la razón por la que afirmamos la existencia del Purgatorio.[38]

Con todos los documentos precedentes, disponemos de suficiente información para acometer en regla una completa refutación de la doctrina del Purgatorio, a la luz del Nuevo Testamento. Para que la argumentación posea la contundencia necesaria para convencer a cualquier teólogo de la Iglesia de Roma, es menester proceder progresivamente mediante los tres siguientes pasos:

A) *La deuda por nuestros pecados fue pagada TOTAL-MENTE en el Calvario.*

---

38. *Summa contra Gentes*, lib. IV, cap. 91. La cita es larga, pero muy iluminadora para mostrar el error de bulto de la teología tradicional de la Iglesia de Roma.

(a) Antes de expirar, el Señor gritó: «*Consumado está*» (gr. *tetélestai*).[39] El término griego —perfecto de indicativo medio-pasivo— era el mismo que se estampaba en el último «pagaré» de un contrato de compra-venta en aquel tiempo. El pago de la deuda ha sido, pues, llevado a cabo TOTALMENTE. Por consiguiente, si quedase algo por expiar en la otra vida, Dios exigiría *dos veces* el pago de la misma deuda.

(b) El Apóstol dice en Ro. 8:1 que «*NINGUNA condenación* (gr. *katákrima* = sentencia de castigo en un juicio) —ni mucha ni poca— *hay para los que están en Cristo Jesús*», es decir, para los que *están* unidos a Cristo por la fe, no para los que *andan* en estrecha comunión con él.[40] Por tanto, *todos* los creyentes están libres de cualquier juicio que imponga penas expiatorias de ultratumba.

(c) El autor de *Hebreos* nos asegura que el Señor Jesucristo, una vez consumado su sacrificio en el Calvario, «*se sentó... porque con una sola ofrenda HA HECHO PERFECTOS PARA SIEMPRE* —ha preparado completamente para su entrada en el santuario celestial— *a los que son santificados*» (He. 10:12, 14). Por tanto, están listos para entrar en el Cielo inmediatamente después de la muerte, sin pasar por ningún Purgatorio.

B) *La justicia que nos quita todo reato ante el tribunal de Dios, no es la nuestra, incapaz de llegar al nivel necesario, sino la justicia INFINITA de Cristo.*

(a) Pablo afirma, en 2.ª Co. 5:21: «*Al que* (Cristo, v. 19) *no conoció* (= cometió personalmente) *pecado, por nosotros lo hizo* (Dios) *pecado* (cargó sobre Él nuestro pecado, v. Is. 53:6), *para que nosotros fuésemos hechos JUSTICIA*

---

39. Jn. 19:30.
40. La 2.ª parte de este versículo es, como ha mostrado L. S. CHAFER en su *Teología Sistemática*, vol. I, p. 1167, una añadidura espuria posterior, tomada del vers. 4, y que sólo sirve para desorientar, pues contiene el concepto falso de que el *estar en* Cristo sólo se aplica a los que no *andan* según la carne, cuando estos dos verbos indican dos ideas totalmente distintas; indicando el 1.º la justificación, y el 2.º la santificación.

DE DIOS en El (Cristo)». En este versículo de singular importancia, vemos la admirable transacción (la *«katallagé»* de los vv. 18 y 19) por la que Cristo toma sobre sí *todo* lo expiable que hay en nosotros, para que nosotros tomemos *todo* lo que excluía la expiación en El, que era la santidad misma. Estamos, pues, ante Dios AL NIVEL DE LA JUSTICIA DEL MISMO HIJO DE DIOS. Cae así por tierra el argumento principal de la teología tradicional de Roma.

(b) El mismo Apóstol afirma haberlo dejado todo *«para ganar a Cristo, y ser hallado en El, NO TENIENDO MI PROPIA JUSTICIA, que es a base de la ley* (¡por obras!) *sino la que es por medio de la fe de Cristo, LA JUSTICIA QUE PROCEDE DE DIOS sobre la base de la fe»* (Flp. 3:8, 9). «La justicia que procede de Dios» es la misma de que se habla en 2.ª Co. 5:21. ¡No la afectan, pues, las obras! ¡No sube o baja al ritmo de ninguna expiación penitencial!

Ya es difícil que, con lo dicho hasta aquí, haya un solo teólogo romano que tenga por sostenible la doctrina oficial de su Iglesia acerca del Purgatorio. Pero queda otro paso muy importante, referente a la *aplicación personal* de la obra del Calvario, por la que somos constituidos *justos* (Ro. 5:19):

C) *La justicia infinita de Cristo, obtenible para nosotros mediante la obra del Calvario, se nos aplica UNICAMENTE POR FE.*

(a) Flp. 3:9 declara explícitamente que la justicia que procede de Dios se nos aplica TENIENDO COMO PUNTO DE APOYO LA FE (gr. *epí tes písteos*, nótese bien la preposición de apoyo *epí*). ¡Pero la fe no es obra! (v. Ro. 3:28; 4:4, 5, 16, 22-25; 11:6; Gá. 2:16; 3:9-14; Ef. 2:5, 8-10). En todos estos textos, se pone de manifiesto la *total* oposición entre *obras* y *fe*, *obras* y *gracia*. Por tanto, la expiación resultante de la justificación no puede depender de ninguna obra meritoria ni satisfactoria, ni en esta vida ni en la otra.

(b) En último término, tocamos fondo aquí en la doctrina bíblica, descubierta tras siglos de oscuridad en la Reforma del siglo XVI, de la *justificación por la fe sola*, que los textos aducidos en (a) demuestran sobradamente. La doctrina reformada sólo se entiende bien cuando uno se percata de que la fe NO ES OBRA, sino *pura receptividad* (v. Jn. 1:12) por parte de quien nada digno puede ofrecer a Dios, sino sólo su miseria y su pecado, escogiendo con gozo la *justicia completa* que se le ofrece *totalmente gratis* de parte de Dios el Padre, quien encuentra libre el camino de su amor misericordioso hacia nosotros, miserables pecadores, por haber quedado totalmente satisfechas las demandas de Su justicia en la obra llevada a cabo por Su Hijo en el Calvario.[41]

6. Las nuevas corrientes de la teología católico-romana

De mi libro *Catolicismo Romano*, publicado a primeros de febrero de 1972, copio lo siguiente:

> Algunos teólogos modernos comparan el Purgatorio a una sala de cirugía plástica y a una adecuada «toilette» para quitar las manchas que afearían a una persona que va a entrar en el Cielo. El doctor Ramsey, arzobispo anglicano de Canterbury, habla de un «crecimiento» en el Purgatorio, antes de llegar a la «madurez» que el Cielo requiere. P. Fannon, en *La Faz Cambiante de la Teología*, pp. 99-100, dice que, más que un estado, es un momento intensivo y decisivo tras la muerte, en que el alma purifica su yo al encuentro con Cristo, rechazando cuanto se interfiere entre nosotros y Él.[42]

Estas afirmaciones suponen algún avance respecto a la doctrina tradicional de la Iglesia de Roma, teniendo en cuenta que P. Fannon es un religioso de la Iglesia católica. Pero, tanto él como el doctor Ramsey (más lamentable en

---

41. Véase mi libro *Doctrinas de la Gracia* (CLIE, Tarrasa, 1975), pp. 105-112.
42. Véase pp. 193-194, nota 56.

un «protestante» —como él mismo se apellida todavía—) pervierten totalmente el principio bíblico de la justificación por la fe sola.

El Concilio Vaticano II se abstuvo de mencionar el Purgatorio. El «Nuevo Catecismo Holandés», a pesar de su extremo progresismo liberal, mantiene todavía la doctrina del Purgatorio, fundándola en 2.ª Mac. 12: 43-46 (¡todavía!), aunque trata de despojarla de antiguos detalles «legendarios».

Pero mi asombro ha sido mayúsculo, al leer en la moderna Enciclopedia Teológica católico-romana *Sacramentum Mundi*, dirigida por el jesuita K. Rahner, y de la pluma de Elmar Klinger, el siguiente párrafo:

> La escatología misma tiene carácter de acontecimiento por razón de la historicidad de la salvación absoluta. Si bien *la tradición clásica no habla de esto* (¿Mt. 27, 53?), habría que preguntar en todo caso... si la consumación individual no implica también una resurrección individual, en riguroso paralelismo con el (o bien como presupuesto del) acontecimiento final universal; *y así el purgatorio sería fundamentalmente* «el estado en que quienes murieron en el Señor, aguardan la consumación individual y universal». Y así *la oración por los difuntos que se hallan en el Purgatorio sería una forma modificada de implorar la parusía del Señor* (Ap. 22, 17).[43]

En estas declaraciones, topamos con una más de las grandes paradojas de la Iglesia de Roma, que, gracias a su habilidad camaleónica, puede cambiar sus fórmulas doctrinales sin desdecirse nunca de su lema: *«semper éadem»* = siempre la misma.[44]

---

43. Vol. 5 (2.ª ed., Edit. Herder, Barcelona, 1977), p. 710 (los subrayados son nuestros).
44. Para el tema de la evolución dogmática en la Iglesia de Roma, véase mi libro *Catolicismo Romano*, pp. 61-85.

CUESTIONARIO:

1. ¿En qué se funda la doctrina católico-romana sobre el Purgatorio? — 2. ¿En qué consiste el Purgatorio, según la doctrina tradicional de Roma? — 3. ¿Cómo se perdonan, pues, según dicha doctrina, los pecados veniales que no han sido absueltos en esta vida? — 4. ¿En qué fecha apareció la primera declaración oficial de la Iglesia de Roma sobre el Purgatorio? — 5. ¿Cómo entró esta doctrina en la Iglesia? — 6. ¿Qué lugares bíblicos fueron progresivamente esgrimidos para tratar de probarla? — 7. ¿Qué valor probativo tienen en realidad dichos lugares? — 8. ¿Cuál es la raíz última en que se apoya la doctrina del Purgatorio? — 9. ¿Cómo demostraría usted contundentemente, con base amplia en el Nuevo Testamento, la falsedad de tal doctrina? — 10. ¿Cómo se expresa la nueva teología de la Iglesia de Roma?

LECCION 12.ª EL LIMBO DE LOS JUSTOS
O SENO DE ABRAHAM

1. ¿Qué se entiende por «limbo»?

La palabra «limbo» procede del latín *limbus*, que significa la franja u orla de un vestido. De ahí su sentido teológico de «lugares limítrofes con el Infierno». La Iglesia de Roma admite[45] dos lugares limítrofes, uno de los cuales perdurará por toda la eternidad: el llamado «Limbo de los niños», del cual nos ocuparemos en la séptima parte de este libro, debido a que se le atribuye carácter de perpetuidad eterna; y el llamado «Limbo de los justos», del cual, por pertenecer al estado intermedio, nos ocuparemos en la presente lección.

Se entiende por «Limbo de los justos» el lugar en que se hallaron las almas de los justos del Antiguo Testamento hasta el momento en que se consumó la redención en el Calvario. Al descender —según Roma— el alma de Jesucristo a dicho lugar, tales almas entraron a gozar de la «visión beatífica» y fueron trasladadas al Cielo, donde esperan —ya felices— la bienaventuranza adicional de la resurrección.

2. El «seno de Abraham»

La frase, como es fácil suponer, está tomada de Lc. 16:22, donde se nos dice que, cuando murió el mendigo, *«fue llevado por los ángeles al seno de Abraham».*

---

45. Nos referimos a la doctrina tradicional (véase L. Ott, *op. cit.*, pp. 191-192, 476); en cuanto a la nueva teología, véase la Enciclopedia *Sacramentum Mundi*, vol. 4, pp. 321-324.

No fue desde el principio, sino ya en el siglo v, cuando la Iglesia introdujo en el Credo la frase: «descendió a los infiernos».[46] Aparece después, a mediados del siglo xii, en la condenación de una proposición de Pedro Abelardo (por cierto, bíblicamente correcta de acuerdo con la exégesis más probable),[47] así como en el IV Concilio de Letrán (año 1215), con la añadidura: «pero descendió en alma».[48]

Los escritores eclesiásticos de los primeros siglos mostraron tremenda confusión sobre este tema, por su escasa comprensión de los lugares bíblicos que citan. Así, por ejemplo, Ignacio de Antioquía, poco después de la muerte del Apóstol Juan, y fundado al parecer en Mt. 27:52-53, escribe:

> ¿Cómo podemos nosotros vivir fuera de Aquel a quien los mismos profetas, discípulos suyos que eran ya en espíritu, le esperaban como a su Maestro? Y por eso, el mismo a quien justamente esperaban, venido que fue, los resucitó de entre los muertos.[49]

Un siglo más tarde, Ireneo escribía, sumido en mayor confusión:

> Pues habiendo pasado el Señor *«por valle de sombra de muerte»* (Sal. 23:4), donde estaban las almas de los muertos... las almas irán a un lugar invisible que les habrá prefijado Dios, y allí habitarán hasta la resurrección.[50]

Todavía es mayor la confusión de Tertuliano, debida en parte a su extraña teoría de que «todo lo que existe, es un cuerpo *"sui géneris"* (de alguna clase): sólo es incorpóreo lo que no existe».[51] Tomando, pues, al pie de la letra lo de «dedo» y «lengua» en Lc. 16:24, escribe: «Si el alma no tuviera cuerpo, no podría la imagen del alma captar la ima-

---

46. D. 76.
47. Véase D. 385.
48. D. 801.
49. *Epistula ad Magnesios*, IX, 2.
50. *Adversus haereses*, V, 31, 2 (R. 259).
51. R. 355 (los subrayados y paréntesis son nuestros).

gen del cuerpo, y, si no existían miembros corporales, mentiría la Escritura al mencionarlos.»[52] Y, más adelante, afirma:

> Para nadie está abierto el cielo, con la tierra todavía intacta (¿alusión a Ap. 21:1?), por no decir cerrada; pues, cuando pase el mundo, serán abiertos los reinos de los cielos... Pero dirás: estarán ya en el Paraíso, adonde ya emigraron los patriarcas y los profetas, siguiendo al Señor en la resurrección desde los infiernos. Pero, ¿cómo es que a Juan, cuando en espíritu le fue revelada aquella parte del Paraíso que está debajo del altar, ningunas otras almas le fueron mostradas sino las que habían pasado por el martirio (Ap. 6:9)?[53]

Agustín de Hipona muestra su perplejidad en el siguiente párrafo:

> Pero quiénes sean los felicísimos que ya poseen aquello a lo que la presente vida conduce, es una pregunta de gran envergadura. No hay duda de que allí están los santos ángeles; pero hay razón para preguntarse si los hombres santos ya difuntos están también en aquella posesión. Es cierto que ya están desnudados de aquel cuerpo corruptible que ejerce peso sobre el alma, pero todavía *esperan la redención de su cuerpo* (Ro. 8:23) *y su carne reposa confiadamente* (Sal. 16:9), aunque no brilla en la incorrupción futura. Pero si nada les falta para contemplar la verdad con los ojos del corazón, como se ha dicho, *cara a cara*, no hay aquí lugar de investigarlo por medio de disputas.[54]

Tomás de Aquino, ya en el siglo XIII, establece la que había de ser doctrina oficial de la Iglesia de Roma[55] hasta hace un cuarto de siglo. Apoyándose en Agustín y arguyen-

---

52. R. 346.
53. R. 351 (el primer paréntesis es nuestro).
54. R. 1971.
55. Como puede verse en el *Catecismo Romano (Catechismus ad Parochos)*, I, 6.

do que el reato de la pena del pecado original consiste en la muerte corporal y en la exclusión de la gloria, añade:

> Y por eso Cristo, descendiendo a los infiernos, absolvió de este reato, en virtud de su pasión, a los santos, pues tal reato era lo que los excluía de la vida gloriosa y les impedía ver a Dios por esencia, en lo cual consiste la perfecta bienaventuranza del hombre. Y lo que detenía a los santos padres en el infierno era el que no les estaba abierto el acceso a la vida de la gloria, a causa del pecado del primer padre.[56]

3. ¿Cuál es el verdadero sentido del «seno de Abraham»?

La frase «ser llevado al seno de Abraham» describe la condición feliz del creyente, después de la muerte. En los textos del Antiguo Testamento, la muerte se expresa con frecuencia como un «reunirse con los padres» (v. Gn. 15: 15; 47:30; Dt. 31:16; Jue. 2:10). Comoquiera que Abraham era el padre de los judíos (v. Lc. 3:8; 16:24; Jn. 8:39 ss.), una forma concreta de tal expresión era «ir a reunirse con el padre Abraham» (v. el apócrifo 4 Mac. 13:17), y luego pasó a significar el ser llevado «al seno de Abraham».

De acuerdo con la interpretación rabínica, la frase admitía dos sentidos; quizás ambos están implicados en la parábola de Lc. 16:19 ss.: A) Yacer (o estar sentado) en el seno de Abraham puede ser una figura para expresar la amorosa comunión que existe entre Abraham y sus descendientes creyentes, por analogía con la ternura paternal de un padre hacia su hijo (comp. Jn. 1:18); B) también puede expresar la idea del banquete celestial, teniendo en cuenta que, en aquella época, se comía reclinándose en divanes, con lo que la cabeza de un comensal quedaba recostada sobre el pecho del comensal que estaba a su izquierda (comp. Jn. 13:25; 21:20). Por ello, al afirmar que Lázaro había sido llevado al seno de Abraham, el Señor daba a entender que, en contraste con el desprecio que en esta vida

---

56. *Summa Theologica*, III, p. 52, a. 5.

había recibido por parte del rico, y con los sufrimientos padecidos aquí, ahora se le otorgaba el lugar de honor en el banquete celestial.

Remitiendo al lector a la lección 8.ª, punto 4, añadiremos que, en la parábola de Lc. 16:19 ss., el rico se encuentra en el *hádes*, pero Lázaro está allá a *«lo lejos»*, separado del *hádes* por *«una gran sima»* y en consolación celestial junto al padre de los creyentes, Abraham. Por tanto, en ningún lugar de su contexto ofrece esta parábola pretexto alguno para ver allí el llamado «Limbo de los Justos» de la Iglesia de Roma, ya que «el seno de Abraham» no es una prisión *penal*, según el concepto de Agustín y Tomás de Aquino, sino un lugar de felicidad perdurable. Aunque, como ya dijimos en la lección 9.ª, punto 1, con la obra del Calvario, dicho lugar se convirtió realmente en Cielo o Paraíso cuando Jesucristo llegó a él (v. Lc. 23:43), pues donde está Cristo, está el Cielo.

4. ¿De dónde arranca el error de Roma sobre el limbo de los justos?

El error del concepto católico-romano acerca del «limbo de los justos» o «seno de Abraham» arranca simplemente de la doctrina definida como *dogma de fe* por Benedicto XII, en el año 1336, por la que todos los justos, a partir de la Ascensión del Señor a los cielos, inmediatamente de su entrada en la gloria, «han visto y ven la esencia divina intuitivamente y cara a cara, de modo que, en cuanto se refiere al objeto visto, nada creado opera como medio de visión, sino que la esencia divina se les manifiesta plena, clara y abiertamente... Por esta visión y el gozo consiguiente, las almas... son verdaderamente felices».[57] Como se observará, no se menciona la presencia de Cristo como algo *esencialmente* beatificante.[58]

Según la doctrina católico-romana, la privación de la gloria comporta un doble castigo: A) la llamada «pena de

---

57. D. 1000.
58. Discutiremos en detalle este error en la 7.ª Parte de este libro.

daño», que consiste en la carencia de la visión de Dios, y es efecto del pecado original; y B) la llamada «pena de sentido», que consiste en tormentos físicos, y se debe a los pecados mortales actuales o personales. De ahí que, en el limbo de los justos, no se sufriera —según Roma— la pena de sentido, pero sí la pena de daño.

Sin embargo, lo dicho hasta ahora se refiere a la doctrina tradicional de Roma. Como en otros temas, también en éste las ideas están en ebullición y no puede preverse lo que saldrá, en último término, de la olla. Baste comparar las ideas de Agustín y Tomás con lo que dice R. Lachenschmid en la moderna enciclopedia católica *Sacramentum Mundi*:

> El descenso de Cristo a los infiernos fue un acontecimiento especial de la historia de la salvación, pues a los muertos en gracia les proporcionó la visión de Dios. Aun cuando los hombres anteriores a Cristo pudieron tener gracia (y gracia de Cristo) que los justificara, de manera que viviesen y muriesen como *justos y salvados* antes (bajo nuestra perspectiva puramente temporal de este mundo) del acontecimiento históricamente consumado de Cristo (desde la encarnación hasta la glorificación), no hubo acceso alguno a la gloria del Padre. La visión de Dios es posible para nosotros los hombres *sólo «en el Señor glorificado».*[59]

CUESTIONARIO:

1. ¿Qué se entiende por «Limbo de los Justos»? — 2. ¿Coincide o no con lo que, en Lc. 16:22, se llama el «seno de Abraham»? — 3. ¿Cómo estaban las ideas de los escritores eclesiásticos de los primeros siglos, incluyendo Agustín de Hipona, acerca de este tema? — 4. ¿Cuál ha sido la doctrina oficial de Roma, especialmente a partir de Tomás de Aquino, en este punto? — 5. ¿En qué se basó Tomás para hacer del limbo de los justos un lugar de castigo? — 6. ¿Qué «dogma» está en la base de toda esta doctrina errónea? — 7. ¿Cómo se expresan, a este respecto, algunos de los modernos teólogos católico-romanos?

---

59. Tomo 3.°, p. 909 (los subrayados son nuestros).

LECCION 13.ª NO EXISTE. TRAS LA MUERTE, UNA SEGUNDA OPORTUNIDAD

1. Los abogados de una segunda oportunidad

La llamada «segunda oportunidad», nunca aceptada por la Iglesia de Roma —hay que admitirlo sinceramente—, ha encontrado desafortunadamente bastantes abogados en varios círculos protestantes, y aun entre algunos evangélicos, especialmente en el siglo XIX. L. Berkhof cita a Müller, Dorner y Nietzsche en Alemania, a Godet y Gretillat en Suiza, a Mauricio, Farrar y Plumptre en Inglaterra, y a Newman Smythe, Munger, Cox, Jukes y varios teólogos de Andover en los Estados Unidos de Norteamérica.[60]

> El principio fundamental —añade Berkhof— sobre el que descansa esta teoría es que ningún hombre perecerá sin que le haya sido ofrecida una oportunidad favorable para conocer y aceptar a Jesús. El hombre queda condenado sólo cuando rehúsa aceptar la salvación que se le ofrece en Cristo Jesús.[61]

Esta segunda oportunidad se extendería, según dichos autores, a los niños que murieron antes del uso de razón y a los adultos a quienes no fue presentado el mensaje del Evangelio; o incluso si les fue presentado, pero de una forma *no convincente.*

Antes de pasar adelante, debo decir que, en opinión de gran número de evangélicos —con los que me identifico—

---

60. *Teología Sistemática*, p. 829.
61. *Op. cit.*, misma pág.

el principio fundamental de los teólogos citados *es* bíblico, pero dicha oportunidad se da siempre *en esta vida*, como probaremos en el punto 4 contra Berkhof.

2. Textos bíblicos en que se pretende ver una base para tal teoría

Los textos en que se pretende ver la posibilidad de una segunda oportunidad, después de la muerte, son Mt. 12:31-32; 1.ª Co. 15:24-28; Ef. 4:8-9; Flp. 2:9-11; Col. 1:19-20; 1.ª P. 3:19; 4:6. Pero ninguno de estos pasajes tiene nada que ver con una segunda oportunidad. En efecto:

A) Mt. 12:31-32 es, como ya dijimos,[62] una declaración enfática de la imperdonabilidad del pecado contra el Espíritu Santo, puesto que la función específica del Espíritu Santo, respecto al perdón de los pecados, es llevar a los corazones convicción y arrepentimiento, así como apertura a la invitación de Cristo. De esta manera, el único pecado imperdonable es, como dice con frase feliz H. Küng, el rechazo consciente del perdón, puesto que quien rechaza dicha función del Espíritu, se cierra a sí mismo la única puerta que había de conducirle al perdón (v. Jn. 3:36). Nada tiene, pues, que ver con una segunda oportunidad.[63]

B) 1.ª Co. 15:24-28 no indica la existencia de una segunda oportunidad tras la muerte, lo cual —no se olvide— comportaría en este caso la llamada *«apokatástasis»* o SALVACION UNIVERSAL, defendida en el siglo III por Orígenes y, en nuestros días, por G. Papini y K. Barth, sino el último acto del triunfo final del Reino de Dios sobre el mal. Ahora bien, Dios no sólo triunfa con Su misericordia, sino también con Su justicia. Hasta los condenados al Infierno, tras el Juicio Final ante el Gran Trono Blanco, no tendrán más remedio que «dar gloria a Dios», recono-

---

62. Véase la lección 11.ª, punto 4.
63. De nuevo llamamos la atención sobre el uso que de dicho texto ha hecho la Iglesia de Roma para fundamentar su doctrina sobre el Purgatorio.

ciendo que son condenados con toda justicia (comp. con Ap. 6:15-17).

C) Ef. 4:8-9. Las bendiciones y dones con que Cristo lo llenó todo (v. 10) nada tienen que ver con los que murieron en la incredulidad, sino sólo con los que se beneficiaron, por fe, de la obra llevada a cabo en el Calvario.

D) Flp. 2:9-11 está en una línea similar a 1.ª Co. 15: 24-28, y designa el homenaje cósmico al exaltado Señor y Redentor: ángeles, hombres y demonios (éstos, mal de su grado) tendrán que confesar el señorío universal de Cristo. También de Juliano el Apóstata se cuenta que, antes de morir en la batalla, tomó un puñado de la sangre que le brotaba de las letales heridas y, arrojándolo contra el Cielo, gritó: «¡Venciste, Galileo!»

E) Col. 1:20 —por paralelismo con Ef. 1:10— se refiere a la reconciliación de la que Pablo habla en 2.ª Co. 5:18-19, una reconciliación *virtual* (de parte de Dios), de la que sólo se benefician quienes obedecen a la exhortación que el Apóstol profiere en el versículo siguiente: «*Reconciliaos con Dios.*» Lo contrario implicaría la salvación universal *ya en esta vida.* Dice, a este propósito, F. F. Bruce:

La afirmación de Pablo de que la obra reconciliatoria de Cristo, de acuerdo con el propósito divino, abarca en su designio «todas las cosas, así las que están en la tierra como las que están en los cielos», ha sido interpretada como si diese a entender que tenía en perspectiva la reconciliación final con Dios, no sólo de todos los hombres, sino también de los hostiles poderes espirituales —que, de hecho, se había anticipado a Orígenes en el punto de vista de que los ángeles caídos habían de beneficiarse de la redención llevada a cabo por Cristo. Sin embargo, el presente pasaje debe entenderse en conexión con la enseñanza general de Pablo sobre este tema; y resulta muy difícil forzar su lenguaje para hacerle decir algo semejante a la reconciliación universal en el sentido en que dicha frase suele usarse hoy en día. Aplicar la idea de reconciliación, en el sentido ordinario, a los ángeles caídos, es contrario a toda la analogía de la Escritura (incluidos los escritos de Pablo).[64]

F) 1.ª P. 3:19 habla de una *proclamación* («*ekéryxen*»), no de una *evangelización* estrictamente dicha. A pesar de que se trata de un pasaje difícil,[65] ningún comentarista equilibrado lo interpreta en el sentido de ofrecer una se- gunda oportunidad después de la muerte. La interpretación más probable, pues soluciona todos los problemas, es que Cristo (por su Espíritu) actuaba en el ministerio de Noé a sus impenitentes coetáneos, que ahora se hallaban, como espíritus desencarnados, en el Infierno. Es lástima que este pasaje indujese J. P. Lange[66] a inclinarse a favor de la se- gunda oportunidad en este caso particular.

G) 1.ª P. 4:6, a pesar de las apariencias, nada tiene que ver con los «espíritus» de 3:19, contra la opinión de L. Berkhof.[67]

3. Refutación directa de la opinión de una segunda oportunidad tras la muerte

A) La Escritura presenta siempre el estado de los in- crédulos después de la muerte como algo *fijado* para siem- pre. Ver por ej., Lc. 16:19-31, con lo de la *gran sima* impa- sable; Jn. 8:24, donde la incredulidad hace que la muerte *fije* la condición del pecador; 2.ª P. 2:9, donde los injustos son *reservados* «*bajo castigo para el día del juicio*». El grie- go usa el verbo *tereín* = acción positiva de mantener bajo castigo, en contraste con el verbo *phylássein*, que indica meramente estar bajo custodia. También Jud. 13, lugar pa- ralelo de 2.ª P. 2:9, usa el mismo verbo («*tetéretai*»).

64. Véase E. K. SIMPSON y F. F. BRUCE, *Comentary on the Epis- tles to the Ephesians and Colossians* (Eerdmans, Grand Rapids, 1970), p. 209.
65. Véase mi libro *La Persona y la Obra de Jesucristo*, pp. 202- 203.
66. En su *Commentary on the Holy Scripture*, IX, p. 64.
67. Véase mi citado libro, pp. 203-204, donde se exponen varias opiniones; ninguna, a favor de una segunda oportunidad.

B)   La Escritura presenta el Juicio Final como determinado *por las obras hechas en esta vida* (v. Mt. 7:22-23; 10: 32-33; 25:35-46; Lc. 12:47-48; 2.ª Co. 5:9-10 —por extensión—; Gá. 6:7-8; 2.ª Ts. 1:8-9; He. 9:27; Ap. 20:12).

4. Existe, en esta vida, una oportunidad de salvación

La afirmación que acabamos de sentar en el epígrafe de este punto, guarda relación con la oferta universal de salvación, hecha por Dios, de buena fe, a todo ser humano,[68] y, por consiguiente, rechazamos de todo punto la opinión de L. Berkhof y demás seguidores incondicionales de J. Calvino en este tema. Dice así Berkhof:

> El principio fundamental de esta teoría, de que sólo un rechazamiento consciente de Cristo y de su Evangelio, hace que los hombres perezcan, no es bíblico. El hombre está perdido por naturaleza, y hasta el pecado original tanto como los pecados actuales lo convierten en sujeto digno de condenación. El rechazamiento de Cristo, indudablemente, es un gran pecado, pero nunca se explica como el único que conduce a la destrucción.[69]

Y continúa:

> La Biblia nos enseña que los gentiles perecen, Ro. 1:32; 2:12; Ap. 21:8. No hay evidencia bíblica sobre la que fundar la esperanza de que los adultos gentiles o cuando menos los gentiles niños que al morir no habían llegado todavía a los años de la discreción, se salvarán.[70]

---

68. Véase mi citado libro, pp. 330-347, a lo que sólo me resta añadir un descubrimiento importante, durante mi estancia como profesor de hebreo en el Seminario Teológico Centroamericano: La versión literal de Is. 53:5*b*, que dice así: «*Y por su azotaina* (hubo) *CURACION PARA NOSOTROS*» (comp. con Is. 12:3; 55:1; 2 Co. 5:19-20).
69. *Op. cit.*, p. 830.
70. *Op. cit.*, 831.

Ya hemos anticipado, en el punto 1 de la presente lección, que el principio (no las consecuencias) al que se refiere Bekhof, *es* bíblico. Contra lo que afirma Berkhof, la Biblia pone *siempre* la causa de la condenación *final* en el rechazo consciente del mensaje de la salvación. Como digo en mi citado libro:

> *Dios es soberano en su iniciativa salvífica*, es cierto, y el hombre caído en pecado no puede hacer nada para cambiar su miserable situación, *pero* el santo amor de Dios a la humanidad perdida le ha hecho comprometer Su palabra (que no puede volverse atrás) de *proveer* para esa misma humanidad los medios necesarios y suficientes para que todos tengan acceso a la salvación provista en el Calvario (Jn. 1:9: «*alumbra a todo hombre*»; 3:16: «*De tal manera amó Dios al mundo*»; 1.ª Ti. 2:4: «*quiere que todos sean salvos...*»; 2.ª P. 3:9: «*no queriendo que ninguno perezca*»; etc.). Todos estos textos, y muchos otros, nos hablan de una VOLUNTAD DE DIOS ANTECEDENTE SALVIFICA UNIVERSAL.[71]

Y, un poco más adelante:

> La Palabra de Dios nunca pone la causa de la condenación en un *decreto eterno de Dios* de excluir a alguien de la salvación, sino sólo en *la resistencia voluntaria del hombre* a la bondad de Dios y a la verdad del Evangelio (Is. 5:5; 55:6-7; 59:1-2; Ez. 18:23, 31; 33:11; Mt. 23:37; Lc. 13:34; Jn. 3:19-21; 8:24; Hch. 13:46; Ro. 1:18; 2:4, 5; texto clave). Dentro de este contexto de *resistencia voluntaria*, como disposición permanente, pueden entenderse los textos en que el endurecimiento del corazón parece achacarse a Dios (comp. Is. 6:9, 10 con Mt. 13:14, 15).[72]

Berkhof apoya su afirmación de que «los gentiles perecen», en Ro. 1:32; 2:12; Ap. 21:8, pero no se percata de que la raíz de la condenación final de dichos gentiles no

---

71. Pp. 343-344.
72. P. 344.

son sus pecados actuales (mucho menos, el original), sino el hecho de que tales *hombres* (gentiles o judíos) *«detie-nen con injusticia la verdad»* (Ro. 1:18). En otras palabras, todo hombre tiene ante sí, de alguna manera, la *verdad* por la cual puede ser salvo: los hechos salvíficos que puede apropiarse por fe; pero los incrédulos hacen lo posible por sofocar dicha verdad, deteniéndola para que no penetre en ellos y procurando echarla por el suelo, como indica el verbo *«katékho»* del original. Como dice E. Trenchard:

> El contexto aclara que el hombre conocía la ver-dad en un principio, pero pese a ello, el impulso de su corazón rebelde le llevó a «detenerla en injusti-cia», o sea, impedir su manifestación para dar rienda suelta a su maldad.[73]

Otro texto, digno de la más diligente consideración es Jn. 9:41. Los fariseos acaban de oír a Jesús que ha venido *«para que los que no ven, vean; y los que ven, se vuelvan ciegos»* (v. 39). El Señor daba a entender que los que ca-recen de la luz de la verdad, pero, reconociendo su insu-ficiencia, están ansiosos, por la gracia de Dios, de recibir dicha luz, son quienes toman posesión plena de ella; mien-tras que los que, en su autosuficiencia, no se percatan de la deplorable situación en que se hallan, se quedan en la oscuridad por rechazar al que es la verdadera luz del mun-do (Jn. 1:9; 8:12; 9:5; 12:46). Por tanto, el pecado que lleva a la condenación es la oposición consciente al mensaje del Evangelio.

Todavía es peor la condición en que Berkhof, siguiendo a Calvino, deja a los niños gentiles, pues los envía al In-fierno cuando todavía no son capaces de responsabilizarse de ninguna acción moral. Como digo en mi libro *El Hom-bre, Su Grandeza y Su Miseria*:

> Las Sagradas Escrituras presentan la provisión del remedio que Dios ofrece para el pecado como coextensiva con la ruina ocasionada por la caída. Es decir, supuesta la universalidad de la voluntad de

---

73. *Romanos* (Literatura Evangélica, Madrid, 1969), p. 98.

Dios en cuanto a la oferta de los medios de salvación (Jn. 1:9; 3:14-16; 1.ª Ti. 2:4-5; 2.ª P. 3:9; Ap. 22:17) y que *«cuando abundó el pecado, sobreabundó la gracia»* (Ro. 5:20), los niños, que sin culpa personal quedaron perdidos en el Primer Adán, han de salvarse también, sin conversión personal, en el Postrer Adán (1.ª Co. 15:22, 49), mediante la aplicación automática de la redención obtenida en el Calvario (2.ª Co. 5:14, 19).[74]

Y, para que no haya confusión alguna en cuanto a este punto, añado más adelante:

Ahora bien, los niños no pueden nacer de nuevo antes de morir, porque si fuesen regenerados espiritualmente durante la infancia, alcanzando así la salvación para vida eterna, no necesitarían pasar por el proceso de la conversión personal al hacerse mayores, a no ser que se admita la enseñanza católico-romana de que la justificación puede perderse por cualquier pecado mortal, lo que un evangélico no puede admitir. Sólo resta, pues, que el Espíritu Santo les aplique la obra de la Redención y realice en ellos la obra de la regeneración espiritual en el mismo momento de su muerte.[75]

5. Dos pasajes bíblicos que parecen contradecir nuestra opinión

Dos textos bíblicos parecen contradecir mi tesis: Hch. 4:12 y Ro. 10:17.

A) En Hch. 4:12 se asegura que no hay salvación sino *en el nombre de Jesús.* Pero, conforme al estilo semita, el nombre no es una etiqueta, sino que representa a la persona; es decir, no es imprescindible conocer el *nombre* de Jesús para ser salvos por la *persona* de Jesús (¿en qué

---

74. P. 219.
75. *Op. cit.*, p. 220.

otro nombre, si no, eran salvos los santos del Antiguo Testamento, cuando no se conocía al futuro Redentor por ese nombre?).[76]

B) Con respecto a Ro. 10:17, es cierto que la vía normal de la fe es *por el oír*, pero también puede venir la fe *por el leer* e, incluso, sin oír ni leer, sino por la operación interna, secreta y soberana, del Espíritu Santo en los corazones de quienes no han tenido la oportunidad de escuchar ni leer el mensaje del Evangelio. El propio J. Murray hace notar sobre este versículo: «No debemos pensar que el Apóstol está excluyendo o desacreditando otros medios de comunicación.» [77] Por cierto, es muy significativo que el Apóstol, a renglón seguido de lo que dice en el versículo 17, añada en el versículo 18: «*Pero digo: ¿Acaso no han oído? ¡Sí, por cierto! Por toda la tierra ha salido la voz de ellos, y sus palabras hasta los confines de la tierra.*» Es curioso que Pablo esté citando aquí del Sal. 19:4, donde, sin lugar a dudas, se habla del mensaje que transmite la naturaleza misma. Como David en el Salmo 19, también Pablo une la revelación general (Ro. 1:18 ss.; 2:12-16) con la especial. En efecto, de nada serviría el espectáculo de la creación sin la operación interior del Espíritu Santo, que capacita para el acto de la fe. Esto no obsta para que el Apóstol acomode Sal. 19:4, primordialmente, a la predicación apostólica, como se ve por el contexto.

CUESTIONARIO:

1. ¿Quiénes abogan por una segunda oportunidad, después de la muerte, para salvarse? — 2. ¿A quiénes extienden tal oportunidad? — 3. ¿En qué textos bíblicos pretenden hallar base para dicha teoría? — 4. ¿Cuál es la correcta interpretación de esos pasajes? — 5. ¿Cómo presenta siempre la

---

76. Una exposición detallada puede verse en J. GRAU, *Introducción a la Teología* (CLIE, Tarrasa, 1973), pp. 144-155.
77. *The Epistle to the Romans* (Marshall, Morgan and Scott, 1967, Londres), Segunda Parte, p. 61, nota 20.

*Escritura el estado de los perdidos después de la muerte?
— 6. ¿Qué prueba adicional nos ofrecen lugares como Mt.
25:31-46; He. 9:27; Ap. 20:12 y otros? — 7. ¿Es, o no, universal la oportunidad de salvación que Dios ofrece en esta
vida? — 8. ¿Cómo podemos demostrarlo, con la Biblia
abierta? — 9. ¿Tienen fuerza probativa los lugares bíblicos
que aduce L. Berkhof? — 10. ¿Van contra nuestra tesis
lugares como Hch. 4:12 y Ro. 10:17?*

Tercera parte

LAS RESURRECCIONES

LECCION 14.ª CONCEPTO DE RESURRECCION

1. ¿Qué significa el vocablo «resurrección»?

El término «resurrección» se compone de la partícula reiterativa «re» y el vocablo «surrección», del verbo latino «surgere» = levantarse.

Escribiendo contra Marción, a comienzos del siglo III, dice Tertuliano:

> Sólo puede resucitar lo que cayó..., pues la sílaba «re» siempre se toma como iterativa... Y del cuerpo se dijo: «*Tierra eres y a la tierra volverás*» (Gn. 3:19). Así que lo que es de la tierra, irá a la tierra; cae lo que irá a la tierra, y lo que cae es lo que vuelve a levantarse.[1]

Podemos, pues, definir la resurrección diciendo que es *el retorno de un cuerpo exánime a la vida, mediante la reunión con el alma, la cual era el principio vital del compuesto humano, a nivel físico.*

2. Falsas ideas acerca de la resurrección

A) La filosofía platónica, que tanta influencia ejerció en los primeros escritores eclesiásticos (y, en algunos aspectos, en la ascética de la Iglesia de Roma hasta tiempos recientes), consideraba el cuerpo humano como cárcel donde las almas habían de llevar a cabo la purificación o «*kátharsis*» de los pecados cometidos en una existencia an-

---

1. R. 345 (el subrayado es suyo).

terior. Lejos, pues, de admitir la resurrección de algo intrínsecamente malo como es —para Platón— la materia,
sostenía que las almas pasan por sucesivas reencarnaciones, hasta que hayan completado el ciclo de su purificación. Lo mismo sostienen todos los círculos ocultistas o
«esotéricos». Este concepto del cuerpo humano es totalmente contrario al concepto bíblico, ya que la Palabra de
Dios nos dice que todo lo creado por Dios es *bueno en
gran manera* (Gn. 1:31).

B) En tiempos de Jesús, el partido de los saduceos se
adhería a la idea de que «el alma perece con el cuerpo».[2]
Los Evangelios (v. por ej., Mr. 12:18, 26) y Hch. 23:8 nos
dicen explícitamente que los saduceos sostienen *que no
hay resurrección*.

C) Por supuesto, todos los materialistas de cualquier
escuela filosófica niegan y ridiculizan la idea de la resurrección.

3. El concepto de resurrección en el Antiguo Testamento

En el Antiguo Testamento, la idea de la resurrección
aparece vagamente indicada en algunos lugares, siendo
Dan. 12:2, 13 el texto más explícito. La mayoría de los autores evangélicos citan como testimonios a favor lugares muy
dudosos (a la vista del contexto y con base en el original).
Dice J. Schmid en la enciclopedia *Sacramentum Mundi*:

> Hasta su época tardía la religión veterotestamen-
> taria no conoce ninguna resurrección. La vida del
> hombre se limita a la existencia de aquí. Con ello no
> se dice que el hombre en la muerte, cuando Dios
> arranca de él su espíritu (por el cual se había hecho
> «alma viviente» —Gn. 2:7—, es decir, ser vivo), y su
> cuerpo vuelve al polvo del que ha sido formado (Gn.
> 3:19), cese de existir. Pero la existencia a manera de
> sombra de los muertos en el *she'ól* no merece el nom-
> bre de «vida». La *tierra* es «el país de los vivientes»
> (Is. 38:11), y YHWH es sólo el Dios de los vivos y
> no de los muertos.[3]

---

2. Véase F. Josefo, *Antiguedades*, XVIII, i, 4.
3. *Op. cit.*, tomo 6, pp. 58-59.

Nótese que estamos hablando de los textos anteriores a la deportación de Babilonia. De estos textos, examinamos los que suelen citarse como demostrativos:

Job 14:14: «Si el hombre muere, ¿volverá a vivir? Todos los días de mi milicia esperaré, hasta que venga mi relevo», es decir, hasta que otros ocupen mi lugar —a tono con la metáfora de la *milicia*. El versículo 19 deja bien claro que no queda ninguna esperanza de resurrección.

Job 19:25-26: «Yo sé que mi Redentor vive, y al fin se levantará sobre el polvo. Y después de deshecha ésta mi piel (aun) *desde mi carne* (o *sin carne*) *he de ver a Dios.»* Sólo a la luz del Nuevo Testamento, puede aquí entreverse algo que tenga que ver con la resurrección, pues el original sólo da a entender que Job tenía absoluta confianza en Dios como su «*go'el*» o Vindicador (el pariente más próximo), quien se pondría de pie para defenderle en juicio (v. 29) contra quienes le acusan injustamente. Dice E. Trenchard:

> El vocablo «Redentor» traduce el término hebreo *go'el*, quien era el «pariente más cercano», obligado a intervenir a favor de un israelita que se hallara en dificultades. Dentro de la ley civil había de rescatar las propiedades alienadas de la herencia de la persona en cuestión, y recordamos el caso detallado en el libro de Rut. En cuanto a la ley de lo criminal, el *go'el* tenía la obligación de vengar la sangre de una persona muerta por la violencia (Nm.35:9-34). Mejor que la traducción «Redentor» sería «Vindicador», o una persona que exculpa a alguien que ha sido acusado injustamente.[4]

Con todo, es difícil negar una especie de vislumbre en el poder de Dios para levantar del polvo a una persona y sacarlo del *she'ól*, de forma que pueda ver la vindicación de YHWH a su favor y en contra de sus enemigos. Como sigue diciendo el profesor Trenchard:

---

4. *Exposición de Job* (Edit. Literatura Bíblica, Madrid, 1972), p. 93 (los subrayados son suyos).

Job sabe que el día llegará cuando la piel de su cuerpo mortal será deshecha, pero la luz de la inspiración le lleva a comprender la sublime verdad de la resurrección del cuerpo: algo que se vislumbraba apenas durante los siglos del Antiguo Testamento. Está tan seguro que dice: «*desde mi carne* he de ver a Dios».[5]

La misma *Biblia de Jerusalén* (que no es, precisamente, sospechosa de conservatismo bíblico) afirma en la nota a Job 19:25 (b):

Después de haberse imaginado, 14:10-14, la posibilidad de una espera en el *she'ól* durante el tiempo de la ira, Job, impulsado por su fe en Dios, que puede hacer volver del *she'ól...*, parece confiar aquí en un retorno pasajero a la vida corporal, para el tiempo de la venganza. Esta momentánea salida de la fe de Job fuera de los límites infranqueables de la condición mortal, para satisfacer su necesidad de justicia en una situación desesperada, preludia la revelación explícita de la resurrección de la carne.

Is. 26:19: «*Tus muertos vivirán; sus cadáveres resucitarán. ¡Despertad y cantad, moradores del polvo!, porque tu rocío es cual rocío de luz* (viva), *y la tierra sacará a la vida sus sombras.*»[6] Acerca de este texto, hay una rara unanimidad entre católico-romanos, evangélicos y rabinos judíos sobre un probable doble sentido: (a) se trata de la futura restauración nacional de Israel, como en Ez. 37; (b) Hay, sin embargo, un trasfondo de creencia en la resurrección corporal.[7] Así, por ejemplo, leemos en la *Biblia de Jerusalén*: «Unos ven en este texto el anuncio de la resu-

---

5. *Op. cit.,* misma pág. (el subrayado es suyo). En parecidos términos se expresa M. G. KLINE en *The Wycliffe Bible Commentary,* p. 476.
6. Es decir, *sus muertos,* descritos como «sombras» en el *sheól.*
7. G. L. ARCHER, en *The Wycliffe Bible Commentary,* p. 627, va demasiado lejos, en nuestra opinión, al afirmar: «This is a most explicit OT prediction of the bodily resurrection of believers».

rrección..., otros sólo reconocen el anuncio del despertar nacional de Israel, *cf.* Ez. 36.»[8] Por su parte, E. Trenchard afirma:

> Jehová contesta la meditación y el gemido de su pueblo. Los «muertos», lamentados por el resto en el versículo 14, «vivirán» de nuevo (26:19). En primer término se trata de la resurrección nacional de Israel, como en el pasaje análogo de Ezequiel, capítulo 37, pero se vislumbra también la resurrección del cuerpo de los redimidos.[9]

Finalmente, el rabino I. W. Slotki dice sobre este versículo:

> El versículo ha sido interpretado de varias maneras: de la resurrección personal y de la nacional. Para esta última, *cf.* Ez. XXXVII. Voz primera: *Tus muertos vivirán.* Voz segunda: *Mis* [10] *cadáveres resucitarán.* Ambas voces al unísono, cantando la proclamación que el Todopoderoso hará en el día de la resurrección: *Despertad y cantad, los que habitáis en el polvo.* Voz tercera, dirigida hacia el Cielo: *Porque Tu rocío es cual rocío de luz.* Todos al unísono: *Y la tierra sacará a vida las sombras.*[11]

Ya, con la luz del Nuevo Testamento, nos parece ver en 2.ª Ti. 1:10 un eco glorioso de Is. 26:19.

Os. 6:2-3 y 13:14 están en la línea de Ez. 37 y con el mismo significado escatológico,[12] aun cuando Pablo acomoda el segundo de dichos lugares, en 1.ª Co. 15:55, para su grito triunfal de la resurrección gloriosa de los creyentes.

Como se ve por Dan. 12:2, 13, y por los apócrifos (2.ª Mac. 7:9, 11, 14, 23, 29; 12:43 ss.; 14:16), el judaísmo

---

8. Nota (b) a Is. 26:19.
9. *Exposición de Isaías* (Edit. Literatura Bíblica, Madrid, 1974), p. 119.
10. En efecto, el hebreo dice *nbelati*, que, evidentemente, lleva sufijo de primera persona.
11. *Isaiah* (The Soncino Press, Londres, 1970), p. 121.
12. Véase Ch. L. FEINBERG, *The Minor Prophets* (Moody Press, Chicago, 1977), pp. 35, 66-67.

tardío admitió explícitamente la resurrección corporal, y de esta tradición son testigos los fariseos contemporáneos de Jesús.

4. La resurrección es algo más que una inmortalidad espiritual

Los pasajes, numerosos por cierto, del Nuevo Testamento que hablan de la *resurrección de los muertos*, o de la *resurrección de entre* los muertos, no pueden entenderse meramente de una inmortalidad de las almas,[13] sino de una revivificación del cuerpo exánime, y de su reunión con el alma de la que habrá estado separado durante el estado intermedio.

Los lugares del Nuevo Testamento en favor de la resurrección (y que, por su claridad, no necesitan, de momento, ningún comentario) son los siguientes: Mt. 22:29 ss.; 27:52 ss.; Lc. 14:14; Jn. 5:29; 6:39 ss.; 11:25; Hch. 4:2; 16:18, 32; 24:15, 21; 26:23; Ro. 8:11; 1.ª Co. 15:20-26, 35 ss.; 2.ª Co. 4:14; Flp. 3:21; 1.ª Ts. 4:14, 16; He. 6:2; Ap. 20:4-6, 12 ss.

De entre los primeros escritores eclesiásticos, escogemos los siguientes testimonios:

Clemente de Roma, en su Epístola I a los corintios, cuando aún vivía el Apóstol Juan, dice: «Consideremos, amados, cómo nos muestra continuamente el Señor la resurrección futura, de la cual puso como primicias al Señor esucristo.»[14]

Medio siglo más tarde, escribe Justino:

> La resurrección es de la carne que cayó. Pues el espíritu no cae. El alma está en el cuerpo, el cual no vive sin el alma. El cuerpo desaparece al marcharse el alma. Pues el cuerpo es la morada del alma, y el

---

13. Explicaremos en la lección siguiente el sentido de *cuerpo espiritual* en 1 Co. 15:44.
14. R. 13.

alma es la morada del espíritu. Estas tres cosas se salvarán en los que tienen esperanza sincera y fe no dudosa en Dios.[15]

Ya hemos citado, en el punto 1, el testimonio de Tertuliano, así como lo hicimos en la Primera parte con el de Minucio Félix, sobre el que volveremos en el punto 5. Gregorio de Nisa escribía en las últimas décadas del siglo IV:

> Por consiguiente, así como el semen, al principio sin forma, va cobrando figura y crece hasta formar el cuerpo, preparado por el arte inefable de Dios; así también nada tiene de raro, sino que es completamente adecuado, el que la materia que está en los sepulcros, y anteriormente tuvo su forma, otra vez sea renovada a su prístina constitución, y el polvo vuelva a ser hombre, como lo fue al principio de la creación.[16]

A principios del siglo V, escribía Agustín: «El cristiano no debe dudar de ningún modo que ha de resucitar la carne de todos los hombres que han nacido y nacerán, y de todos los que han muerto y morirán.»[17]

Desafortunadamente, Agustín, abandonando la correcta interpretación de Ap. 20, que anteriormente había sostenido,[18] adoptó en *Ciudad de Dios*[19] la opinión de que la primera resurrección de la que habla Ap. 20:4-5 significa la «regeneración espiritual de las almas».

Añadamos que todas las denominaciones que se llaman cristianas están de acuerdo en admitir la resurrección corporal, aunque muchos teólogos liberales no hablan claro o, incluso, niegan la resurrección, como hacen con todo lo que tiene carácter milagroso.

La analogía de la fe nos ofrece dos pruebas complementarias: A) El ser humano consta de alma y cuerpo (Gn.

---

15. R. 148 (véase también R. 147).
16. R. 1064.
17. R. 1922.
18. Véase R. 1521. En su lugar, analizaremos esta evolución de Agustín.
19. Véase R. 1768 y 1769.

2:7), y el alma alberga un espíritu (1.ª Ts. 5:23), como hace notar Justino en el lugar citado más arriba. Así que el estado de las almas desencarnadas es, en cierto modo, antinatural. B) Más fuerte es todavía la razón, ofrecida en 2.ª Co. 5:10, de que el hombre debe rendir cuentas a Dios de lo que ha hecho como ser humano integral, *«por medio del cuerpo»*, como dice el original.

Hay otras razones adicionales, que tienen especial aplicación a la resurrección de los justos, como se verá en la lección siguiente.

5. Identidad del cuerpo resucitado con el que «cayó»

Los teólogos y exegetas, tanto evangélicos como católico-romanos, afirman la identidad física del cuerpo resucitado con el que fue llevado al sepulcro, ya que el término mismo «resurrección» exige dicha identidad. Pero difieren en cuanto a la clase de identidad que se requiere para poder hablar, con toda propiedad, de *resurrección*. Hay quienes aseguran que basta con la identidad del alma para hacer suyo cualquier cuerpo que Dios tenga a bien darle. Pero entonces no podría hablarse de «re-surrección», ya que sólo lo que cayó puede volver a levantarse, como hizo ver Tertuliano, entre otros escritores eclesiásticos. Contra dicha opinión, dice L. Ott: «Esta explicación conduce a la inquietante posibilidad de que el esqueleto de un muerto esté en la tierra, mientras que él esté en el cielo con el cuerpo resucitado.»[20] Y el teólogo bautista A. H. Strong escribe:

> Esta opinión se va al otro extremo de la que rechaza, pues abandona toda idea de unidad entre el nuevo (cuerpo) y el anterior. Si mi cuerpo fuese aniquilado en este momento y, una hora más tarde, Dios crease un segundo cuerpo, exactamente igual al actual, yo no podría considerarlo precisamente el mismo, aun cuando estuviese animado por la misma alma, y esta alma hubiera existido ininterrumpida-

20. *Op. cit.*, p. 491.

mente entre el tiempo de la aniquilación del primer cuerpo y la creación del segundo. Así que, si el cuerpo depositado en la tumba fuese completamente disuelto entre los elementos, y Dios crease en el fin del mundo un cuerpo enteramente nuevo, Pablo no habría podido decir: «Es menester que esto corruptible sea vesdo de incorrupción» (1.ª Co. 15:35), ni «Se siembra en deshonor, resucitará en gloria» (vers. 43). En una palabra, hay conexión física entre el anterior y el nuevo, como da a entender la Escritura, y esta teoría lo niega.[21]

Por otra parte, no cabe duda de que muchos cuerpos humanos han servido de pasto a las fieras, a los peces y hasta a otros hombres. ¿Con qué cuerpo resucitarán tales personas? A esto hemos de responder lo siguiente:

A) Está científicamente probado que las células de nuestro cuerpo se renuevan totalmente cada siete años, por lo cual hay muchas moléculas que son nuestras a lo largo de la vida, y Dios es omnipotente para recoger, de lo que ha sido nuestro, lo suficiente para formar el nuevo cuerpo.

B) Pero esta solución no valdría para los niños que son devorados en sus primeros años. La mejor solución es la que nos ofrece el propio Apóstol al decir: «Y lo que siembras no es el cuerpo que ha de salir, sino el grano desnudo, ya sea de trigo o de otra cosa; pero Dios le da un cuerpo como él quiso, y a cada semilla su propio cuerpo» (1.ª Co. 15:37-38). Como hace notar Charles Hodge:

> La primera cláusula de este versículo es absolutamente independiente. Y en cuanto a lo que siembras, no siembras el cuerpo que ha de salir. Es decir, no siembras la planta, sino el grano desnudo, el simple grano, que puede ser de trigo o de otro grano. El propósito de la ilustración es mostrar que lo que sale es muy diferente de lo que se ha depositado en la tierra. Siembras una semilla y aparece una planta.[22]

---

21. Systematic Theology, p. 1019.
22. 1 Corintios (trad. de M. Blanch, The Banner of Truth, Londres, 1969), p. 318 (los subrayados son suyos).

Esto no quiere decir que «no tenga importancia el discutir las posibilidades de reunir los diversos miembros del cuerpo físico que han sido despedazados por las fieras o hechos añicos en las crueldades de la guerra».[23] Es cierto que, en el pasaje de 1.ª Co. 15:36 ss., hay una diversidad (vv. 39-41), pero hay también una continuidad (v. 36) y una identidad (v. 38).

C) Más aún, de la misma manera que la *tumba vacía* de Cristo fue una prueba de Su resurrección (Mt. 28:6; Mr. 16:6; Lc. 24:5; Jn. 20:2 ss.; Hch. 2:24-32; 3:15; 4:10; 13:37), también las tumbas vacías de Mt. 27:52-53 dieron testimonio de que los cuerpos no quedaban allí. Esto es aplicable también a los impíos, como veremos por Ap. 20:13.

D) Podemos, pues, concluir que Pablo no habla de un cuerpo *distinto*, sino de un cuerpo *transformado*, y se está refiriendo en todo el contexto únicamente a los cuerpos de los difuntos salvos. Precisamente, el primer testimonio escrito de los primitivos escritores eclesiásticos dice así:

> Ninguno de vosotros diga que esta carne no es juzgada ni resucita; percataos de esto: ¿en qué fuisteis salvos, en qué recibisteis la vista, sino mientras estáis en esta carne? Es, pues, menester que custodiemos la carne como templo de Dios. Porque de la misma manera en que fuisteis llamados en la carne, también resucitaréis en la carne.[24]

E) Tomás de Aquino recoge bien la continua interpretación de la Iglesia a este respecto, especialmente en su *Summa contra Gentes*, IV, cap. 81, del que tomamos el siguiente párrafo:

> Lo que no impide en el hombre la unidad numérica mientras vive, es evidente que tampoco puede impedir la unidad del que resucita. Mas en el cuerpo del hombre, mientras vive, no siempre están las mismas

---

23. E. F. KEVAN, *Correspondence Course*, VII, VII, pp. 4-5.
24. Seudo-Clemente, *II Ep. a los corintios* (R. 104). Véase también R. 120, 155, 272, 345, 365, 446, 468, 543, 686, 836-837, 1088, 1522, 1785, 1880, 1923, 2375.

partes según la materia, sino sólo según la especie;
pues según la materia, las partes desaparecen y vuelven a aparecer; cosa que no impide que el hombre
sea el mismo numéricamente desde el principio al fin
de su vida. Pudiendo servir de ejemplo el fuego, que,
mientras arde, se dice uno numéricamente, porque
permanece su especie, aunque se consuma la leña y
se añada nuevamente.

F) En cuanto a las cualidades de los cuerpos resucitados (de los justos), véase la lección siguiente, punto 3.

CUESTIONARIO:

*1. ¿Qué significa el término «resurrección»? — 2. Concepto
platónico de materia, y sus repercusiones en el tema que
nos ocupa. — 3. ¿Cuál era la opinión de los saduceos a este
respecto? — 4. ¿Cómo considera el Antiguo Testamento la
vida de ultratumba? — 5. ¿En qué textos veterotestamen-
tarios se hallan vislumbres de la resurrección? — 6. ¿Cuáles son los textos del Antiguo Testamento que más explícitamente hablan de la resurrección? — 7. ¿Cuáles son los
textos del Nuevo Testamento que revisten mayor importancia acerca de este tema? — 8. ¿Cómo se expresan al respecto los primeros escritores eclesiásticos? — 9. ¿Qué pruebas adicionales nos ofrece el contexto general de la Escritura? — 10. ¿Qué soluciones pueden ofrecerse al problema
de la identidad del cuerpo resucitado con el que fue sepul-
tado?*

LECCION 15.° CIRCUNSTANCIAS
DE LA RESURRECCION DE LOS MUERTOS

1. La causa eficiente de la resurrección

Sólo Dios puede dar vida a los muertos, pues sólo quien hizo vivir al hombre, puede también hacerle revivir (véase 1.ª S. 2:6; Jn. 5:21, 25, 29; Hch. 2:32; Ro. 8:11; 1.ª Co. 15:22). Tanto es así que, cuando se habla de la resurrección del propio Jesucristo, siempre aparece la Deidad como causa eficiente, mientras que el verbo aparece en pasiva («egerthe»).

Mas, como la resurrección de los muertos es una obra divina *ad extra* (es decir, fuera de la intimidad de Dios), las tres personas de la Deidad intervienen conjuntamente en ella; por eso, se apropia indistintamente a cada una de ellas. Por ejemplo:

A) Mt. 22:29; Jn. 5:21 y 2.ª Co. 1:9 la apropian al Padre.

B) Jn. 5:21, 25, 28, 29; 6:38-40, 44, 54 la apropian al Hijo.

C) Ro. 8:11 la apropia al Espíritu Santo.

2. La causa final de la resurrección

Se entiende aquí por causa final el objetivo que el agente persigue en una acción. Hay una finalidad común en la resurrección de los muertos: reunificar los dos elementos integrantes de que se compone el ser humano, ya que, como tal, el ser humano ha sido creado con un cuerpo orgánico y un alma inmortal; y, como ser humano integral, ha de dar cuenta de sus actos y recibir eterna retribución (v. 2.ª Co. 5:10).

Pero no será la misma la suerte de los justos y la de los impíos. Estos resucitarán *para resurrección de condenación* (v. Dan. 12:2; Jn. 5:29; Hch. 24:15; Ap. 20:13-15). Por tanto, carecerán de las cualidades gloriosas que se mencionan en 1.ª Co. 15:35 ss. Su cuerpo será feo y repugnante, pues reflejará lo que ha de ser la persona del impío en rebeldía eterna contra Dios. El N. T. habla muy poco de la resurrección de los malvados, porque, como dice Kevan, «el interés principal del Nuevo Testamento es soteriológico».[25] Comoquiera que los malvados no pueden beneficiarse, después de esta vida, de la obra de Jesucristo —ya que rehusaron aceptarla—, su resurrección no será fruto de la función mediatorial de Cristo, sino solamente un resultado de la naturaleza inmortal del hombre, y de la necesidad de una retribución justa por parte de un Dios tres veces santo.

En cuanto a los justos, su resurrección es un efecto lógico de su implantación en el Cristo resucitado (v. Jn. 6:39-57; 11:25-26; 14:19; Ro. 6:3-11; 8:11; 1.ª Co. 15:17 ss. De ahí, la fuerza de la frase *los muertos EN Cristo* (1.ª Ts. 4:16, comp. con Ap. 14:13). Por otra parte, una redención perfecta exige que el proceso de la muerte se haga reversible para los salvos (v. Ro. 5:12-21); en ellos actúa la resurrección de Cristo con ese objetivo (v. Ro. 4:25 b),[26] y para ese dichoso final han sido *sellados* (certificados) por el Espíritu Santo (Ef. 4:30). La Cena del Señor implica, en su perspectiva escatológica, este mismo objetivo. Como escribe F. Martínez:

> Si toda comida extraordinaria es signo de amistad, en Israel la cena congregaba nuevamente a la familia para actualizar y renovar la bendición y acción de gracias. Israel nunca daba gracias sólo por el

---

25. *Op. cit.*, VII, VII, p. 6.
26. Véase mi libro *La Persona y la Obra de Jesucristo*, pp. 224-226.

pasado. No pensaba que los benditos de Dios fueron los de etapas prodigiosas anteriores. Al comer la Pascua, comían el fruto actual y presente de un don que comenzó en el pasado, pero que ahora se prodigaba anticipando un futuro mejor. He ahí por qué la cena era «un memorial»: la celebración de un presente que recuerda el pasado anticipando el futuro; o si se quiere: *la recapitulación del pasado en un presente que anuncia y acelera el futuro*. La comida Pascual consumaba las históricas intervenciones de Dios del pasado, en la actualidad y presencia de unos dones, de una amistad, de una alianza, que evocaban el festín mesiánico del final de los tiempos.[27]

Sin admitir los puntos de vista de la Iglesia de Roma acerca de la Cena del Señor, no cabe duda de que se puede ver una conexión entre Jn. 6:54 y 1.ª Co. 11:26, pues en ambos casos la apropiación de la obra del Calvario nos conduce a la resurrección gloriosa, que tendrá lugar cuando el Señor venga a recogernos. Esta es la interpretación de Justino, en el siglo II de nuestra era, cuando dice:

> ¿Cómo pueden decir que nuestra carne acaba en la corrupción y no recibe la vida que se nutre del cuerpo y de la sangre del Señor? Por consiguiente, o que cambien de opinión, o que se abstengan de ofrecer lo que hemos dicho anteriormente.[28]

Y, más adelante:

> Y, puesto que somos miembros suyos (de Cristo) y nos nutrimos por medio de algo creado, y eso creado El mismo nos lo otorga, haciendo que salga el sol y que llueva como él quiere, llama su sangre derramada el cáliz que es algo creado, y cuerpo suyo el pan que es algo creado y del que se nutren nuestros cuerpos. Por consiguiente... ¿cómo niegan que la carne sea capaz de recibir el don de Dios que es la vida

---

27. *La Misa, compromiso de la comunidad cristiana*, pp. 60-61 (el énfasis es suyo).
28. R. 234.

eterna, si se nutre de la sangre y del cuerpo de Cristo, y es también miembro de él? [29]

En efecto, quien *ha nacido* de arriba (Jn. 3:3, 5), ha sido unido a Cristo (Ro. 6:3 ss.) y, ya desde ahora, ocupa una *posición legal* propia del que ha sido co-resucitado con Cristo (Ef. 2:6), para llegar después a participar de la misma *condición real* con Él (Ro. 8:11). [30]

3. La causa formal de la resurrección

Si la causa material de la resurrección es el cuerpo mismo, según la identidad, continuidad y diversidad explicadas en la lección anterior, la causa formal es aquello que hace *intrínsecamente* (para distinguirlo de la causa eficiente, que obra desde fuera) que el cuerpo del resucitado —y nos referimos, desde ahora, solamente al cuerpo de los justos— sea lo que es. Esto se verá por la descripción que el Apóstol nos ofrece en 1.ª Co. 15:42 ss.

Dejando aparte el sentido de la conexión entre el versículo 42 con el versículo 41, de lo que hablaremos en la séptima parte de este libro, al tratar del Cielo, Pablo nos ofrece, en los versículos 42 *b*-44, cuatro excelentes cualidades de los cuerpos glorificados, las cuales suelen designarse con los nombres de: (a) impasibilidad, (b) claridad, (c) agilidad y (d) sutilidad. [31] Veamos cómo las expone el Apóstol:

(a) *«Se siembra en corrupción, resucitará en incorrupción»* (v. 42 *b*). El cuerpo mortal está sujeto a toda clase de deterioro: dolor, cansancio, enfermedad y, en fin, la muerte, por la que el cadáver es realmente un montón de escombros humanos. En cambio, el cuerpo resucitado estará

---

29. R. 249. Por las primeras líneas de este fragmento puede verse que Justino no entendía la Cena en términos de «transustanciación», como la Iglesia de Roma inventó mucho más tarde.

30. Tomás de Aquino llega a la misma conclusión (véase *Summa contra Gentes*, IV, 79), pero comete el error de atribuir tal resultado a la eficacia de los sacramentos.

31. Véase L. Ott, *Fundamentals of Catholic Dogma*, pp. 491-492.

exento de toda decadencia y de toda molestia (v. Lc. 20:
36; Ap. 21:4).

(b) «*Se siembra en deshonor, resucitará en gloria*»
(v. 43 *a*). El cuerpo muerto, especialmente cuando ha comenzado ya la descomposición, queda despojado de cualquier atractivo físico que haya podido poseer en vida.[32]
Por contraste, el cuerpo resucitado brillará con el resplandor glorioso de la Transfiguración (v. Dan. 12:3; Mt. 13:43
—comp. con Mt. 17:2; Hch. 9:3—; Flp. 3:21; Col. 3:3;
1.ª Jn. 3:2).

(c) «*Se siembra en debilidad, resucitará en poder*»
(v. 43 *b*). Nada tan inerte e impotente como un cadáver;
no teniendo vida, no posee capacidad de movimiento. En
cambio, cuando haya resucitado, estará rebosante de energía, obediente a voluntad del alma y capaz de trasladarse
de un lugar a otro con la velocidad del pensamiento. Tenemos un anticipo de esto en la forma en que Cristo resucitado aparecía y desaparecía de la vista de sus discípulos
(Lc. 24:31; Jn. 20:19, 26). Aunque esto podría explicarse
simplemente por *hacerse invisible*, como indica la traducción literal del griego *áphantos egéneto* en Lc. 24:31, esta
especie de entrada en, y salida de, otra dimensión, nos hace
vislumbrar —no obstante— que el cuerpo resucitado no
estará sometido a las limitaciones que el espacio y el tiempo le imponen ahora.[33]

---

32. Cuando Francisco de Borja, siendo duque de Gandía, fue comisionado por Carlos V para acompañar el cadáver de la emperatriz
Isabel y certificar de su muerte antes de sepultar los restos en Granada, recibió tal impresión al abrirse el féretro y contemplar lo
que había quedado de la que tan hermosa había sido en vida, que
pronunció su famosa frase: «No quiero servir más a señor que se
me pueda morir». Y, a la muerte de su esposa, lo dejó todo para
entrar en la Compañía de Jesús, de la que fue después Superior
General.

33. Enteramente sumiso a la voluntad del espíritu y dotado de
una agilidad similar a la velocidad del pensamiento, podemos imaginarnos a nuestro cuerpo glorioso, con órganos sensoriales sumamente perfectos y agudos, con lo que cabe la posibilidad de trasladarse en un segundo a puntos situados a miles de años-luz de
nuestro planeta, siendo así capaces de contemplar *en directo* cualquier escena de la historia de la humanidad. ¡No es ciencia-ficción!

(d) «*Se siembra cuerpo natural* (gr. *psykhikón* = animal), *resucitará cuerpo espiritual*» (v. 44 *a*). Esto no quiere decir que el cuerpo resucitado tenga la naturaleza inmaterial propia de los espíritus desencarnados, sino que, así como el cuerpo actual no se diferencia, en sus funciones vegetativas, del cuerpo de las bestias, y está sujeto a los instintos anímicos, el cuerpo resucitado estará totalmente dominado por el espíritu. Dice Ch. Hodge:

> Cuerpo animal, *soma psykhikón*, es el cuerpo cuyo principio vivificante es la *psykhé* o vida animal; y cuerpo espiritual, *soma pneumatikón*, es el cuerpo adaptado al *pneuma*, el principio racional e inmortal de nuestra naturaleza. Sabemos por experiencia lo que es un cuerpo animal. Es un cuerpo que tiene esencialmente las mismas propiedades que los de las bestias. El cuerpo animal es carne y sangre; está sujeto al dolor y a la decadencia; y tiene necesidades vitales como respirar, comer y descansar. Es un simple ente natural, adaptado a las condiciones de una existencia terrena. Lo que es un cuerpo espiritual lo sabemos tan sólo a través de la descripción que nos da Pablo, y de la manifestación de Cristo en su cuerpo glorificado. Sabemos que es incorruptible, glorioso y potente, adaptado a la sublime condición de una vida celestial, vida muy diferente a la terrena. *Espiritual*, en el sentido que se está tratando, no significa etéreo, sutil, y menos aún *hecho de espíritu*, lo cual sería una contradicción. Ni significa tampoco animado por el Espíritu Santo. Sino que así como *soma psykhikón* es un cuerpo adaptado al *psykhé* o principio de vida animal, el *soma pneumatikón* es un cuerpo adaptado al *pneuma* o principio de vida racional.[34]

La cita es larga, pero muy iluminadora y, sobre todo, muy consoladora para nosotros, los que hemos creído en nuestro admirable Salvador.

---

34. *Op. cit.*, p. 321 (los subrayados son suyos).

CUESTIONARIO:

*1. ¿Quién es el agente principal de nuestra resurrección?
— 2. ¿En qué forma se apropia esta agencia a cada una
de las personas de la Deidad? — 3. ¿Qué entendemos por
«causa final» de la resurrección de los justos? — 4. ¿En
qué se diferenciará su condición de la de los impíos? —
5. ¿De qué es efecto la resurrección de los justos, que murieron en el Señor? — 6. ¿Qué relevancia tienen a este respecto textos como Jn. 6:54; Ro. 4:25 b; 1.ª Co. 11:26 y Ef.
4:30? — 7. Testimonio de Justino. — 8. ¿Cuáles son las cualidades del cuerpo resucitado de los justos, según 1.ª Co.
15:42-44?*

LECCION 16.° EL NUMERO DE LAS RESURRECCIONES

Hasta aquí, nuestras afirmaciones han sido, en su mayor parte, «dogmáticas», puesto que todos los evangélicos coincidimos en las verdades fundamentales que llevamos expuestas. De aquí en adelante, no podemos «dogmatizar», pues no todos los evangélicos —sin dejar de serlo— estarán de acuerdo con lo que vamos a exponer.

Los amilenaristas y postmilenaristas reconocen únicamente un tiempo para la resurrección tanto de los justos como de los malvados. Pero los premilenaristas admitimos, juntamente con las dos resurrecciones apuntadas en Ap. 20:4-5, varios tiempos en que se reparte —por así decirlo— la «primera resurrección».

1. ¿Por qué hablamos de «resurrecciones» en plural?

En Dan. 12:2, leemos: «*Y muchos de los que duermen en el polvo de la tierra serán despertados, unos para vida eterna, y otros para vergüenza y confusión perpetua.*» Ambas resurrecciones aparecen unidas (implícitamente) en Mt. 25:46; «*E irán éstos (los de la izquierda, v. 41) al castigo eterno, mas los justos a la vida eterna*», y (explícitamente) en Jn. 5:28-29: «*No os asombréis de esto; porque va a llegar la hora en que todos los que están en los sepulcros oirán su voz* (la del *Hijo del Hombre*, v. 27); *y los que hicieron lo bueno, saldrán a resurrección de vida; mas los que hicieron lo malo, a resurrección de condenación*»; igualmente, en Hch. 24:16, dice Pablo ante el gobernador

Félix: «*teniendo esperanza en Dios, la cual ellos mismos* (los judíos, v. 9) *también abrigan, de que ha de haber resurrección de los muertos, tanto de justos como de injustos*».

¿Quiere esto decir que hay *un solo tiempo* para ambas resurrecciones? Basta un solo pasaje para demostrar lo contrario: Ap. 20:4-5, que dice así: «*...y volvieron a la vida y reinaron con Cristo mil años. Pero los otros muertos no volvieron a vivir hasta que se cumplieron los mil años. Esta es la primera resurrección.*» Dos observaciones son necesarias al llegar a este punto:

A) Contra quienes aseguran que la «*primera resurrección*» significa la regeneración espiritual del pecador, hemos de afirmar que tal exégesis va contra todo el contexto, pues éste trata de los mártires decapitados que volvieron a la vida física (v. 4 *a*).

B) La última parte del versículo 5 debe unirse gramaticalmente con el versículo 4, siendo lo que antecede una especie de paréntesis, muy al estilo de Juan (comp. con Ap. 13:8, donde la única versión correcta posible es la que ofrecemos en la RV 1977).

Citando a Blackstone, dice el doctor J. D. Pentecost:

> Ahora, si Cristo viene a levantar a los justos mil años antes que a los impíos, sería natural e imperativo llamar a la primera, una resurrección *de,* o *de entre los muertos,* puesto que el resto de los muertos se queda... esto es exactamente lo que cuidadosamente se hace en la Palabra... Consiste en el uso que se hace, *en el texto· griego,* de las palabras... *(ek nekrón).* Estas palabras significan *de los muertos,* o *de entre los muertos,* lo cual implica que los otros muertos se quedan. La resurrección... —*nekrón* o *ek nekrón* (...de los muertos)— se aplica a ambas clases, porque todos serán levantados. Pero la resurrección... *ek nekrón* (de entre los muertos)— ni una sola vez se aplica a los impíos.[35]

---

35. *Eventos del Porvenir,* p. 402 (los subrayados son suyos).

2. ¿Cuál es la «primera resurrección»?

Con lo dicho en el punto anterior, queda respondido que la «primera resurrección» se refiere a los justos. Pero el hecho de que se halle, en Ap. 20:4-5, en conexión con los decapitados de 6:9-10, que murieron durante la Gran Tribulación, como demostraremos en su lugar, nos plantea la siguiente cuestión: ¿Todos los justos resucitarán a un mismo tiempo? A esto respondemos paladinamente: ¡No! Un estudio atento de la profecía, especialmente de Apocalipsis, a la luz de 1.ª Co. 15:22-24, prueba nuestra tesis. La resurrección de que se habla en este último pasaje es la de los justos, como se ve, no sólo por todo el contexto, sino también por el verbo *zoopoiethésontai* (comp. con Jn. 5:21), ya que si se tratase de una resurrección *no para vida*, el único verbo posible habría sido *egerthésontai*.

Esta primera resurrección, *para vida*, de los justos comprende tres fases, que Pablo describe con el término *tágma* = orden, término militar para designar diversas filas de soldados. Expresa, pues, grupos que surgen en distintos tiempos:

A) Primero, *«Jesucristo, las primicias»*. Aquí hallamos una clara referencia a las primicias de la cosecha, las cuales no se componían de un solo grano, ni de una sola espiga, sino de uno o varios manojos de espigas. Por Mt. 27:52-53, vemos que algunos *«de los santos que habían dormido»*, salieron de los sepulcros *«después de la resurrección de él»*; quizá subieron con Él a los cielos como haciéndole escolta, aunque invisibles a los ojos de quienes presenciaron la ascensión del Maestro. Así tendría un cumplimiento más literal lo que dice Pablo en Ef. 4:8: *«Subiendo a lo alto, llevó cautiva la cautividad»*, pues el cautiverio es triple: el de la ley, el del pecado y el de la muerte (Ro. caps. 5-7).

B) *«Después, los que son de Cristo, en su venida»* (v. 23 b). Este es un segundo tiempo, bien especificado en el original por el adverbio *eita* (no *tote*). Hay varias razones para afirmar que aquí se trata de los fieles que han de resucitar cuando se lleve a cabo el arrebatamiento de la

Iglesia: (a) se habla de los que resucitan *en su venida*;
dicha fraseología encaja mucho mejor en el arrebatamiento que en la resurrección inmediatamente anterior al Milenio, a la que se refiere principalmente Ap. 20:4-5; (b) hay
indicios, incluso gramaticales, de que el *«fin»* en 1.ª Co.
15:24, especialmente a la luz de Dan. 7:14, 27, indique otra
resurrección *final* antes del Milenio; por tanto, también de
justos; éstos serían los muertos durante la Gran Tribulación y los difuntos justos del pueblo de Israel *antes de la
dispensación de la Iglesia;*[36] (c) finalmente, antes de la Gran
Tribulación vemos, en torno al trono de Dios, *veinticuatro
ancianos* (Ap. caps. 4 y 5), no simplemente *almas* (comp.
con 6:9). Estos ancianos, tanto por su porte como por lo
que dicen y cantan, sólo pueden pertenecer a la Iglesia.
Por ser 24, hay quienes ven en este número una representación de las 12 tribus de Israel, junto con los 12 Apóstoles
de la Iglesia, pero el número 24 no indica, en nuestra opinión, una representación conjunta del Antiguo Testamento y del Nuevo, sino la contrapartida de las 24 clases sacerdotales de la Ley. El tercer grupo lo componen, pues,
los muertos a que alude principalmente Ap. 20:4, a la luz
de Ap. 6:9.

3. Entonces, ¿no existirá la muerte física durante el Milenio?

Que existirá la muerte física durante el Milenio, parece
claro por Is. 65:20. Pero este versículo no da pie para asegurar que los justos *no* morirán durante la última dispen-

---

36. Hay judíos conversos que opinan a favor del arrebatamiento
de los santos del pueblo de Israel que murieron antes de la época
de la Iglesia. Creo que están equivocados, ya que Jesús mismo sitúa
a Juan el Bautista en una dispensación anterior a la de la Iglesia
(véase Mt. 11:11; Lc. 7:28). En efecto, el Bautista fue *«el amigo del
novio»* (el padrino, como diríamos hoy), pero no formaba parte de
la *«novia»* (véase Jn. 3:29). Los judíos no incluidos en la Iglesia
están *invitados* a las bodas del Cordero; no son la *«Esposa»* (véase
Mt. 25:1-13 —todo el capítulo es posterior al traslado o arrebatamiento de la Iglesia—, así como Ap. 19:9, a la luz de Lc. 14:15;
22:16-30).

sación. La duda queda así en el aire. Dice J. F. Walvoord, comentando Ap. 20:12-13:

> Se ha suscitado la pregunta acerca del juicio de quienes mueren en el milenio. Está claro que los no salvos que mueren en el milenio, están incluidos en este juicio. Sin embargo, las Escrituras callan acerca de cualquier arrebatamiento o traslado de santos que sobrevivan al milenio, así como acerca de la resurrección de los santos que hayan podido morir en el milenio. Ambos eventos pueden suponerse con seguridad (es decir, sin vulnerar las Escrituras), pero no son objeto de la divina revelación, probablemente sobre la base de que esa verdad no tiene aplicación práctica para los santos que viven ahora. Es posible que, en el milenio mismo, sea proyectada nueva luz sobre este tema, según vayan siendo conocidas las verdades divinas.[37]

La mención del «*libro de la vida*» en el último juicio (Ap. 20:12), aparte de los otros «*libros*», podría inducir a pensar que dicho libro será *abierto* para los que resucitarán salvos, pero todo el contexto del capítulo 20 parece indicar que se trata únicamente de los malvados, quienes, como da a entender el versículo 13, acuden al Gran Juicio mal de su grado; en este caso, el libro de la vida se abrirá con el único objetivo de dejar constancia de que los malvados *no se hallan inscritos en él*. La sugerencia de I. E. Davidson de que «evidentemente, es posible haber tenido el nombre registrado en el libro de la vida y que haya sido borrado de él»[38] es totalmente inaceptable. Davidson cita a su favor Ex. 32:32-33 y Ap. 3:5. Respecto al primero de dichos lugares, muy semejante a Ro. 9:3, dos observaciones son pertinentes: A) Tanto Moisés como Pablo sabían que estaban deseando un *imposible*, pero la intensa emoción que en ellos suscitaba el amor, tremendamente generoso, que tenían al pueblo de Israel —el pueblo del

---

37. *The Revelation of Jesus Christ*, p. 307 (el paréntesis es nuestro).
38. *Readings in Revelation*, p. 417.

«pacto»— les hacía olvidar la imposibilidad de salir mediadores por el pecador, puesto que no hay más que *un solo Mediador entre Dios y los hombres, Jesucristo Hombre»* (1.ª Ti. 2:5). B) Así como nadie puede creer *por* otro ni salvarse *por* otro, tampoco puede condenarse *por* otro; no hay más excepción que la que apunta 2.ª Co. 5:21. En cuanto al segundo pasaje, caben dos explicaciones: (a) *«el libro de la vida»* contiene potencialmente a todos por quienes murió Cristo, es decir, a toda la humanidad (v. 2.ª Co. 5:14-19);[39] pero sólo los que creen y son actualmente salvos, quedan confirmados en dicho «libro»;[40] (b) la expresión del Salvador en Ap. 3:5 está tomada analógicamente de los registros en que los ciudadanos que nacían eran inscritos, mientras que iban siendo borrados conforme iban falleciendo; siendo un símil, no puede aplicarse en todos sus detalles al tema de la perseverancia final. Una cosa está meridianamente clara en la Escritura: El que es salvo, lo es para toda la eternidad (v. por ej., Jn. 10:28-29; Ro. 8:32-39; 1.ª Jn. 5:13), y un pasaje oscuro ha de interpretarse a la luz de otros más claros, no viceversa.[41]

CUESTIONARIO:

1. ¿Qué hay definitivamente cierto y qué hay de discutible, acerca de la resurrección, entre los evangélicos? — 2. ¿Dan pie lugares como Dan. 12:2; Mt. 25:46; Jn. 5:28-29; Hch. 24:15, a sostener que hay un solo tiempo para la resurrección de todos los muertos? — 3. ¿Qué da a entender, respecto de esto, Ap. 20:4-5? — 4. ¿Cuál es la versión correcta de dicho pasaje? — 5. ¿Qué implica la frase griega, frecuente en el Nuevo Testamento, «ek nekrón»? — 6. ¿Será la

---

39. Véase mi libro *La Persona y la Obra de Jesucristo*, pp. 330-347.

40. Esta es la explicación que da J. W. WALVOORD, *op. cit.*, p. 82.

41. En cuanto a Ap. 22:19, no estará de más advertir que la lectura mejor atestiguada en los MSS. no es *«libro de la vida»*, sino *«árbol de la vida»*, en consonancia con todo el contexto del cap. 22, que trata del «Paraíso Recuperado».

(primera resurrección» *un solo evento? — 7. ¿Qué luz arro-ja sobre el tema 1.ª Co. 15:22-24? — 8. ¿Habrá otra resu-rrección de justos al final del Milenio? — 9. ¿Por qué se menciona el «libro de la vida» en Ap. 20:12, si a ese juicio solamente los malvados asistirán? — 10. ¿Por qué, lugares como Ex. 32:32-33 y Ap. 3:5, no pueden interpretarse en el sentido de que los creyentes vean amenazada su salvación final?*

Cuarta parte

EL DIA DE YHWH

LECCION 17.ª ¿QUE SE ENTIENDE POR «EL DIA DE YHWH?»

1. ¿Uno o varios eventos?

Un examen cuidadoso de los textos proféticos, tanto del Antiguo como del Nuevo Testamento, nos aclara que el «Día de YHWH» abarca una serie de acontecimientos que, muchas veces, aparecen superpuestos en el horizonte de la perspectiva profética (v. por ej., 2.ª P. 3:7-14) y tienen como común denominador el triunfo final de Dios sobre la muerte, el pecado y el diablo; en una palabra, sobre todo mal proveniente de la caída original y sobre toda potestad que se haya levantado contra el Reino de los cielos. Este triunfo final traerá consigo, tanto bendiciones como castigos de proporciones desconocidas hasta entonces.

Pero hemos de preguntarnos: ¿Se trata de un solo tiempo o de varios eventos, separados entre sí por períodos, más o menos amplios, de años o aun de siglos? Todos los amilenaristas engloban en uno solo la serie de acontecimientos que caracterizan «el Día de YHWH». Así, por ejemplo, dice E. F. Kevan:

> Un cuidadoso examen del uso de estos términos («aquel día», «el día de Jesucristo», «el día del Señor», v. 1.ª Ts. 5:4; 1.ª Co. 3:13; 2.ª Ts. 1:10; 2.ª Ti. 1:12; 4:8; Flp. 1:6; 2:16; 1.ª Co. 1:7-8; 5:4-5; 1.ª Ts. 5:2; 2.ª Ts. 2:1-3) muestra que la Segunda Venida es un *solo* evento. Hay, sin embargo, quienes sostienen que el término «venida» se refiere a un advenimiento de Cristo que tendrá lugar algunos años —al menos,

siete— antes de la Aparición, Revelación, o Día de Cristo. Un repaso a los más relevantes pasajes muestra que tal aserción no es verdadera, sino que la «Venida» se sincroniza con la Aparición, Revelación y Día del Señor. Si, en la «Venida», los creyentes son arrebatados de la tierra, como algunos afirman, entonces, por supuesto, no se les puede exhortar a que esperen o aguarden las cosas que se refieren particularmente a los otros aspectos del gran acontecimiento. Pero si, por el contrario, los creyentes esperan, no sólo la Venida, sino también la Aparición, la Revelación y el Día del Señor, entonces estos acontecimientos no pueden distinguirse de la manera que algunos han supuesto.[1]

Varias son las equivocaciones que advertimos en el párrafo que precede:

A) El profesor Kevan hace un acopio de textos que parecen referirse a un solo evento, pero no se percata de la superposición evidente de planos que se da en varios de ellos. B) Los premilenaristas admitimos *una sola* Segunda Venida de Cristo, pero en *dos* fases: (a) primera, cuando venga *por* sus santos (v. 1.ª Ts. 4:17); ésta no puede llamarse «Aparición», «Revelación», ni siquiera «Parusía» = Venida (lit. Presencia), puesto que no será el Señor quien descenderá a la tierra, sino que la Iglesia será *arrebatada... para salir al encuentro del Señor EN EL AIRE* (1.ª Ts. 4:17); (b) segunda, cuando el Señor venga *con* sus santos (v. Ap. 19:11 ss.), visible a todos (Ap. 1:7); sus pies se posarán sobre el Olivete (Zac. 14:4); Israel, a punto de ser totalmente destruido, se volverá a su Mesías con oración y arrepentimiento (Zac. 12:10-14). Entre estas dos fases, habrá tenido lugar la Gran Tribulación.

En cuanto al «*Día del Señor*», en su sentido más genérico, opinamos que se desdobla en tres acontecimientos que se desarrollan en orden inverso al curso que ha tomado la Historia de la Salvación: (a) Elohim (Gn. 1);

---

1. *Correspondence Course*, VII, V, p. 7 (el subrayado es suyo).

(b) YHWH (Gn. 2); (c) Jesús (Lc. 1). Así que distinguimos: (a') El Día de Jesucristo; (b') El Día de YHWH —o del Señor; y (c') El Día de Dios.

2. El Día de Jesucristo

Esta expresión (o sus equivalentes) aparece en 1.ª Co. 1:8; 3:13; 5:5; 2.ª Co. 1:14; Flp. 1:6; 2:16; 2.ª Ti. 1:12; 4:8, y designa un *momento*, más bien que un *período* de tiempo: el momento en que los creyentes de la dispensación actual (la Iglesia), tanto judíos como gentiles serán *«arrebatados... en las nubes para salir al encuentro del Señor en el aire»* (1.ª Ts. 4:17). Será un día de gloria y bendición, sin mezcla de juicio propiamente dicho ni de castigo.

¿Cuándo se efectuará dicho arrebatamiento? Todos los premilenaristas están de acuerdo en que se llevará a cabo antes del Milenio, pero difieren en cuanto a su conexión con la Gran Tribulación:

A) Los postribulacionistas opinan que la Iglesia será arrebatada después de pasar por la Gran Tribulación. Sus argumentos son muy variados: (a) Jesús prometió a los suyos que, en el mundo, tendrían tribulación (Jn. 15:20; 16:33); (b) Juan vio (Ap. 7:9 ss.) una multitud innumerable de todas naciones, tribus, pueblos y lenguas (gentiles), que habían salido *«de* (gr. *ek*, de *en* medio de, no *apó* = preservados de) *la gran tribulación».*[2] A esto respondemos: (a') La tribulación de que aquí tratamos no es una aflicción cualquiera, sino la «gran tribulación», bien tipificada en la Escritura como el *«tiempo de angustia para Jacob»* (Jer. 30:7); *«día de la venganza de Dios»* (Is. 61:2; 66:14; Mal. 4:1, 3; etc.); *«el gran día de su ira»* (Jl. 2:11; Sof. 1:14; Ap. 6:16-17); (b') la multitud de Ap. 7:9 ss. *no* representa a la Iglesia, sino a los martirizados durante la Gran Tribulación; la persecución del Anticristo será tan acerba, que no ha de extrañarnos el que se hable de una multitud

---

2. Muchos otros argumentos pueden verse en Ch. C. RYRIE, *A Survey of Bible Doctrine,* pp. 167 y ss.

innumerable; (c') los creyentes serán preservados del «día de la ira» (v. 1.ª Ts. 1:10; 5:9). (d') La Gran Tribulación no tendrá lugar, mientras *no desaparezca de en medio lo que lo detiene y quien lo detiene* (v. 2.ª Ts. 2:6-7). Este lugar es de la mayor importancia por las siguientes razones: 1) En él se habla de la *venida* del Señor;[3] 2) claramente se expone la acción del Anticristo; sin duda, de un individuo a quien se designa con los epítetos de «*Hombre de pecado*», lo que declara su naturaleza (comp. con Jn. 8:44), y de «*hijo de perdición*» (se usa sólo aquí y en Jn. 17:12). Se opone contra Dios y se hace pasar por Dios (los dos sentidos de la preposición *antí*); 3) «*lo que lo detiene*» (v. 6, en género neutro) es, con toda probabilidad, la Iglesia, especialmente por la conexión con «*el que lo detiene*» (v. 7, en género masculino), el cual sólo puede ser el Espíritu Santo, puesto que sólo un poder superior al satánico puede impedir que el hombre de perdición *sea revelado a su debido tiempo*, es decir, al tiempo prefijado por Dios; 4) debe advertirse que la traducción «*sea quitado de en medio*» —expresión poco favorable para designar la acción de una persona divina— es *totalmente incorrecta*, puesto que el verbo original no es *airo* (v. Col. 2:14), sino *gínomai* = hacerse (Jn. 1:14) o desaparecer (Lc. 24:31). Por lo que «*lo que lo detiene*» es la Iglesia, ya que al ser arrebatada la Iglesia, desaparece el Espíritu Santo de en medio, en cuanto que es el alma que vivifica a la Iglesia corporativamente (v. 1.ª Co. 12:13; Ef. 4:3-4), aun cuando permanezca haciendo Su obra de poder y de gracia en los individuos que sean salvos durante la Gran Tribulación.[4]

B) Los mediotribulacionistas sostienen que la Iglesia será arrebatada al comienzo de los tres años y medio de la tribulación propiamente dicha, ya que de esto es de lo que se promete a la Iglesia que será liberada (v. Ap. 11:2; 12:6). Arguyen también que la trompeta de 1.ª Co. 15:52 es la misma de Ap. 11:15, la cual suena a la mitad de la Gran Tribulación. Finalmente, opinan que la resurrección de los

---

3. Véase el punto 3 de la presente lección.
4. Véase RYRIE, *op. cit.*, pp. 170-171. No disponemos del espacio necesario para entrar en más detalles.

dos testigos (Ap. 11:11) representa el arrebatamiento de la Iglesia; por tanto, ha de ocurrir a la mitad de la Gran Tribulación. Respondemos con los siguientes argumentos: (a) Ni Ap. 11:15 ni 12:6 se refieren a la Iglesia: la *mujer* de Ap. 12 (no se olvide el contexto de 11:19, con *«el arca de su pacto»*) es, fuera de toda dura, *Israel*, no la Iglesia.[5] (b) La trompeta de 1.ª Co. 15:52 es la misma de 1.ª Ts. 4:16, no la de Ap. 11:15, pues aquélla es *«trompeta de Dios»*, y la de Ap. 11:15 es *«trompeta de ángel»*. (c) Los dos testigos representan, en persona o en espíritu, a dos personajes del Antiguo Testamento, no del Nuevo. Por tanto, su resurrección y posterior arrebatamiento nada tienen que ver con el arrebatamiento de 1.ª Ts. 4:16-17. (d) Finalmente, la Iglesia aparece ya en el Cielo, representada por los 24 ancianos, en Ap. capítulos 4 y 5, *antes de que comience la Gran Tribulación.*

C) Los pretribulacionistas opinamos que la Iglesia, el Cuerpo de Cristo, será arrebatada de la tierra antes de que se cumpla cualquier parte de la 70.ª Semana de Daniel.[6] Aparte de los argumentos que hemos usado para refutar los puntos de vista post y mediotribulacionistas, hemos de añadir las razones siguientes: (a) El método literal de interpretación,[7] único que creemos correcto, exige que la Iglesia sea trasladada antes que comience la Gran Tribulación. Dice J. D. Pentecost:

> Los partidarios del traslado durante la tribulación aplican el método literal de interpretación a la última mitad de la septuagésima semana, pero espiritualizan los eventos de la primera mitad de la semana, para permitir que la Iglesia se encuentre en ellos. Esto es, una vez más, una inconsecuencia básica. No se puede emplear un método para establecer el *premilenarismo*, y otro método para la interpretación de las promesas del traslado.[8]

5. Esto lo admiten hoy hasta muchos exegetas católico-romanos, aunque, en el pasado, la Iglesia de Roma veía en la *mujer*, preferentemente, a la Virgen María.
... De las «semanas» de Daniel hablaremos en la lección 19.ª
7. Se expondrá en detalle en la lección 21.ª
8. *Eventos del Porvenir*, p. 151 (el subrayado es suyo).

(b) En una de sus características espirales, el libro del Apocalipsis[9] nos muestra en el capítulo 13 el comienzo mismo del reinado del Anticristo sobre el mundo. Las condiciones allí descritas, especialmente en el versículo 7, implican una sumisión absoluta al Anticristo y, de rebote, a Satanás que le da el poder. Si la Iglesia estuviese en la tierra durante la primera parte de la Gran Tribulación, su condición sería indigna de la Esposa del Cordero, indigna de su Esposo mismo, el Señor Jesucristo, e indigna también del Espíritu Santo que mora en ella como en Su templo. (c) Las señales que han de preceder a la Segunda Venida de Cristo nada tienen que ver con la Iglesia, como veremos al hablar del Discurso del Olivete,[10] con lo que el argumento de Kevan[11] de que si los creyentes son arrebatados en la Venida, no se les puede exhortar a que aguarden con expectación los demás acontecimientos que se incluyen en el «Día del Señor», cae por su base. En efecto, como hace notar el doctor Pentecost,

> ninguna de esas señales —las dadas a Israel sobre la Segunda Venida del Mesías— fue jamás dada a la Iglesia. A la Iglesia se le dijo que viviese en la luz de la inminente venida del Señor a trasladarla a su presencia (Jn. 14:2-3; Hch. 1:11; 1.ª Co. 15:51-52; Flp. 3:20; Col. 3:4; 1.ª Ts. 1:10; 1.ª Ti. 6:14; Stg. 5:8; 1.ª P. 3:3-4). Pasajes como 1.ª Tesalonicenses 5:6; Tito 2:13; Apocalipsis 3:3, todos advierten al creyente que debe estar esperando al Señor mismo, no señales que preceden a su venida.[12]

3. ¿Quiénes serán arrebatados?

Si la Iglesia, como tal, ha de ser arrebatada, parece inútil plantear la cuestión de quiénes serán arrebatados. Sin embargo, hay bastantes premilenaristas que sostie-

---

9. Véase lección 24.ª
10. Véase lección 23.ª
11. Véase el punto 1 de la presente lección.
12. Op. cit., p. 157 (véase también pp. 150-167).

nen la doctrina del llamado «arrebatamiento parcial».[13] Dichos exegetas opinan que sólo serán arrebatados aquel llos creyentes que estén *preparados*, velando y esperando con amor la venida del Señor. Se apoyan en pasajes como Lc. 21:36; Flp. 3:20; 2.ª Ti. 4:8; Tito 2:13; He. 9:28.

Tal opinión es totalmente insostenible y extremadamente peligrosa en el terreno doctrinal. En efecto:

A) La Iglesia forma *un solo* Cuerpo (1.ª Co. 12:13; Col. 1:24), del que Cristo es Esposo y Cabeza (Ef. 5:23-32). Si la Iglesia fuese trasladada sólo *en parte*, se produciría una desintegración insostenible en el Cuerpo de Cristo.

B) El creyente está *en* Cristo, no en virtud de su preparación, sino en virtud de su *justificación*, por la que es injertado en Cristo para siempre (v. Ro. 6:3 ss.; 8:1, 32 ss.). Por eso, Pablo, dirigiéndose a unos creyentes notorios por su carnalidad (v. 1.ª Co. 3:1, 3) y, por ende, *mal preparados*, no titubea, sin embargo, en afirmar: «*No todos dormiremos, pero TODOS seremos transformados*» (1.ª Co. 15:51).

C) Tocamos aquí fondo en la doctrina básica de la Reforma: LA JUSTIFICACION POR LA FE SOLA. El creyente es admitido a la presencia del Señor, *no en virtud de su buena conducta, sino de la justicia de Cristo que le ha sido imputada mediante la fe* (v. 2.ª Co. 5:21; Ef. 2:8). La opinión de que sólo los *preparados* escaparán al «día de la ira de Dios», se basa en un concepto antibíblico, según el cual sólo *los preparados, los dedicados*, pueden tener seguridad de salvación, con lo que la propia justicia viene solapadamente a sustituir a la justicia que es por la fe (v. Ro. 10:1-3).

D) En el tribunal de Cristo habrá *variedad* de recompensas, pero *identidad* de salvación (v. 1.ª Co. 3:12-15; 9:25; Flp. 4:1; 1.ª Ts 2:19; 2.ª Ti. 4:8; Stg. 1:12; 1.ª P. 5:4; 2.ª P. 1:8-11; 1.ª Jn. 2:28; Ap. 2:10).

E) Los lugares que se aducen no prueban nada: Lc. 21:36 no se refiere a la Iglesia, sino a Israel, que ya estará dentro de la Gran Tribulación; Flp. 3:20 no alude a nin-

---

13. Pentecost, *op. cit.*, pp. 122-123, menciona a R. Govett, G. H. Lang, D. M. Panton, G. H. Pember, J. A. Seiss y A. Sparks.

guna *preparación* especial, aunque refleja la actitud de la primitiva Iglesia en relación con el regreso del amado Salvador. El mismo sentido tienen 2.ª Ti. 4:8 y He. 9:28, con el matiz de *recompensa* en 2.ª Ti. 4:8, y el de *redención del cuerpo* en He. 9:28. En cuanto a Tito 2:13, todo el pasaje de 2:11-15 está destinado a *motivar* al creyente para que lleve una vida santa, «*celoso de buenas obras*», pero no da pie para afirmar que los poco o nada celosos se van a quedar aquí cuando se lleve a cabo el traslado de la Iglesia.

4. El Día de YHWH

Esta expresión, o sus equivalentes, es el epígrafe de un tema frecuente, tanto en el Antiguo Testamento (v. Is. 2:12-21; 13:6-9; Jer. 30:3, 7; 46:10; Ez. 30:3; Jl. 1:15; 2:1-11, 28-32; 3:14; Am. 5:18-20; Abd. v. 15; Sof. 1:7, 14 «Día de ira aquel día...»;[14] Zac. 14:1 ss.), como en el Nuevo (1.ª Ts. 5:1-4; 2.ª Ts. 2:2; 2.ª P. 3:10; Ap. 2:10; 6:17; 16:14).

Este «Día», que se prolongará durante el período de tiempo que abarca la Gran Tribulación, culminando en la batalla de Armagedón, será un tiempo de prueba para Israel, de castigo para las naciones, y de manifestación pública, visible para todos, del Señor Jesucristo, cuyos pies se posarán sobre el Monte de los Olivos (Zac. 14:1 ss., comp. con Hch. 1:11). Su Venida será precedida de señales, pero el momento preciso será instantáneo y sorpresivo como el de un ladrón en la noche (v. 1.ª Ts. 5:2-3). Traerá, sin embargo, consigo la oportunidad de salvación para los que se arrepientan (v. Jl. 2:28-32).

El hecho de que Pedro citase el pasaje de Joel el Día de Pentecostés (v. Hch. 2:17-21) ha llevado a muchos exegetas a la confusión, dando por sentado que en aquel día quedó cumplida dicha profecía y, por tanto, nada tiene que ver con una futura restauración de Israel. Pero ha de notarse que Pedro no usó en dicha ocasión la típica frase «*para que se cumpliese*» (comp., por ej., con Mt. 1:22), sino

---

14. De este vers. surgió, en la liturgia, el famoso «*Dies irae, dies illa*» —lamentación poética que se usa en la Iglesia de Roma, en el Oficio de Difuntos, antes de la Misa.

«esto es lo dicho...» (v. 16), dando a entender un cumplimiento parcial de la profecía en un primer nivel histórico de *«estos últimos días»* (tras la Primera Venida de Cristo, comp. con 1.ª Jn. 2:18), aun cuando su perfecto cumplimiento tendrá lugar en Israel, después de la Segunda Venida del Señor.

5. El Día de Dios

Esta frase sólo se halla en 2.ª P. 3:12, pero, si se compara con Ap. 20:11 ss., todo el tenor del pasaje describe el final de los tiempos y el inicio de la eternidad, empalmando retrospectivamente con Gn. 1:1, cuando *«creó Dios* (hebr. *Elohim) los cielos y la tierra».* En efecto, Ap. 20:11 menciona la desaparición de la tierra y el cielo, para dar paso, en 21:1, a *«un cielo nuevo y una tierra nueva»,* desapareciendo igualmente *«el mar».* La desaparición, igualmente, de la muerte (21:4) y de la noche (21:25), es indicio seguro de que hemos entrado en la eternidad, puesto que en el Milenio habrá muerte (Is. 65:20), mares (66:19, tanto si se traduce por *«islas»,* como por *«costas»)* y estaciones del año (66:23).

El hecho de que Pedro emplee la frase en un contexto que habla de venir *«como un ladrón en la noche»* (v. 10), y de *«ser hallados por Él* (Jesucristo) *sin mancha e irreprensibles»* (comp. con Flp. 1:10; 1.ª Ts. 2:19) no debe causar ninguna confusión, pues esta especie de superposición de planos, en que aparecen mezclados acontecimientos que suceden en distintos períodos de tiempo, es frecuente en las Escrituras, como puede verse por Is. 61:2 —algo que nadie pone en duda—; Dan. 9:26-27, texto que analizaremos en la lección 19.ª, e Is. 65:17; 66:22, donde se mencionan *«los cielos nuevos y la nueva tierra»,* en un contexto que habla claramente del Milenio.

Hay quienes identifican este *«Día de Dios»* con el *«Día de YHWH»,* según los textos indicados en el punto 4 de la presente lección, pero dichos lugares no comportan la ultimidad de 2.ª P. 3:12. Es notable que, en dicho pasaje,

Pedro mencione *el día del Señor* (= YHWH, v. 10), *el día de Dios* (v. 12), e, implícitamente, *el día de Jesucristo* (v. 14).[15]

CUESTIONARIO:

1. ¿Contiene el «Día de YHWH» uno o más acontecimientos? — 2. ¿Qué opinan sobre esto los amilenaristas? — 3. ¿En qué equivocaciones incurren? — 4. ¿Cuál es la opinión de los premilenaristas a este respecto? — 5. ¿Qué entendemos por «el Día de Jesucristo»? — 6. ¿Cuándo se efectuará el arrebatamiento de la Iglesia según los postribulacionistas? — 7. Qué opina usted de los argumentos que presentan? — 8. ¿Cuál es la correcta exégesis de 2.ª Ts. 2:6-7, a la vista del original? — 9. Teoría mediotribulacionista. — 10. ¿Cuál es la respuesta a los argumentos que presentan los fautores de esa opinión? — 11. ¿Qué argumentos directos presentamos los pretribulacionistas en favor de la posición que adoptamos? — 12. ¿Qué opina usted sobre el llamado «arrebatamiento parcial»? — 13. ¿A qué llamamos propiamente «Día de YHWH»? — 14. ¿Hay razones para hablar de un «Día de Dios», que no debe confundirse con el de YHWH? — 15. ¿Cómo se explican pasajes como Hch. 2:17-21; 2.ª P. 3:12; Ap. 21:1 y otros, que parecen contradecir las distinciones que hemos hecho en la presente lección?

---

15. Véase también Ch. L. FEINBERG, *The Minor Prophets*, pp. 74-75.

LECCION 18.ª LA GRAN TRIBULACION

1. ¿Qué se entiende por «Gran Tribulación»?

Se entiende por «Gran Tribulación» el período de siete años que ha de mediar entre el arrebatamiento de la Iglesia y la Segunda Venida del Señor. Coincide, como veremos en la lección siguiente, con la 70.ª Semana de Daniel 9:27. El nombre se aplica especialmente a la segunda mitad de dicha semana = *tiempo, tiempos y la mitad de un tiempo*» (Dan. 12:7), es decir, tres años y medio = «*42 meses*» (Ap. 11:2) = «*1.260 días*» (Ap. 11:3). Que este tiempo es referible únicamente a la segunda parte de la semana 70.ª de Daniel está claro por la especificación de que, durante ese tiempo, *los gentiles «hollarán la ciudad santa*» (Ap. 11:2), lo cual no puede ser mientras se mantenga el *pacto concertado por el Anticristo* y continúen en el nuevo templo «*el sacrificio y la ofrenda*» (Dan. 9:27 a).

Las cifras que Daniel añade en 12:11 y 12 (1.290 y 1.335 días respectivamente), tienen su explicación cuando se considera el tiempo que se invertirá en los juicios de Dios sobre las naciones (Mt. 25:31-46), y la reunión y juicio del propio Israel (Ez. 20:34-38). Los 45 días restantes (v. 12) parecen indicar la *limpieza* final que se ha de llevar a cabo, a fin de que todo esté a punto para el comienzo del reino milenario.[16]

La primera parte de la semana será relativamente pa-

---

16. Véase J. F. WALVOORD, *Daniel*, pp. 295-296, y E. L. CARBALLOSA, *Daniel y el Reino Mesiánico*, pp. 279-281.

cífica, porque, como acabamos de decir, el Anticristo comenzará su reinado concertando un pacto con Israel, y otro con la Iglesia apóstata (v. Ap., cap. 17).

El carácter de la Gran Tribulación se muestra en los diferentes epítetos que le aplica la Palabra de Dios: *«Día de ira»* (Sof. 1:15-18, comp. con 1.ª Ts. 1:10; 5:9; Ap. 6: 16-17, nótese aquí el gran contraste: *«la IRA del CORDERO»*; 11:18; 14:10, 19; 15:1, 7; 19:2); *«indignación»* (Is. 26:20-21; 34:1-3); *«la hora de la prueba»* (Ap. 3:10); *«angustia»* (Jer. 30:7; Dan. 12:1; Sof. 1:14-15); *«destrucción»* (Jl. 1:15; 1.ª Ts. 5:3); *«día de tinieblas y de oscuridad, día de nublado y densa niebla»* (Jl. 2:2, comp. con Am. 5:18; Sof. 1:14-18); *«desolación»* (Dan. 9:27; Sof. 1:14-15); *«quebrantamiento, desmenuzamiento, sacudida, castigo»* (Is. 24: 19-21); *«trastorno, esparcimiento, vaciamiento y saqueo»* (Is. 24:1-4).

Las Escrituras relatan con gran detalle los acontecimientos que tendrán lugar durante el período de la Gran Tribulación:

A) Ap. 17 (comp. con Dan., caps. 2 y 7) nos ofrece la descripción del nuevo Imperio Romano con diez naciones,[17] a la cabeza de las cuales estará el Anticristo, descrito en Dan. 7:8 como el *«cuerno pequeño»*.

B) 2.ª Ts. 2:3 llama el Anticristo *«el hombre de pecado, el hijo de perdición»*; es la *bestia* de Ap. 13:1 ss. Esta bestia sale del *mar*; el mar, a su vez, es símbolo de las naciones —los gentiles—, pero también representa el Mediterrá-

---

17. Todos los indicios actuales apuntan a la formación de este nuevo «imperio», con sede en Roma. ¿No será ésta la confederación que lleva el nombre de «Mercado Común Europeo», fuera del cual —durante el reinado del Anticristo—, nadie podrá comprar ni vender, a no ser que lleve *«la marca de la bestia»* (Ap. 13:17)? Henri Spaak, uno de los fundadores del Mercado Común y Secretario General de la OTAN, dijo en un discurso: «Nosotros no queremos ya más Comités; tenemos ya demasiados Comités. Lo que necesitamos es contar con un hombre que posea la suficiente estatura para coligar a todas las demás personas, y que nos saque de esta triste crisis económica en que estamos a punto de hundirnos. ¡Mandadnos ese hombre! Lo vamos a recibir, lo mismo si viene de Dios que si viene del Diablo.»

neo, junto al que está asentada la ciudad de los «*siete montes*» (Ap. 17:9). El versículo 4 describe a esta mujer con unos colores que no cuadran a la Roma pagana, sino a la Roma papal.[18] Pero muchos evangélicos cometen el error de identificar al papado con el Anticristo, sin percatarse de que *la mujer* aparece, en Ap. 17:3, «*sentada sobre una bestia escarlata*»; esta bestia, como puede verse comp. con 13:1, es el Anticristo, quien apoyará a la religión universal —ecuménica— apóstata (véase todo el contexto), hasta que el imperio formado por el Anticristo *aborrezca a la ramera, «y la dejarán desolada y desnuda*» (v. 16).

C) La bestia que es el Anticristo, no sólo hará pacto con la mujer, sino también con el pueblo de Israel (Dan. 9:27) durante la primera parte de la 70.ª semana, para deshacerse, después, de ambos aliados cuando ya no necesite de la ayuda de ellos para imponer su ley.[19]

2. Israel durante la Gran Tribulación

Una clave para conocer la situación de Israel durante la Gran Tribulación, se halla en la correcta exégesis del Discurso del Olivete (Mt., caps. 24-25). La comparación con Lc. 21 ha llevado a muchos exegetas a una lamentable confusión, por no atender a detalles de suma importancia. Un estudio serio de ambos evangelistas nos muestra que Mateo nos ofrece lo que sólo a Israel concernía, mientras que el lugar paralelo de Lucas intercala una porción referente

---

18. Véase J. F. WALVOORD, *The Revelation of Jesus Christ*, p. 245, y I. E. DAVIDSON, *Readings in Revelation*, pp. 341-347. Juan XXIII mandó acuñar una medalla, en cuyo dorso figuraba precisamente la mujer de Ap. 17, con la descripción que de ella hacen los vv. 4 y 9 (¡!). El v. 2 habla de la embriaguez que la mujer ha producido en los moradores de la tierra (véase el Curso por Correspondencia de la Academia Cristiana del Aire, *Exposición del Apocalipsis*, pp. 94-99), como se ve por el homenaje que todos los jefes políticos del mundo, y muchos líderes de denominaciones religiosas le prestan.

19. Ya explicamos en la lección anterior qué es lo que detiene la aparición del Anticristo.

a la Iglesia (Lc. 21:12-24), porción que comienza con la frase: «*Pero antes de todas estas cosas...*»

Podemos asegurar, pues —aunque sin ánimo de polemizar— que Mt. 24:4-8 corresponde a la primera mitad de la 70.ª semana de Daniel, pues el versículo 15 nos refiere un acontecimiento que Daniel coloca en la mitad de dicha semana (v. Dan. 9:27). Analicemos de cerca, aunque brevemente (por no sobrepasar el volumen de la parte alícuota que a cada tema de Escatología corresponde en un Manual) el Discurso del Señor en el Monte de los Olivos.[20]

Mt. 24:3.   Tras la profecía de Jesús sobre la futura destrucción del templo (v. 2), la pregunta de los discípulos es doble: (a) «*¿cuándo sucederán estas cosas?*»; (b) «*y cuál la señal de tu venida* ("parousías") *y del acabamiento del siglo*» (lit.). Comoquiera que, en la mente de los discípulos, la promesa del regreso de Jesús (23:39), estaba ligada a la consumación de los siglos mediante la implantación del reino mesiánico (Hch. 1:6; 3:19, 21), la segunda pregunta se reduce a una sola cuestión. Mateo no registra la respuesta de Jesús a la primera pregunta, pero sí Lucas en 21:20-24. Vamos, pues, a ver cómo responde a la segunda, que es lo que aquí nos interesa:

Versículos 4-8.   En estos versículos, Jesús predice la primera mitad de la 70.ª semana de Dan. 9:27. Puede notarse una correspondencia admirable entre el orden en que se producen los acontecimientos señalados en dichos versículos y el que se observa en la referencia de los sellos de Ap. 6. Téngase en cuenta que, entre los años 30 y 70 de nuestra era, no se sabe de nadie que presumiera ser «el Cristo». El versículo 8, con su expresión «*principio de dolores de parto*» (lit.), sugiere sufrimientos que, en breve, darán lugar a días más felices (comp. con Jn. 16:20-22).

Versículos 9-28.   En estos versículos se predicen los acontecimientos pertenecientes a la segunda mitad de la Gran Tribulación. Nótese el «*entonces*» con que se inicia el versículo 9, tras la afirmación del versículo 8, y nos lleva

---

20.   Véase H. A. KENT, *Matthew*, en *The Wycliffe Bible Commentary*, pp. 972-976, y J. D. PENTECOST, *Eventos del Porvenir*, pp. 213-220.

a Ap. 6:9-11; 12:12-17, en que se nos narra la persecución contra Israel. En el versículo 12, advertimos que la severidad de la persecución hará, como dice H. A. Kent, «que la mayoría de Israel abandone toda falsa pretensión de piedad».[21] Por otra parte, el remanente de los judíos salvos demostrarán su fe mediante su perseverancia hasta el fin (v. 13), llevando el Evangelio a todas partes, especialmente las nuevas de que el reino mesiánico está a punto de inaugurarse (v. 14); en esta empresa, tendrán un papel relevante los *dos testigos* de Ap. 11:3-12 y los 144.000 sellados de Ap. 7:1-8. El versículo 15 reproduce, tomada de los LXX, la frase de Dan. 9:27, comparar con 2.ª Ts. 2:1-4; Ap. 13:5-8. Esta expresión se halla también en Dan. 11:31; 12:11; es cierto que Dan. 11:31 predice directamente la profanación que se llevaría a cabo en tiempos de Antíoco Epífanes (175-164 a.C.), cuyo sacrilegio era tipo del que ha de llevar a cabo el Anticristo. La catástrofe que esto comportará no puede aplicarse a los días de Antíoco, ni a lo sucedido en el año 70 de nuestra era, puesto que tanto Dan. 12:1 como Mt. 24:21 la señalan como *la mayor de todos los tiempos*, mientras que la persecución llevada a cabo por Hitler basta de por sí para superar a la del año 70. Los versículos 16-20 aclaran que la persecución hará necesaria una huida inmediata (comp. con Ap. 12:6-14). Los versículos 22-27 anuncian que la terrible persecución será acortada, no por medio de quienes presumirán de líderes libertadores, sino por la súbita aparición del Hijo del Hombre (vv. 27, 30-31). El enigmático versículo 28 se aclara cuando se tiene a la vista Ap. 19:17-21.[22]

Versículos 29-31. Aquí se describen las *señales*: fenómenos astrales que acompañan a la manifestación gloriosa del Mesías, para acabar con la Gran Tribulación y comenzar el reino milenario (comp. Is. 13:9-10; Jl. 3:15). No

---

21. *Op. cit.*, p. 972.
22. Se ha querido ver en «*las águilas*» los estandartes del ejército romano, que, con Tito a la cabeza, destruyó Jerusalén en el año 70; pero no se trata propiamente de águilas, las cuales, por cierto, no se alimentan de carroña, sino del llamado «buitre negro» o «buitre monje», común en aquellas latitudes.

hay referencia alguna al arrebatamiento de la Iglesia (comp. con 1.ª Ts. 4:16-17). Los exegetas no se ponen de acuerdo en cuanto a la forma concreta de «*la señal del Hijo del Hombre*». Un vistazo a Dan. 7:13 y Mt. 26:64 convencen al que esto escribe de que la «*señal*» es la *shekinah* o nube que designa la gloriosa majestad de la presencia divina (comp. con Mt. 17:5; 26:64 y Hch. 1:9). El momento es descrito en 2.ª Ts. 1:7-9; Ap. 19:11 ss. Los ángeles del versículo 31 son los encargados de reunir de los cuatro vientos a los dispersos por la persecución del Anticristo. Así se cumplirá la promesa de Dt. 30:3-4; Ez. 20:7-38; 37:1-14.

Versículos 32-51 y 25:1-30. Esta larga porción proporciona parábolas que ilustran admirablemente la exhortación urgente a velar. Aunque, de algún modo, tengan aplicación general, están destinadas directa y primordialmente a quienes serán testigos de tales acontecimientos. La parábola de la higuera (vv. 32-36) se aclara con la mención que de ella se hace en 21:19-20 y Lc. 13:6. Comoquiera que, en este árbol, las hojas y los primeros frutos aparecen a un mismo tiempo, la aparición de las señales anuncia, junto con la súbita aparición del Mesías, la revitalización de Israel, profetizada en Ez. 37. Hay pocas dudas de que la «*generación*» del versículo 34 (comp. con 11:16; 12:39 y Hch. 2:40) significa la *raza judía*, que, milagrosamente, ha sobrevivido a todos los intentos por destruirla, siendo así preservada hasta la consumación del programa de Dios sobre Israel.[23] En los versículos 37-39, Jesús compara aquellos días a los días de Noé: el mismo materialismo, la misma violencia, idénticos crímenes, y un final igualmente trá-

---

23. La opinión de Hal Lindsey y algunos judíos conversos de que «generación» es aquí un período de 40 años, reservado para los últimos días, y que —según ellos— comenzó en junio de 1948, con la restauración oficial del Estado de Israel, es peligrosamente falsa, como ya va demostrando el paso de los años, ya que, según ese cómputo, la «cuenta atrás» debería haber comenzado en junio de 1981, lo que no sucedió. La imprudente fijación de fechas produce un desprestigio a las opiniones de algunos seudo-profetas que se titulan dispensacionalistas, pero no representan al verdadero dispensacionalismo.

gico para los pecadores. Los versículos 40-42, con el «entonces» que encabeza la porción, ciertamente han de situarse al final de la Gran Tribulación, no en el arrebatamiento de la Iglesia, como todos los amilenaristas, posmilenaristas, postribulacionistas e incluso (inconscientemente) muchísimos pretribulacionistas dispensacionalistas opinan. El uso del verbo «*paralambánetai*» en los versículos 40 y 41 ha llevado a la confusión a buenos exegetas, como por ejemplo J. A. Broadus, como si tal verbo significase siempre «recibir acogedoramente»; es cierto que tiene tal sentido en Jn. 1:11; 14:3 y otros casos; pero ¿qué decir de Jn. 19:16 *b*, donde el sentido obvio es de «llevarse al suplicio», como aquí? El único sentido posible, pues, es: unos —recalcitrantes— serán súbitamente llevados a juicio; otros —creyentes— serán dejados para disfrutar de las inminentes bendiciones. Las parábolas restantes (43-44; 45-51; 25: 1-13; 14-30) no hay por qué explicarlas en este lugar, pues son del dominio exclusivo de la exégesis general. Sólo haremos dos observaciones necesarias: 1) El hecho de que el *aceite*, símbolo del Espíritu Santo, tenga tanta importancia en la parábola de las diez vírgenes, no debe llevar a nadie a pensar que tales doncellas representan a la Iglesia, porque (a) son invitadas, no son la novia; (b) aunque el Espíritu Santo, en cuanto que es *alma* de la Iglesia, *se haga de enmedio* en el arrebatamiento de la Iglesia, continuará obrando el nuevo nacimiento (Jn. 3:5; Ro. 8:9) en cada nuevo creyente, y morando en los *individuos*, no en una corporación (v. Is. 61:1; Ez. 36:27; Jl. 2:28-32; Zac. 4:1-6; 12:10). 2) 25:30 muestra que el castigo aquí expresado simboliza un sufrimiento eterno (comp. con 8:12; 13: 42, 50; 22:13; 24:51), pero no se trata de un juicio de «obras» de los creyentes, ya que éstos no pueden perder la salvación (v. Jn. 5:24; 10:28-27, etc.), sino del juicio de los israelitas, para determinar quiénes entrarán al milenio y quiénes serán excluidos, en conformidad con la profecía de Ez. 20:36-44.[24]

Versículos 31-46. Esta porción contiene el juicio de las

---

24. Véase PENTECOST, *op. cit.*, p. 219.

naciones; es, pues, un tema que pertenece a la sexta parte de este libro. Sólo queremos hacer notar que, al cerrarse el período de siete años, que comprende los sucesos que han de ocurrir durante la Gran Tribulación, es muy congruente que Dios lleve a cabo el juicio de los enemigos de Israel, antes de inaugurar el reino del Milenio. Dice a este propósito J. D. Pentecost:

> ...este juicio es un juicio para determinar a quiénes, entre los pueblos gentiles, se les permitirá «heredar el reino preparado para vosotros desde la fundación del mundo» (Mt. 25:34). Se observará que éste es un juicio sobre los individuos gentiles vivos, después de la Segunda Venida, y no tiene ninguna relación con el juicio de los *muertos* que resucitan para aparecer delante del gran trono blanco (Ap. 20:11-15). Este juicio es precedido por un tiempo en que el Evangelio del reino será predicado por los 144.000 y el remanente creyente. Este juicio determina la respuesta del individuo a esta predicación.[25]

3. El designio de Dios en la Gran Tribulación

Podemos distinguir dos objetivos divinos en la Gran Tribulación que ha de sufrir en los últimos tiempos el pueblo de Israel:

A) Preparar en la nación judía un remanente fiel (Sof. 2:13), en el cual el Mesías-Rey llevará a perfecto cumplimiento todos los pactos con Israel y establecerá allí Su Reino terrenal efectivo, «con vara de hierro». Según Mt. 24:14, el Evangelio del Reino será predicado en todo el mundo, y habrá una multitud numerosa de gentiles que recibirán por fe la salvación ofrecida. Una muchedumbre innumerable de gentiles convertidos darán así, con su vida, el testimonio más firme de su adhesión al Rey-Mesías (v. Ap. 7:9-17; nótese en el v. 14 lo de *procedentes de la Gran Tribulación*). Y Dios hará con Israel en la Se-

---

25. *Op. cit.*, p. 219.

gunda Venida de Cristo lo que hizo en la Primera por medio de Juan el Bautista (comp. Mal. 4:5-6 con Mt. 3:1-10 y Lc. 3:3-14).

B) Hacer un juicio implacable contra los individuos de las distintas naciones gentiles que hayan rehusado creer en el Evangelio del Reino y se hayan comportado malamente con Israel (v. Mt. 25:31 ss., así como Is. 24:1; Jer. 25:32-33; 2.ª Ts. 2:12; Ap. 3:10). Algunos de estos castigos serán ejecutados directamente por el Señor; otros lo serán por medio de individuos, de ejércitos, etc.

CUESTIONARIO:

1. ¿Qué se entiende por «Gran Tribulación»? — 2. ¿Qué pasajes bíblicos nos ilustran acerca del tiempo y de la duración, división, etc., de tal período? — 3. ¿Con qué epítetos describe la Palabra de Dios a la Gran Tribulación? — 4. ¿Cómo detallan las Escrituras los acontecimientos y los más relevantes personajes de tal período? — 5. ¿Cuál será la condición de Israel durante el período de la Gran Tribulación? — 6. ¿Qué nos muestra a este respecto un examen cuidadoso del Discurso de Jesús, registrado en Mt. caps. 24 y 25? — 7. ¿A qué otros lugares proféticos nos remiten los eventos registrados en dichos capítulos? — 8. Analícese el alcance y sentido de textos como Mt. 24:8-9, 28, 30, 40-41? — 9. La mención del «aceite» en la parábola de Mt. 25:1-13 ¿significa acaso que dichas vírgenes representan a la Iglesia? — 10. Comparando Mt. 25:30 con Lc. 17:10, ¿puede decirse que la parábola de los talentos supone que un creyente pueda perder la salvación? — 11. ¿Qué objetivos puede tener Dios para permitir la Gran Tribulación?

El profesor John F. Walvoord, actual rector del Seminario Teológico de Dallas, puso a su libro *Daniel* el siguiente subtítulo: *The Key to Prophetic Revelation* (La Clave para la Revelación Profética). Y con mucha razón. Son muchos los lugares de la profecía de Daniel que apuntan con precisión a eventos escatológicos; algunos han sido mencionados ya; otros quedan aún por mencionar: pero ninguno tan relevante ni de precisión tan *matemática* como la famosa profecía de las *setenta semanas* (Dan. 9:24-27), cuyo análisis encaja perfectamente en esta cuarta parte del presente libro.

1. La oración de Daniel

En su maravillosa oración de Dan. 9:4-19, Daniel ruega a Dios que se apiade del pueblo en favor del cual ha obrado él tan grandes maravillas, de la ciudad santa, ahora desolada, y del santuario, también asolado, donde otrora resplandecía el rostro de YHWH tras la nube de la *shekinah*. Daniel había estudiado los escritos de Jeremías (v. Jer. 25:11-12; 29:10) y había calculado equivocadamente que los *setenta* años de que habló Dios por medio del profeta,[26] estaban para terminarse, sin que hubiese señales

---

26. Quizás, un número «redondo» y, por tanto, aproximado, según parece (véase, para toda esta lección, J. D. PENTECOST, *op. cit.*, pp. 184-192, J. F. WALVOORD, 190-224, entre otros autores). De paso diré que casi todos los autores que he consultado repiten que la expresión «*shabuim shibim*» significa literalmente «setenta sietes», lo cual no es exacto, aun cuando es cierto que ambos términos tienen una raíz hebrea común.

de una inminente reconstrucción de la ciudad y del templo. De ahí, la angustia de su conmovedora plegaria.

La confusión del profeta aparece en Dan. 9:2: «...*miré atentamente en los libros sagrados el número de los años de que habló YHWH al profeta Jeremías, que habían de cumplirse sobre las ruinas de Jerusalén: setenta años.*» Al hacer el cómputo, Daniel sufrió una equivocación, pues contó a partir de la fecha en que Jerusalén y el rey Joaquín (también llamado Jeconías y Conías) había capitulado ante Nabucodonosor, rindiéndole vasallaje (605 a.C.), hasta la fecha en que él decía esto (538 a.C.), «*en el año primero de Darío*» (Babilonia había caído el año anterior). Sin embargo, la destrucción del templo y de la ciudad se llevó a cabo el año 586 a.C., con lo que el error de Daniel era de más de 18 años respecto del cómputo correcto.

2. La respuesta de Dios mediante el ángel Gabriel

Dios responde a Daniel antes de que éste termine su oración (vv. 20-21) y el ángel Gabriel viene a El «*volando con presteza*», para «*ilustrar su inteligencia*» (v. 22). Le urge a prestar atención con imperativos que implican urgencia y relevancia (v. 23 *b*). A continuación, le revela la profecía de las setenta semanas, que dice así:

«*Setenta semanas están determinadas* (hebr. *nejtakh* = han sido divididas) *sobre tu pueblo y sobre tu santa ciudad para acabar con la rebelión* (hebr. *pésha*, como en Is. 1:2) *y poner fin a los pecados* (hebr. *uljatham jatot*, juego de palabras, que expresa poner fin a algo que en sí es una barrera), *y expiar la iniquidad* (hebr. *awón*) *y hacer que venga justicia eterna* (lit. de eternidades), *y sellar* (= cerrar, el mismo verbo de antes: *ulajtom*) *la visión y la profecía, y ungir al Santo de los santos.*[27]

---

27. La expresión hebrea «*qodesh qodashim*» puede significar el «Lugar Santísimo», «un sumo sacerdote», o ambas cosas a la vez: el sacerdote y el santuario. Aquí no cabe duda de que se trata del Mesías (comp. con Mr. 1:24; Lc. 1:35).

»*Sabe* (pues) *y entiende que desde la salida del decreto* (hebr. *dhabar,* o *davar* = palabra) *para restaurar y edificar a Jerusalén hasta un Mesías Príncipe* (habrá) *siete semanas y sesenta y dos semanas; volverá a ser edificada* (la) *plaza y* (el) *foso, pero* (hebr. u = y) *en angustia de tiempos.*

»*Y después de las sesenta y dos semanas será cortado* (el) *Mesías y no tendrá nada* (lit. y nada para El);[28] *y destruirá la ciudad y el santuario* (el) *pueblo de un príncipe que viene; y su fin en un cataclismo y hasta* (el) *fin, guerra, decreto de desolaciones.*[29]

»*Y hará que prevalezca un pacto* (hecho) *a muchos* (por) *una* (hebr. '*ejad* = unidad de integración, como se ve por Gn. 2:24, y es aplicable a Dt. 6:4)[30] *semana, y a* (la) *mitad de la semana hará que cese el sacrificio y la ofrenda, y sobre el ala* (del templo, es decir, el pináculo) (habrá) *abominaciones de desolación* (lit. horribles),[31] *hasta que la ruina decretada* (lit. y hasta la consumación y —ésta— decretada) *sea derramada sobre* (el) *desolador*» (Dan. 9:24-27).

---

28. Esta es la traducción más natural, con el original a la vista; ¡y cuán bien encaja en la forma en que Cristo vivió y murió! ¡Siempre de prestado! Especialmente, en Su pasión y muerte: fue tenido por blasfemo en el tribunal religioso; por loco, en el del arte y el placer; por sedicioso, ante el tribunal político. Antes de morir, fue despojado de todas sus ropas; y, ya en la Cruz, otorgó el perdón a sus verdugos; el Reino, a un criminal; Su madre, a un discípulo. Y, cuando ya lo había perdido todo en este mundo, fue desamparado por Dios, ¿cabe mayor indigencia?

29. Es decir, las desolaciones decretadas por Dios (comp. con 8:25).

30. Véase mi libro *Espiritualidad Trinitaria*, 1.ª Parte, cap 3.º, punto 1.

31. Dice la *Biblia de Jerusalén*, en nota a 9:27 (d): «Esta expresión *(siqqusim mesomem),* cuya traducción consagrada por el uso hemos conservado, debe evocar por una parte los antiguos baales, objeto de la idolatría en otro tiempo reprochada a Israel por sus profetas *(siqqús* es un equivalente despectivo de *Baal,* y *so men* es un juego de palabras con el título de esos baales fenicios «reyes de ls cielos», *baal samen*); y, por otra, al Zeus Olímpico, a quien se consagró el Templo de Jerusalén, *cf.* 2 M. 6:2» (los subrayados son suyos).

Con perdón por las explicaciones parentéticas, hemos querido poner la versión literal del pasaje, a causa de su singular importancia. Algunas observaciones son todavía necesarias:

A) Que las «semanas» de Daniel significan *semanas de años*, nadie lo discute. Dice R. D. Culver:

> Esta interpretación era común en la antigüedad. Daniel había estado pensando en un múltiplo de «siete» de años (9:1, 2; *cf.* Jer. 25:11, 12). Sabía que ese múltiplo (setenta años) era un tiempo de juicio por los 490 años de sábados quebrantados (490 ÷ 7, = 70. V. 2.ª Cr. 36:21). Además, había una común «semana» de años, que se usaba, tanto en recuentos civiles como religiosos (Lv. 25, especialmente v. 8). No sólo esto, sino que cuando se desea referirse a semanas de días (Dan. 10:2, 3), se añade el vocablo hebreo para «días» *(yamim)* al de «semanas» *(shabuim)*... y, lo más importante, si se quiere dar un sentido literal a las semanas, únicamente un período de semanas de años cumple las condiciones que requiere el contexto.[32]

B) La profecía tiene que ver con Israel y con Jerusalén únicamente. De ahí, la fuerza de la preposición hebrea *al* = sobre; como una carga que pesa sobre el pueblo judío: las pruebas, las tribulaciones, persecuciones, etc., por las que Israel tendrá que pasar hasta que venga su Gran Libertador que expíe sus pecados e introduzca la justicia en el nivel perfecto tantas veces anteriormente profetizado.

C) El decreto al que hace referencia el versículo 25 es, como todos los exegetas admiten, el de Artajerjes Longimano en el año 445 a.C., según queda registrado en Neh. 2:1 ss. Teniendo en cuenta que este decreto se dio en el mes de Nisán, y que los 483 años que cubren las primeras sesenta y nueve semanas de Daniel llegan exactamente, según el cómputo más probable, al año 30 de nuestra era

---

32. *Daniel*, en *The Wiclyffe Bible Commentary*, p. 793. También lo afirman otros amilenaristas como Keil y Zöckler.

—la fecha más probable para la muerte del Señor— se puede comprender mejor el lamento de Jesús en Lc. 19:41-44, especialmente la exclamación del versículo 42, donde está bien atestiguada la lectura: *«¡Si conocieses tú, Y POR CIERTO EN ESTE TU DIA, lo que es para tu paz!»* ¡EN AQUEL DOMINGO DE RAMOS, DIA 9 DEL MES DE NI-SAN, SE CUMPLIAN EXACTAMENTE LAS SESENTA Y NUEVE SEMANAS (483 años), TRAS LAS QUE EL ME-SIAS-PRINCIPE HABIA DE SER «CORTADO» DE SU PUEBLO! Si en aquel día, tras los «hosannas» de la entrada en Jerusalén, el pueblo judío hubiese aceptado a su Mesías, la nación entera habría vuelto a ser «el pueblo de su peculio y las ovejas de su prado» (Sal. 74:1; 79:13; 95:7; 100:3). Pero el pueblo, con sus jefes a la cabeza, le rechazó y lo entregó a los gentiles para crucificarlo (Hch. 2:23), aunque todo ello estaba determinado desde antes de la fundación del mundo (1.ª P. 1:20).

D) El dato más importante de toda la porción y la clave para la correcta exégesis del pasaje es el fijar *quién es el sujeto* del verbo *higbir*, con el que comienza el versículo 27. La norma gramatical más elemental exige que el sujeto sea el antecedente más próximo, y ese antecedente no puede ser otro que *«el príncipe»* del versículo 26, como concede hasta un amilenarista como Leupold.[33] Se dice de él *«que viene»*, porque ha sido introducido ya en el cap. 7 como el Anticristo. El verbo *higbir* es la forma Hiphil (causativa) del verbo *gabar* = prevalecer; por tanto, su significado no es *confirmar un pacto ya existente*, sino *hacer que prevalezca o se concierte un nuevo pacto*. Los *«muchos»* con quienes el príncipe venidero concertará un pacto son, de modo especial, los judíos, puesto que todo el contexto (véase vv. 24 y 27) trata de *«tu pueblo y... tu santa ciudad»*. ESTE PACTO NADIE LO HIZO TODAVIA. La rotura del pacto y la consumación de que habla el versículo 27 se comprende mejor a la luz de Ap. 13:4-7.[34] Es evi-

---

33. Véase WALVOORD, *Daniel*, pp. 232-233.
34. Véase J. D. PENTECOST, *op. cit.*, pp. 190-192.

dente que el «pacto» será llevado a cabo entre el Anticristo y el pueblo de Israel, vuelto a su patria en los últimos días.[35]

3. ¿Es arbitrario admitir un largo lapso de tiempo entre las semanas 69.* y 70.* de Daniel?

Los amilenaristas consideran una arbitrariedad la interposición de un largo lapso de tiempo (más de 1950 años en este momento) entre la 69.* y la 70.* semanas de Daniel 9. Tras citar las notas de la *Biblia Scofield* a Da. 9:24-27, dice el profesor J. Grau:

> Contrariamente a lo que imaginan algunos, la controversia dispensacional versa más sobre este paréntesis de la Iglesia que sobre ningún otro punto. Ni siquiera el milenio es lo característico de la escuela dispensacionalista. Hay premileniales que no son dispensacionalistas; casi siempre por la cuestión de la Iglesia. Como los hay que no son pretribulacionistas, es decir: no aceptan que la tribulación afecta sólo a judíos, sino a todo el pueblo de Dios. La doctrina dispensacional tiene consecuencias que afectan a un buen número de cuestiones, pues entraña una concepción propia de la Iglesia como «paréntesis» que es discutida por las otras escuelas de interpretación, así como dos venidas de Cristo al final de los tiempos (la Segunda Venida para buscar a los santos y la tercera con sus santos), en vez de una sola y única Segunda Venida.[36]

---

35. Después de la guerra de los siete días (año 1967), alguien le preguntó al general Moshe Dayán: «Parece ser que se han cumplido ya dos profecías muy importantes: 1) la restauración del Estado de Israel; 2) la reconquista de los territorios ocupados por los árabes. Pero queda una tercera: la reedificación del Templo, ¿cuándo será eso?» «No lo sé —respondió Dayán—, pero Dios puede enviar en cualquier momento un pequeño terremoto...» (Se refería, naturalmente, a la mezquita de Omar, que ocupa el lugar donde antes se hallaba el Templo.)

36. *Las profecías de Daniel*, p. 159 (véase toda la sección en páginas 149-172).

Y, más adelante, añade:

> A todas luces, resulta totalmente injustificado separar la semana setenta de la semana sesenta y nueve por un intervalo que ya ahora es mayor que la totalidad de las sesenta y nueve semanas juntas... no hay ruptura entre las siete primeras semanas y las sesenta y dos por lo que se refiere a la duración del tiempo ininterrumpido. La ruptura es meramente semántica, es una manera de hablar típica de los hebreos... De manera parecida, no existe ruptura ni intervalo prolongado entre la semana sesenta y nueve y la setenta; pero el modo de hablar del texto bíblico señala el gran acontecimiento de los siglos: la aparición de Jesucristo.[37]

Antes de pasar a defender el punto de vista dispensacionalista sobre la 70.ª semana de Daniel, deseo hacer algunas observaciones a los conceptos expresados por el profesor Grau:

1) La idea de la Iglesia como «paréntesis» es, en mi opinión, mal expuesta por algunos autores dispensacionalistas, y mal entendida por los amilenaristas. Está ligada, sin duda, al concepto de «Reino de Dios», del que trataremos más adelante.[38]

2) Los dispensacionalistas (al menos, los moderados) no admitimos *dos* segundas venidas del Señor, sino *una* sola, por cuanto, en el arrebatamiento, no será el Señor quien descienda a la tierra, sino la Iglesia la que será arrebatada «*en las nubes para salir al encuentro del Señor en el aire*» (1.ª Ts. 4:17). El verbo «*áxei*» del versículo 14 no significa literalmente «traerá», sino «conducirá»; y, aunque se habla de «descenso» y de «venida» («*parousía*») en los versículos 15 y 16, las circunstancias no son las mismas de Zac. 14; 2.ª Ts. 2 y Ap. 19; y ,una vez más, se ha de aplicar la regla de explicar los lugares oscuros mediante los claros, y no viceversa. A lo más, podemos hablar de una Segunda

---

37. *Op. cit.*, pp. 164-165.
38. Véase la lección 25.ª del presente libro.

Venida en dos fases, teniendo en cuenta que «*las bodas del Cordero*» forman una unidad que se extiende desde el arrebatamiento hasta el final de la Gran Tribulación.

3) Separar la semana 70.ª de las otras 69 no sólo no es *injustificado*, sino que está de acuerdo con todo el contexto de la profecía. Separaciones similares pueden verse en Sal. 22:22-23; 34:12-16 (comp. con 2.ª P. 3:10-12); 110:1-2; Is. 61:2 (en un mismo v.); Dan. 2:43-44; 7:23-27; 8:24-25; 11:35-36; Os. 3:4-5; 5:15 — 6:1. El caso está, pues, justificado. Si no existiese tal paréntesis en cualquier lugar profético, no se podría hablar de cumplimiento literal de muchas profecías (contra las normas de una correcta hermenéutica), por cuanto los acontecimientos de muchas de ellas no se siguieron inmediatamente los unos a los otros.

4. La semana 70.ª de Daniel 9:27 está por venir

Que la semana 70.ª de Daniel es plenamente escatológica se prueba directamente por las siguientes razones:

(a) «*Después de las sesenta y dos semanas*» (v. 26) que siguen a las siete primeras, ocurren dos acontecimientos separados entre sí por unos 40 años: la muerte de Jesucristo y la destrucción de Jerusalén. Estos dos acontecimientos no caben en una sola semana de años. Luego si se admite un lapso de tiempo de 40 años no incluidos en una semana, no hay razón suficiente para descartar otro lapso mayor.

(b) Mt. 23:37-39 es posterior al relato de la entrada triunfal en Jerusalén, pero el versículo 39 habla de un rechazo que perdurará hasta la restauración del favor de Dios hacia el pueblo como tal (v. por ej., Zac. caps. 12-14; Ro. cap. 11). Pero, si la semana 70.ª ya se ha cumplido, las bendiciones prometidas para ella se habrían cumplido también; lo cual no es cierto, teniendo en cuenta que todo el fragmento se refiere a Israel, no a la Iglesia.[39]

---

39. Véase J. D. PENTECOST, *op. cit.*, pp. 190-192.

(c) La comparación con Mt. 24:9 ss.,[40] nos da a entender que el Señor está colocando la semana 70.ª de Daniel al final de los acontecimientos profetizados en dicha porción, es decir, en los años que preceden inmediatamente a su Segunda Venida. La comparación con Hch. 1:6-8 nos da a entender que queda por delante toda una era o *«kairós»* = sazón u oportunidad, que bien podría traducirse por «economía» o «dispensación».

5. La semana 70.ª de Daniel constará de 7 años como las anteriores

Siendo las primeras 69 semanas de Daniel «semanas de años», no hay razón para negar que la 70.ª semana será también una semana de siete años. La semana comienza por *«un pacto»* [41] que, según vimos en el análisis de la profecía, será concertado por el príncipe venidero, *que no es el Mesías*. Además, los pactos del Señor con Israel son eternos, mientras que este pacto sólo durará tres años y medio— media semana de años—. Dice Pentecost:

> Este pacto, que le garantizará a Israel la posesión de su tierra y la restauración de su autonomía religiosa y política, debe entenderse como un falso cumplimiento del Pacto *abrahámico*. Este pacto engañará a muchos en Israel, haciéndoles creer que este «hombre de pecado» es Dios (2.ª Ts. 2:3). La proclamación de este falso pacto será la que indicará el comienzo de la septuagésima semana.[42]

---

40. Véase la lección 18.ª
41. Así, sin el artículo que el profesor J. GRAU, siguiendo a la versión RV 1960, ha añadido (*op. cit.*, p. 160).
42. *Op. cit.*, p. 192 (el subrayado es suyo. Más sobre el Anticristo, en la lección 24.ª).

CUESTIONARIO:

1. ¿Por qué es tan relevante la profecía de las setenta semanas de Daniel? — 2. ¿Cuál fue la confusión de Daniel en Dan. 9:2? — 3. ¿Qué da a entender la fraseología de los vv. 22 y 23? — 4. ¿Qué observaciones son necesarias acerca de los vv. 24-27, con el original a la vista? — 5. ¿Qué importancia cobra la exclamación del Señor en Lc. 19:42, cuando se tiene en cuenta la fecha a partir de la cual debe hacerse el cómputo de las semanas? — 6. ¿Por qué no puede ser el Mesías el «príncipe» de quien se habla en el v. 26? — 7. ¿Cómo se expresan los amilenaristas respecto a nuestra posición premilenial dispensacionalista, y qué equívocos laten tras esas afirmaciones? — 8. ¿Es injustificado separar la semana 70.ª de las otras 69 por un largo lapso de tiempo? — 9. ¿Cómo se prueba que la semana 70.ª de Daniel está por venir? — 10. ¿Cómo se demuestra que el «pacto» de que se habla en el v. 27 no puede ser concertado por el Mesías?

LECCION 20.· LA FUTURA CONVERSION DE ISRAEL

1. Un importante «misterio» revelado acerca de Israel

Como ha demostrado Sanford C. Mills,[43] los capítulos 9-11 de la epístola de Pablo a lós fieles de Roma, lejos de ser un «paréntesis», constituyen el eje de la epístola e, incluso, el clímax hacia el que toda la enseñanza teórica se mueve (v. 10:1-3). Incluso las primeras consecuencias prácticas que el Apóstol deduce de la doctrina de los primeros 11 capítulos están en la línea de la Historia de Israel (v. 12:1-2, con la mención sacrificial y la exhortación a la renovación de la mente, que nos recuerda el primer mensaje del Reino (comp. con Mt. 3:2; 4:17; Mr. 1:15).

Pero dentro de estos tres capítulos pivotales, destaca, por su tremenda importancia, la porción de Ro. 11:25-27, que dice así:

> *«Porque no quiero que ignoréis, hermanos, el misterio este, para que no seáis sensatos en vuestra propia opinión* (lit. para vosotros mismos): *Israel ha tenido endurecimiento en parte, hasta que entre* (tiempo aoristo: de una vez que cierre la cuenta) *la plenitud de las naciones* (es decir, de los no judíos),
> *y así todo Israel será salvo, conforme está escrito,*
> *Vendrá de Sión el Libertador,*
> *apartará de Jacob la impiedad;*
> *Y éste será de mi parte el pacto con ellos,*
> *cuando* (yo) *quite* (o *corte*) *los pecados de ellos.»*

---

43. *A Hebrew Christian looks at... Romans* (American Board of Missions to the Jews, 1971), pp. 286 y ss.

La paráfrasis que Sanford C. Mills hace del versículo 25 es digna de citarse:

> Pablo ha estado explicando en el capítulo 11 la posición de Israel en el mundo y en la Iglesia. Ahora se dirige a los creyentes de Roma y viene a decirles: «Mis hermanos en la fe de Cristo, quiero explicaros el resultado final del programa de Dios para con mis parientes según la carne, los judíos. La ceguera que Dios ha permitido en los judíos es parcial, no es definitiva ni fatal, y continuará hasta que la plenitud del pecado de las naciones haya recorrido su curso en la historia profética.» [44]

¿Cuál es el misterio a que Pablo se refiere? El misterio no es que todo Israel haya de ser salvo, pues eso estaba ya en las profecías del Antiguo Testamento, sino el endurecimiento de la mayoría inmensa de los judíos (v. Hch. 13:46, punto importante en la historia de Israel), que dio oportunidad para que los no judíos entrasen en gran número en las filas de la Iglesia.

«*La plenitud de los gentiles*» no significa que Israel se convertirá cuando lo haya hecho el último de los gentiles por convertir, sino que, como demuestra contundentemente S. C. Mills,[45] es una frase sinónima de «*los tiempos de los gentiles*»; esto, por varias razones:

(a) La Iglesia no se compone sólo de gentiles, sino también de judíos (v. 1.ª Co. 12:13; Ef. 2:14-18; 3:4-6; Gá. 3:28).

(b) Si la frase «*plenitud de los gentiles*» significase el final de la formación del Cuerpo de Cristo, que es la Iglesia, Israel habría de ser salvo *al comienzo* de la Gran Tribulación, una vez arrebatada la Iglesia, lo cual es falso, ya que Israel, *como nación*, será salvo cuando haya pasado por el «*tiempo de angustia para Jacob*» (Jer. 30:7), como puede verse por el capítulo 12 de Zacarías. Es un proverbio comúnmente admitido por los rabinos que «cuan-

---

44. *Op. cit.*, p. 383.
45. *Op. cit.*, pp. 384 y ss.

do veas el tiempo en que muchas aflicciones vendrán como un río sobre Israel, aguarda entonces la venida del Mesías mismo».[46]

«*Todo Israel*» (v. 26) no significa *todos los individuos* (el pronombre griego es *pas*, distributivo, no *holós* = entero), sino un número suficiente para poder hablar de una conversión a escala *nacional*. Que habrá un cierto número de israelitas rebeldes aún, lo sabemos por el juicio de Israel, del que hablaremos en la lección 29.ª.

Para confirmar su aserción, Pablo cita conforme a los LXX, de Is. 59:20, 21. El contexto de este pasaje desde el comienzo del capítulo, pero especialmente desde el versículo 16, nos muestra un panorama escatológico en que el pecado campará por sus respetos, y la situación será tan angustiosa para Israel, que no se verá esperanza de ayuda por ninguna parte (comp. con 63:5), pero el Mesías se vestirá completamente de guerrero (comp. v. 17 con Ef. 6:14 ss.) y arremeterá contra los enemigos de Sión (comp. v. 18 con Ap. 16:19-20). Es entonces cuando el v. 20 introduce por su nombre al Libertador, traído poderosamente por el «*ruaj* YHWH», como dice el versículo 19.

Así lo atestigua Dios el Padre (v. 20, YHWH) y expone su futuro *pacto* (v. 21) con Israel, al que se refiere Pablo en Ro. 11:27.[47]

2. ¿Incluye el «todo Israel» de Ro. 11:26 a la Iglesia?

El «*todo Israel*» de Ro. 11:26 se refiere, evidentemente, sólo a la nación de Israel. Un autor tan poco sospechoso de dispensacionalismo como J. Murray, en su gran comentario a Romanos, dice:

---

46. *Tract, Sanhedrin*, fol. 98:1 (citado por S. C. MILLS, *op. cit.*, p. 385).

47. Discuten los exegetas si Ro. 11:27b cita de Is. 27:9, como se ve en las referencias de la RV, o de Jer. 31:34, pero, como dice S. C. MILLS (*op. cit.*, p. 388): «la verdad central de Ro. 11:27 —que los pecados de Jacob serán quitados según el pacto de YHWH— se halla, tanto en el pasaje de Isaías como en el de Jeremías».

La salvación de todos los elegidos de Israel no afirma ni implica más que la salvación de un remanente de Israel en todas las generaciones. Pero el versículo 26 lleva el argumento a un clímax que sobrepasa con mucho dicha verdad. A Pablo le preocupa la revelación del plan de Dios de salvación en la historia y el desarrollo final que se seguirá respecto al judío y al gentil. La cláusula en cuestión ha de entenderse en términos de esta perspectiva. El versículo 26 está en inmediata secuencia con el versículo 25. La tesis principal del versículo 25 es que el endurecimiento de Israel ha de acabarse y que Israel ha de ser restaurado. Esto no es sino otro modo de afirmar lo que se ha llamado la «plenitud» de Israel en el versículo 12, su «admisión» en el versículo 15, y el «ser injertado» de nuevo en los versículos 23, 24. Considerar la aserción climática de «todo Israel será salvo», en relación con cualquier otra cosa que no sea este preciso dato, sería hacer violencia a la exégesis.[48]

El profesor E. Trenchard señala, por su parte:

Ningún exégeta fiel a las Escrituras puede negar el significado general de los versículos 26-32, que garantiza un futuro de bendición para Israel en conformidad con los antiguos dones y llamamientos de Dios, siendo éstos irrevocables (11:29). Sin embargo, algunos creen que el derrumbamiento de la pared intermedia entre judíos y gentiles (Ef. 2:14) les autoriza a «espiritualizar» las muchas profecías a las que hemos hecho breve referencia, sin admitir el sentido claro de una bendición que se concentra en la tierra de Promisión con repercusiones por todo el mundo. Esto supone la aplicación a centenares de profecías de un método de exégesis que nadie admitiría en otras secciones de la Palabra. Lo que no se enfatiza bastante es que las bendiciones futuras de Israel serán profundamente espirituales, fundándose sobre la Obra de la Cruz y las operaciones del Espíritu Santo,

---

48. *The Epistle to the Romans* (Marshall, Morgan and Scott, Londres, 1967), II, p. 97.

a pesar de que, durante el milenio, tendrán por marco la tierra que tanto se destaca en las promesas de Génesis, capítulos 15-22, y en profecías como las de Ezequiel, capítulos 36 y 37.[49]

Oigo con frecuencia a predicadores que hablan de «un solo Israel de Dios» que engloba a la Iglesia, sin dividir correctamente la Palabra de Dios (v. 2.ª Ti. 2:15). La confusión nace por no distinguir debidamente, en los pactos de Dios con Su pueblo, el aspecto *soteriológico* del meramente *profético*. En el primer aspecto, el plan de salvación, que incluye la redención de los elegidos mediante la obra del Calvario, se va revelando de un modo cada vez más claro, más profundo y más amplio a lo largo de los sucesivos pactos de Dios con Su pueblo, y el resultado es que *todos cuantos se salvan, se salvan por fe sola en la sangre del Cordero, mediante la operación interna del Espíritu Santo.* Esto es válido para todas las dispensaciones después de la caída de nuestros primeros padres (v. Gn. 3:15, que da inicio a los pactos de gracia). Pero hay otros aspectos *terrenales* (aunque incluyan también bendiciones *espirituales*), que son exclusivos de Israel.[50]

Esta es la razón por la cual, en la presente dispensación de la Iglesia, tanto los judíos como los gentiles que se salvan, forman un solo Cuerpo de Cristo, y esto es lo que se destaca en textos como Ro. 2:28-29; 9:6; 10:12; 1.ª Co. 12:13; Gá. 3:28; 5:6; 6:15 (comp. con 2.ª Co. 5:14-21); Col. 3:11. Pero esto no significa que Dios haya anulado sus promesas acerca del futuro de Israel como nación, ni que la distinción entre «judío» y «gentil» haya cesado de existir. ¡Probaría demasiado! En efecto, en el aspecto de la *salvación*, «con toda bendición espiritual en los lugares celestiales en Cristo» (Ef. 1:3), judío y gentil, varón y mujer, libre y esclavo, están en pie de *igualdad*, pero, ¿acaso significa eso que se han borrado todas las diferencias de raza, sexo y condición social? ¡No, por cierto! Véase cómo el Apóstol Pablo da diferentes exhortaciones a varones y mujeres en

---

49. *Romanos* (Literatura Bíblica, Madrid, 1969), pp. 291-292.
50. Véase la lección 26.ª

Ef. 5:22 ss., y 1.ª Ti. 2:8-15, y a siervos y amos en Ef. 6:5-9. En cuanto a cierta diferencia aún existente entre judío y gentil, véase Hch. 15:14-21; 16:3. También es notable la distinción que Pedro establece en 1.ª P. 3:7, entre *«vaso más frágil»* (en la diferencia de sexos) y *«coherederas de la gracia de la vida»* (es decir, al mismo nivel en cuanto a la salvación).

En la quinta parte de este libro, volveremos sobre los aspectos que se refieren específicamente a Israel como nación, pero hay dos lugares que causan alguna confusión y necesitan ser tratados de inmediato:

A) *Mt. 21:43*. Hablando Jesús a un grupo de principales sacerdotes, de ancianos (v. 23) y de escribas (v. Mr. 11:27), les dijo: «*Por tanto* (por haber rechazado la «piedra angular», comp. con 1.ª P. 2:4-8) *os digo que el reino de Dios os será quitado, y será dado a una nación que produzca los frutos de él.»* Los antidispensacionalistas entienden en este versículo una reprobación *final* de Israel como *nación*. Dice el profesor J. Grau:

> El reino de Dios será quitado de Israel y será dado a otros. En la parábola del padre de familia, Jesús enseñó que, debido a la deslealtad de los labradores, símbolo de la ingratitud criminal de Israel al rechazar a los profetas y al matar al Hijo de Dios, el Señor visitaría en juicio al que hasta entonces había sido su pueblo: *«¿Qué hará, pues, el señor de la viña? Vendrá, y destruirá a los labradores, y dará su viña a otros»* (Mar. 12:9). Esta parábola afirma sin ambages que Israel, en tanto que pueblo representado por sus líderes religiosos, ha rechazado la oferta del Reino que Dios le hizo en Jesucristo; por consiguiente —prosigue la lección—, Dios, a su vez, ha rechazado a la nación judía en tanto que pueblo de Dios, es decir, como nación. Su *status* como pueblo de Dios, ha sido entregado a «otros», a otra «gente».

Si tenemos en cuenta que Jesús consideraba a sus discípulos como el remanente del verdadero Israel, porque habían aceptado la oferta del Reino y al Rey

de este Reino, los «otros», la otra «gente» a la cual
le es entregado el Reino, no puede ser otra que el
círculo de los discípulos de Jesús.[51]

Acerca de esta interpretación, hemos de hacer las siguientes observaciones:

(a) La confusión de los antidispensacionalistas nace
de no distinguir *distintas esferas* (o *provincias*, como las
llama Trenchard) en el Reino *efectivo* de Dios.[52] En el pasaje de referencia, Jesús se dirige a los líderes de la nación de Israel (y, en ellos, a la «nación» coetánea de Jesús,
como se ve por el contraste con la «otra nación»), a quienes será quitado el Reino como consecuencia del rechazo
de su Mesías. La cita del Sal. 118:22-23, que también se
halla en Hch. 4:11 y 1.ª P. 2:6-7, apunta al triunfo final del
Mesías después de tal rechazo. La transferencia *temporal*
del Reino se hace a la Iglesia, como se ve por la misma
cita de 1.ª P. 2:8-9. De esta forma, la Iglesia disfruta de los
frutos espirituales del Reino al que ha sido transferida
(v. Col. 1:13); pero Ro. capítulos 9-11, que culminan con la
afirmación de Ro. 11:29, nos dan a entender claramente
que la nación de Israel volverá un día, tras la presente dispensación (Ro. 11:25), y a través de la Gran Tribulación, a
disfrutar plenamente de las bendiciones de la salvación, y
de las promesas, tan copiosamente profetizadas, del futuro Reino mesiánico durante el Milenio.

(b) Es cierto que los discípulos de Jesús eran el «remanente» del verdadero Israel, pero esos discípulos *eran pre-*
cisamente israelitas. El término «remanente», expresado en
hebreo por cuatro vocablos (*yithrah, palat, sarad* y *sha'ar*),
junto con sus derivados, ocurre en el Antiguo Testamento más de 600 veces, mientras que su equivalente griego
«*leimma*» (del verbo «*leipo*» = dejar) sólo ocurre *una* vez
en el Nuevo Testamento (Ro. 11:5), *¡y precisamente aplica-*

---

51. *Escatología*, p. 220 (los subrayados son suyos).
52. Decimos *efectivo*, para distinguirlo del control general que
Dios ejerce siempre sobre la creación y en la historia, tanto de
individuos como de naciones (véase mi libro *La Persona y la Obra*
de Jesucristo, pp. 356-372, así como la lección 25.ª del presente libro.

do a Israel! El concepto arranca, probablemente, de lugares como Dt. 4:27-31; 28:62-68; 30:1-10, ya que, en último término, el trasfondo apunta hacia el tiempo en que el Mesías establecerá su Reino. Los profetas, desde Isaías hasta Zacarías, desarrollan la idea en todos su detalles (v. por ej., Is. 7:3; 8:18; 10:21; 11:10-16, comp. con Ro. 15:12).[53]

Este *remanente* es siempre pequeño (v. Is. 6:13; Ez. 5:3; Zac. 13:8). Es dentro de este contexto profético, y en un lugar paralelo al del Sermón del Monte en Mt. 6, donde Lc. 12:32 registra la frase del Señor: *«No temáis, MANADA PEQUEÑA, porque a vuestro Padre le ha placido daros el reino.»* El remanente de Israel era verdaderamente *pequeño*, como podemos ver en Hch. 1:15 (*«unos ciento veinte»*, v., sin embargo, 1.ª Co. 15:6, aunque el número es todavía exiguo), en comparación con las cifras a partir de Pentecostés, día en que comienza la dispensación de la Iglesia.[54] Los paganos o gentiles entraron después en bloque —introduciendo gran parte de su paganismo—, mientras que los judíos conversos han sido siempre una minoría, en parte por el rechazo del Evangelio, tan patéticamente descrito en Hch. 13:45-46, y, en parte también, porque la Iglesia no ha cumplido debidamente con el encargo de predicar el Evangelio *«primeramente al judío»* (Hch. 13:46; 18:4; 19:10; 20:21; Ro. 1:16).

B) *Gá. 6:16*. Aquí, el Apóstol, después de referirse a la Iglesia, como puede verse por la fraseología del versículo 15 (comp. con 2.ª Co. 5:17; Gá. 5:1-6; Ef. 2:15), añade *«y sobre el Israel de Dios»*. Los antidispensacionalistas procuran incluir a la Iglesia en este *«Israel de Dios»*, para borrar así las fronteras de una vez, pero el contexto —y el

---

53. Para no alargar demasiado la lista, véase *Wiclyffe Bible Encyclopedia*, II, pp. 1451-1452.
54. El crecimiento numérico de los supuestos «cristianos», a partir del Edicto de Milán (año 313), es, en mi opinión —que muchos comparten—, un fenómeno de «gigantismo», ya profetizado por Jesús en Mt. 13:31-33. Al extremo opuesto se van los excesivamente restriccionistas, quienes apelan a Lc. 12:32, para tratar de demostrar que los creyentes genuinos, los que se han de salvar, no son muchos.

texto mismo— nos prohíbe tal amalgama, por las siguientes razones:

(a) Jamás, en la Palabra de Dios, se confunde a la Iglesia con Israel, con *el Israel de YHWH* —que, en su propia denominación (Isra-El)— llevaba ya el nombre de YHWH-ELOHIM.

(b) La partícula copulativa «*y*», después de la clara mención de la Iglesia, muestra que se trata de un grupo distinto, pues Pablo no era precisamente un amigo de redundancias, sino todo lo contrario (v. el llamado «*anakolouthon*» de Ro. 5:12 ss., donde no se encuentra apódosis a la prótasis del v. 12).

CUESTIONARIO:

1. ¿Por qué titula Pablo como «misterio» la porción de Ro. 11:25 ss.? — 2. ¿Qué significa la frase «la plenitud de los gentiles» en Ro. 11:25? — 3. ¿Y qué significa el «todo Israel» del v. 26? — 4. ¿Incluye dicho «Israel» a la Iglesia? — 5. ¿Qué confusión sufren quienes pretenden ver en textos como 1.ª Co. 12:13; 2.ª Co. 5:17; Gá. 3:28; 5:6; 6:15, que la distinción entre judío y gentil ha cesado de existir? — 6. ¿Prueba Mt. 21:43 que Dios haya reprobado a Israel como nación? — 7. ¿Quiénes forman el remanente del que tanto se habla en el Antiguo Testamento, tanto como en el Nuevo? — 8. ¿A qué se refiere Pablo en Gá. 6:16, con la frase «el Israel de Dios»?

Quinta parte

EL REINO MESIANICO

1. Necesidad de una hermenéutica correcta

Antes de pasar más adelante, queremos ofrecer algunos principios de hermenéutica, conscientes de que todo el debate en torno al dispensacionalismo es una cuestión de hermenéutica. Supuesto un espíritu de oración, reverencia y apetito de la Palabra de Dios (v. 1.ª P. 2:2), es también necesario examinar las Escrituras mediante un método correcto. Los métodos de interpretación de las Escrituras pueden reducirse a cinco:[1]

A) *Método liberal.* Arranca del principio de que la Biblia es un libro meramente *humano* y como tal debe ser interpretado mediante métodos que empleen todos los adelantos científicos de nuestra época: crítica textual, «alta crítica», estudio de la *Formengeschichte* o historia de las formas, etc. Todo lo sobrenatural ha de ser descartado como elemento *mítico*, propio de las literaturas ancestrales.

Ningún verdadero creyente puede hacer uso de este método racionalista.

B) *Método dogmático.* Es el empleado por la Iglesia de Roma, según la cual sólo la autoridad jerárquica de la Iglesia es competente para ofrecer la correcta interpretación de las Escrituras. El Concilio Vaticano I, en su tercera sesión (24 de abril de 1870) declaró que

---

1. Véase, para toda esta lección, Th. Fountain, *Claves de interpretación bíblica*, especialmente pp. 11-54 y 107-116, así como J. D. Pentecost, *Eventos del Porvenir*, pp. 1-50.

en los asuntos de fe y moral que pertenecen a la edificación de la doctrina cristiana, se debe tener por verdadero sentido de la sagrada Escritura aquel que sostuvo y sostiene la Santa Madre Iglesia, a la que compete juzgar del verdadero sentido y de la verdadera interpretación de las santas Escrituras; y que, por tanto, a nadie le es permitido interpretar la sagrada Escritura misma contra este sentido o también contra el consentimiento unánime de los Padres.[2]

Por su parte, el Concilio Vaticano II, en la Constitución Dogmática «*Dei Verbum*» (La Palabra de Dios), puntos 10 y 12 respectivamente, amplía la declaración del Vaticano I, acomodándola al avance de los estudios modernos, pero sin derogarla en un ápice. Dice así:

...El oficio de interpretar auténticamente la palabra de Dios, oral o escrita, ha sido encomendado únicamente al Magisterio de la Iglesia, el cual lo ejercita en nombre de Jesucristo. Pero el Magisterio no está por encima de la Palabra de Dios, sino a su servicio, para enseñar puramente lo transmitido... y de este depósito de la fe saca todo lo que propone como revelado por Dios para ser creído... (p.º 10).

Dios habla en la Escritura por medio de hombres y en lenguaje humano; por lo tanto, el intérprete de la Escritura, para conocer lo que Dios quiso comunicarnos, debe estudiar con atención lo que los autores querían decir y lo que Dios quería dar a conocer con dichas palabras.

Para descubrir la intención del autor, hay que tener en cuenta, entre otras cosas, *los géneros literarios*. Pues la verdad se presenta y se enuncia de modo diverso en obras de diversa índole histórica, en libros proféticos o poéticos, o en otros géneros literarios... Para comprender exactamente lo que el autor propone en sus escritos, hay que tener muy en cuenta el modo de pensar, de expresarse, de narrar que se usaba en tiempo del escritor...

La Escritura se ha de leer con el mismo Espíritu con que fue escrita; por tanto, para descubrir el ver-

---

2. Véase DENZINGER-SCHÖNMETZER, núm. 3007.

dadero sentido del texto sagrado hay que tener muy en cuenta el contenido y la unidad de toda la Escritura, la Tradición viva de toda la Iglesia, la analogía de la fe. A los exegetas toca aplicar estas normas en su trabajo para ir penetrando y exponiendo el sentido de la Sagrada Escritura, de modo que con dicho estudio pueda madurar el juicio de la Iglesia. Todo lo dicho sobre la interpretación de la Escritura queda sometido al juicio definitivo de la Iglesia, que recibió de Dios el encargo y el oficio de conservar e interpretar la palabra de Dios (p.º 12).[3]

Permítanseme tres observaciones acerca de estos documentos:

(a) Como puede verse claramente, la jerarquía romana («Magisterio de la Iglesia») se arroga, en exclusiva, la competencia para interpretar la Biblia en su *verdadero sentido*. Aun cuando afirma que «el Magisterio no está por encima de la palabra de Dios, sino a su servicio», de nada sirve tal afirmación, pues nadie puede apelar a un tribunal superior frente a la interpretación oficial de la Iglesia, cuya pretendida infalibilidad no es bíblica y es históricamente falsa.

(b) El Vaticano II, siguiendo las huellas del Vaticano I,[4] habla de «la palabra de Dios, oral o escrita», con lo que sigue manteniendo la paridad de la Tradición con la Escritura. Esta Tradición se descubre de modo especial con el estudio de los escritos de los llamados «Santos Padres»; a éstos se refiere el Vaticano I, cuando declara que nadie puede interpretar la Escritura «contra el consentimiento unánime de los Padres». Pero basta con que *uno o dos* de dichos «Padres», contra todos los demás, apoyen el punto de vista que la jerarquía romana considera correcto, para que resulte obligatorio seguir tal «dogma». Esto ocurre, por ejemplo, en la exégesis que los «Padres» hacen de Mt. 16:16-19, donde la mayoría absoluta está contra la interpretación de la jerarquía romana acerca de dicho texto.

---

3. Los subrayados son suyos.
4. Véase D. 3011.

(c)   El Vaticano II presta mucha atención a «*los géne-ros literarios*», y con mucha razón. Pero la forma en que los actuales exegetas romanos usan el análisis de dichos «géneros» está, en realidad, conduciendo al método liberal de interpretación de las Escrituras.[5]

C)   *Método alegórico.* Este método fue importado del paganismo, pues era común, no sólo en la mitología griega y romana, sino también en el misticismo esotérico de todos los tiempos. Floreció en la iglesia de Alejandría, donde el contexto histórico-geográfico era favorable. Tuvo fuerte oposición de parte de Antioquía; pero, a la larga, fue el método que prevaleció en la Iglesia de Roma, especialmente por la influencia de Agustín de Hipona.[6] Hoy son los adeptos de la «Ciencia Cristiana» los principales seguidores de este método.

D)   *Método gramático-histórico.* Este método, también llamado *literal*, no porque todo lo tome «al pie de la letra», sino porque interpreta la Biblia en su *sentido* literal, es el único correcto, ya que considera la Palabra de Dios como una historia fidedigna, que ha de interpretarse de acuerdo a las normas gramaticales, teniendo asimismo en cuenta el *lugar* y el *tiempo* en que fue escrita, a la vista de los textos originales. La Biblia misma da a entender cuándo refiere hechos históricos, cuándo expone parábolas, símiles, etc., y cuándo usa metáforas, símbolos y alegorías. Así es como la interpretaron los propios israelitas, y después los cristianos de los cuatro primeros siglos de la Iglesia.[7]

---

5.   Véanse mis libros *Catolicismo Romano*, pp. 50-69 y *Mi camino de Damasco*, 3.ª ed. (Portavoz Evangélico, Barcelona, 1981), páginas 67-74.

6.   Un notable ejemplo del método alegorista de Agustín lo tenemos en la exégesis que hace de Jn. 5:5. Siendo 40 años un número redondo en la Biblia, explica que a este hombre le faltaban dos cosas, pues llevaba enfermo 38 años. Concluye que estas dos cosas son los dos grandes mandamientos: el amor a Dios y el amor al prójimo.

7.   Por supuesto, el sentido de cada pasaje ha de analizarse de acuerdo con el contexto inmediato, con los lugares paralelos y con la «analogía de la fe» o contexto general de la Palabra de Dios.

E) *Método mixto*. Titulamos «mixto», por llamarle de alguna manera, al método que interpreta literalmente la Biblia, pero tiende a alegorizar las profecías escatológicas, por considerar que el darles un sentido literal no se compagina bien con el conjunto del mensaje revelado. En realidad, este método se apoya en un prejuicio de escuela, pues sus adeptos suelen admitir la literalidad de las profecías ya cumplidas, mientras alegorizan las profecías por cumplir, lo cual muestra su inconsecuencia.

2. La correcta interpretación de la profecía

La profecía es simplemente una parte de la Palabra de Dios que, como tal, debe interpretarse como el resto de las Escrituras: *en sentido literal*. Las normas principales que deben seguirse en la interpretación de la profecía son las siguientes:

1) Como acabamos de insinuar, la primera regla es interpretar todas las profecías en sentido literal. Precisamente, el hecho de que las ya cumplidas se hayan llevado a cabo literalmente, nos da pie para aseverar que las que están por cumplir se han de interpretar también *literalmente*.[8] Dice el doctor Pentecost:

> Desde el punto de vista de Dios, la profecía es una unidad, indivisible en cuanto al factor tiempo. Ya que es una unidad, y por lo tanto, indivisible, el método usado en las profecías que ya se han cumplido debe marcar la pauta para el método que se ha de usar en las profecías que aguardan su cumplimiento final. En el campo de las profecías ya cumplidas, no es posible señalar ninguna profecía que no se haya cumplido literalmente. El Nuevo Testamento no conoce

---

8. Así, por ejemplo, en Ap. 20:1-3, el sentido literal exige que un ángel verdadero sea capaz de prender al diablo, arrojarlo al abismo y tenerlo encerrado allí, sin posibilidad de escape, durante mil años. Que la «llave» y la «cadena» sean del mismo material que las que se usan en este mundo, no es necesario para una exégesis correcta, ya que Juan vio las realidades bajo símbolos.

otro método de cumplir el Antiguo. Dios ha establecido así su principio divino.[9]

2) Como los demás géneros literarios de la Biblia, la
profecía ha de interpretarse dentro del contexto general
profético, el cual, por cierto, es primordialmente *cristoló-
gico*, como dan a entender 1.ª P. 1:10-11; Ap. 19:10. Dice el
doctor Charles L. Feinberg:

> Hay varias leyes bien definidas para la interpre-
> tación de la profecía. La Escritura misma establece
> la primera y más esencial. Pedro afirma en su segun-
> da epístola: *«Ninguna profecía de la Escritura es de
> interpretación privada»* (2.ª P. 1:20). Eso no equiva-
> le a afirmar que ningún individuo en particular pue-
> da interpretar la profecía. La idea que el Apóstol te-
> nía en mente es que ninguna profecía de la Palabra
> se ha de interpretar sólo en referencia a sí misma
> *(idias epiluseos ou ginetai)*, sino que todas las de-
> más porciones de la revelación profética han de ser
> tenidas en cuenta y consideradas. Toda profecía es
> parte de una maravilloso esquema de revelación; para
> obtener el verdadero sentido de cualquier profecía,
> es menester tener en cuenta todo el esquema de la
> profecías, así como la interrelación de las partes en
> el plan.[10]

3) Al interpretar un pasaje profético, es preciso observar con toda diligencia lo que se llama «la ley del doble
(¡o triple!) cumplimiento». Más de una vez hemos mencionado que el horizonte profético se parece a un paisaje en
que unas montañas parecen montadas sobre otras más cer-
canas. Es precisamente así como los pintores de Egipto y
Asiria presentaban en la antigüedad las batallas con ca-
rros y caballos: unos sobre otros, sin la perspectiva que
la técnica del dibujo exige. De manera parecida veían y
describían los profetas las visiones que tenían: en planos
superpuestos, que al exegeta compete descomponer en lap-

9. *Eventos del Porvenir*, p. 47.
10. *Millennialism*, p. 40.

sos de tiempo, a veces distantes centurias y hasta milenios. A este respecto, dice el doctor Pentecost:

> Es suficiente recordar que muchas veces puede haber en una profecía una fase («view») cercana y otra lejana. De éstas, la cercana ha podido tener ya cumplimiento, mientras que la lejana aguarda su cumplimiento; o ambas pueden pertenecer al género de la profecía ya cumplida. También puede darse una doble referencia a sucesos de carácter similar, entrambos en un futuro distante. El hecho de que parte de la profecía se ha cumplido sin que se haya cumplido el resto no arguye a favor del uso de un método figurativo o no literal en cuanto a la parte que todavía no se ha cumplido, sino que tal cumplimiento parcial es promesa de un completo, literal, cumplimiento futuro del todo.[11]

Estas son las principales normas que es preciso observar cuidadosamente al interpretar la profecía. No tememos afirmar, con la más profunda convicción, que es la de los más brillantes y experimentados maestros de este género de la exégesis bíblica, que tales normas obligan a tomar una posición premilenarista, pretribulacionista y dispensacionalista.[12]

CUESTIONARIO:

1. ¿Con qué espíritu es menester examinar las Escrituras?
2. ¿Qué piensa del método liberal de interpretación de la Biblia? — *3. ¿A qué se llama método dogmático?* — *4. ¿Cómo se ha de entender la afirmación del Concilio Vaticano II de que* «el Magisterio no está por encima de la

---

11. *Things to Come* (ed. inglesa de *Eventos del Porvenir),* páginas 63-64.
12. Permítaseme mencionar, entre los mayores expertos actuales en el campo de la profecía a estos cuatro grandes eruditos: Ch. L. Feinberg, J. D. Pentecost, Ch. C. Ryrie y J. F. Walvoord (van simplemente por orden alfabético).

Palabra de Dios, sino a su servicio»? — *5. ¿Es consecuente la apelación que la jerarquía de Roma hace al consenso unánime de los Padres? — 6. ¿De dónde fue importado el método alegórico? — 7. ¿A qué se debió principalmente el predominio que dicho método alcanzó en la Iglesia de Roma? — 8. ¿En qué consiste el método gramático-histórico? — 9. ¿Por qué se le llamó* literal? *— 10. ¿Qué entendemos por «método mixto»? — 11. ¿Qué método ha de aplicarse a la interpretación de la profecía? — 12. ¿Qué normas deben observarse para la correcta exégesis de los pasajes proféticos? — 13. ¿A qué llamamos «ley del doble cumplimiento»?*

LECCION 22.º OPINIONES SOBRE EL MILENIO

1. Qué es el milenio

«Milenio» es una palabra procedente del latín *mille* = mil, y *annus* = año. Significa, pues, un período de tiempo de mil años, y su sentido teológico está basado en Ap. 20:2-7 (gr. *khilia éte*, ocurre seis veces en dichos vv.). Será un tiempo de bendiciones, ya que Satanás estará atado y, por tanto, el Evangelio será predicado sin obstáculos. El Señor Jesús reinará sin oposición, rigiendo a las naciones «*con vara de hierro*» (v. Sal. 2:9; 110:2, 5). Las opiniones de los evangélicos acerca del milenio se dividen en tres grupos: amilenaristas, postmilenaristas y premilenaristas.

2. El amilenarismo

Sin descender a matices que distinguen diversos grupos dentro del amilenarismo y ateniéndonos al punto de vista amilenarista más corriente en nuestros días, podemos resumir de la manera siguiente las conclusiones de esta escuela teológica:

A) No hay tal cosa como un período literal de mil años de paz en la perspectiva profética del futuro, en el cual Cristo haya de reinar en la tierra.

B) Los lugares bíblicos que hablan de un reino terrenal deben aplicarse a la Iglesia y a las bendiciones que el Evangelio comporta a cuantos reciben al Señor Jesucristo durante el lapso de tiempo que transcurre desde el día de Pentecostés hasta el final de los siglos.

C)   Satanás fue atado desde el momento en que nuestro Salvador triunfó sobre él en la Cruz, puesto que allí perdió el diablo sus mal adquiridos derechos sobre la humanidad caída (v. Col. 2:15).

D)   Los «bienaventurados» que dieron su vida *por causa del testimonio de Jesús y por la palabra de Dios* (Ap. 20:4) son los santos que murieron durante la presente era de la Iglesia.

E)   La Segunda Venida de Cristo es un solo momento, al final de la era presente, cuando todos los muertos, tanto justos como malvados, volverán a la vida al mismo tiempo, para ser juzgados ante el Gran Trono Blanco, y ser destinados, los unos al castigo eterno, los otros a la vida eterna (v. Mt. 25:46).

3.   El postmilenarismo

El postmilenarismo enseña básicamente que la Segunda Venida de Cristo se llevará a cabo *después* del milenio. En la era presente, la predicación del Evangelio efectuará progresivamente un aumento de paz, de bendiciones espirituales e, incluso, de prosperidad material, hasta que, de acuerdo con la profecía de Is. 11:9, *«la tierra será llena del conocimiento de YHWH, como las aguas cubren el mar»*. Esto preparará el terreno para el milenio literalmente entendido, aun cuando pueda tratarse, no de un número exacto, sino aproximado, de años.

Esta opinión se remonta hasta mediados del siglo XVII. En nuestros días, su principal mantenedor ha sido el bien conocido autor Loraine Boettner, especialmente por su libro *Roman Catholicism*. Esta escuela de pensamiento llegó a hacerse muy popular en los siglos XVIII y XIX, pero sufrió un rudísimo golpe después de la Primera Guerra Mundial. Por otra parte, nadie acepta hoy que la humanidad esté en vías de progreso moral o económico; más bien, estamos pasando por una crisis religiosa, moral y económica sin precedentes, y amenazados constantemente por una probable confrontación nuclear entre las grandes potencias mundiales.

4. El premilenarismo

El premilenarismo, en general, admite el milenio como un período literal de mil años, durante los cuales —como veremos en la lección 23.ª, el Señor Jesucristo, y sus santos con Él, reinarán sobre la tierra en completa paz y prosperidad, aun cuando muchos corazones no serán regenerados interiormente, lo cual explica que, al final del milenio, cuando Satanás sea desatado por un poco de tiempo y salga del pozo en que se hallaba, una ingente muchedumbre sea seducida por el diablo para reunirse desde los cuatro vientos y ponerse en pie de guerra contra «los santos y la ciudad amada» (Ap. 20:9).

Para este tiempo, habrá tenido efecto —en varias promociones— la primera resurrección, es decir, la de los justos.[13] El juicio de los malvados, tras la segunda resurrección —para condenación—, se llevará a cabo después del milenio (Ap. 20:11 ss.).

5. Distintos grupos de premilenaristas

Coincidiendo todos en lo esencial, hay tres grupos distintos de premilenaristas, de acuerdo con la posición que toman acerca del tiempo en que se efectuará el arrebatamiento de la Iglesia. Según este aspecto, se dividen en pretribulacionistas, mediotribulacionistas y postribulacionistas.

A) Los pretribulacionistas sostienen que la Iglesia será arrebatada antes de que comience la Gran Tribulación. Esta es la posición mantenida por la gran mayoría de los premilenaristas, y es la que mejor se compagina con los

---

13. Véase la lección 16.ª

pasajes, tanto de la profecía en general, como del Apocalipsis en particular.[14]

B) Los mediotribulacionistas opinan que la Iglesia será arrebatada a mitad de la 70.ª semana de Daniel, es decir, antes de los tres años y medio durante los cuales será notoria y virulenta la persecución suscitada por el Anticristo, pues ésta será la propiamente llamada «Tribulación». Su apoyo bíblico principal es Ap. 7:14, pero ya dijimos que este pasaje no se refiere a la Iglesia.

C) Finalmente, los postribulacionistas afirman que la Iglesia será arrebatada al final de la Gran Tribulación. Su pretendida base bíblica parece ser doble: (a) Jn. 16:33: «*En el mundo tendréis aflicción*»; (b) Mt. 24:40-41: «*...el uno será tomado, el otro será dejado..., la una será tomada, la otra será dejada.*» Ninguno de los dos lugares da pie para afirmar que el arrebatamiento tendrá lugar después de la Gran Tribulación. En el primero, Jesús habla de *aflicción* (*thlipsis*) simplemente, mientras que la Gran Tribulación será un acontecimiento singular: «*cual no la ha habido desde el principio del mundo hasta ahora, ni la habrá jamás* (lit. *en absoluto*)» (Mt. 24:21). En cuanto al segundo de los pasajes citados, ya dijimos en la lección 17.ª que ha de entenderse dentro del contexto de la Segunda Venida del Señor, cuando unos serán *tomados* para ser llevados a juicio, otros serán *dejados* para testimonio.

---

14. Sobre la teoría del «arrebatamiento parcial», ya hemos hablado en la lección 17.ª, así como sobre el error —en nuestra opinión— del post y mediotribulacionismo.

CUESTIONARIO:

1. ¿Qué significa la palabra «milenio»? — 2. ¿Qué sentido tiene a nivel bíblico-teológico? — 3. ¿Qué defiende el amilenarismo? — ¿Sobre qué bases bíblicas se apoya? — 4. ¿Qué sostiene el postmilenarismo? — 5. ¿Cuál es la causa de que este sistema haya perdido muchos adeptos durante el siglo actual? — 6. ¿En qué coinciden todos los premilenaristas? — 7. ¿Qué factor temporal hace que los premilenaristas se dividan en tres grupos? — 8. ¿Qué opina usted sobre cada una de esas tres posiciones dentro del premilenarismo?

LECCION 23.º DEFENSA DEL PREMILENARISMO

1. Después de la Gran Tribulación habrá un milenio literal

El volumen del presente Manual nos prohíbe dedicar a este tema todo el espacio que desearíamos, pero los que deseen un estudio más a fondo pueden consultar las obras que aparecen en el Indice Bibliográfico de este libro.[15]

Ampliando las ideas ya indicadas en otras lecciones, diremos que el milenio será un período de mil años en los que el Señor Jesucristo, como Rey de Israel, ejercerá Su reinado en la tierra con plena efectividad.[16] En ese tiempo, Dios cumplirá para Israel todas las promesas hechas en los pactos del Antiguo Testamento: [17] las que hizo a Abraham acerca de su futura prole y de la tierra que un día había de ocupar su descendencia (Gn. 12:1-3), puesto que, en el milenio, ocupará, en plena y pacífica posesión, la tierra de Palestina *desde el río de Egipto hasta el río grande, el Eufrates* (Gn. 15:18); las promesas hechas a David, en 2.ª S. 7:16, de que *será afirmada tu casa y tu reino para siempre delante de tu rostro, y tu trono será estable eternamente*; las promesas hechas a Moisés acerca de la final restauración de Israel, de su reunión en Palestina y de las bendiciones que allí han de recibir (Dt. 30: 1-10); y las promesas hechas a Israel de un nuevo pacto

---

15. Recordemos especialmente tres obras: *Teología Sistemática*, de L. S. CHAFER, *Eventos del Porvenir*, de D. J. PENTECOST, y *Millennialism*, de Ch. L. FEINBERG.
16. Véase la lección 25.ª
17. Véase la lección 26.ª

(cumplidas, en parte, en la Iglesia), por el que Dios inscribirá Su ley en los corazones, les dará un corazón nuevo y derramará sobre ellos Su Espíritu (v. Jer. 31:31-34; Ez. 36:24-28; Jl. 2:28-32). Todo esto se cumplirá en el milenio del que habla Ap. 20:2-7.

2. Satanás será atado inmediatamente antes del milenio

Esta es la enseñanza explícitamente revelada en Ap. 20: 1-3. Aunque nuestras Biblias suelen omitir la conjunción copulativa «y», por razones del peculiar estilo gramatical del griego del Nuevo Testamento, lo cierto es que el original de Ap. 20:1, establece una secuencia natural, por medio de dicha conjunción, con los acontecimientos referidos al final del cap. 19. El diablo había sido ya arrojado a la tierra (Ap. 12:9), a mediados de la Gran Tribulación (v. 14), desde *las regiones celestiales* (el cielo primero o atmosférico), desde las que dirigía las operaciones de sus «*huestes de maldad*» (Ef. 6:12). Ahora, después de la batalla de Armagedón, es arrojado de la tierra «*al abismo*».

El ángel («*un ángel*», como en 17:1; 18:1, etc., no *Jesucristo*, comp. 19:20) ejerce seis funciones respecto del diablo: lo prende, lo ata, lo arroja al abismo, lo encierra, pone su sello sobre él —como garantía de seguridad— (comp. con Mt. 27:65), y lo desata al final del milenio.

Los amilenaristas niegan el sentido literal de este pasaje, arguyendo especialmente: (a) que un ser espiritual como es el ángel no puede atar a otro ser espiritual con una cadena material; (b) que el diablo está *ya* atado desde la Primera Venida del Señor Jesucristo.

Antes de responder a estos dos argumentos, debemos hacer una observación, ya que conocemos por experiencia la confusión que algunos hermanos sufren por no entender los antropomorfismos o no percibir el contexto general de un pasaje bíblico o de un libro entero de la Biblia, como en este caso. Desde el primer capítulo del Apocalipsis (p. ej., 1:20), puede apreciarse claramente que Juan no vio las realidades celestiales directamente, sino a través de

símbolos, es decir, tuvo una *visión* simbólica. En los términos que el hebreo del Antiguo Testamento aplica a los
profetas, diríamos que no era aquí un *ro'eh* = vidente (el
que ve directamente lo oculto o lo futuro), sino un *jozeh*
= el profeta que tiene una «visión». Así es como puede
hablar, por ejemplo, de un *León* que es un *Cordero* (5:5-6),
etcétera. Esto no quiere decir que un ser espiritual sea
incapaz de hacerse visible (v. Gn. 18:1 — 19:16, comp. con
He. 13:2) o de obrar por medios físicos (v. Mt. 28:2), pero
siguiendo el tenor general del libro, podría tratarse también en Ap. 20:1 ss. de una visión simbólica, lo cual no
obsta para que el sentido de la profecía sea literal. Por
tanto:

(a)   El hecho de que tanto el ángel como el diablo sean
seres espirituales no obsta para que se mantenga el hecho
real de que un ángel sujetó al diablo de una manera
efectiva (gr. *hálysin megálen* = cadena grande, comp. con
Mr. 5:3; Hch. 12:7; 28:20; 2.ª Ti. 1:16), y lo mantuvo encerrado con seguridad durante un período de mil años.
*Las expresiones pueden ser simbólicas, pero las realidades
son literales.*

(b)   Que el diablo esté atado *ahora*, difícilmente puede
sostenerse con un ligero repaso al Nuevo Testamento. Después de Pentecostés, como antes, no sólo no está atado,
sino que sigue siendo «*el príncipe de este mundo*» y «*príncipe de la potestad del aire*» (Ef. 2:2; 6:12), en cuyas fau-
ces «*yace el mundo entero*» (1.ª Jn. 5:19), «*el dios de este
siglo que ciega los pensamientos de los incrédulos*» (2.ª Co.
4:4), y hasta puede permitirse el lujo, no sólo *de dar vueltas en torno a los creyentes buscando a quién devorar*
(1.ª P. 5:8) y de engañar a los cristianos *disfrazándose «de
ángel de luz*» (2.ª Co. 11:14), sino de *llenar el corazón de
los creyentes* (Hch. 5:3). Que Ananías y Safira lo eran, no
cabe duda, por la drástica disciplina que Dios les aplicó
(comp. con 1.ª Co. 5:5; 11:30). Es cierto que *huye de los
que le resisten* (Stg. 4:7), pero eso mismo muestra: 1) que
no está atado, pues puede acercarse y alejarse; 2) que, para
batirle, es preciso echar mano de *toda la armadura de Dios*

(Ef. 6:11 ss.) y, ¿cuántos son los creyentes que constantemente echan mano de toda esa armadura?

3. Condiciones terrestres durante el milenio

Las condiciones que existirán en la tierra durante el
milenio serán las ideales:

A) Será un período de perfecta paz —las guerras habrán sido abolidas— y prosperidad, estando todos los individuos y naciones sometidos a la férrea autoridad del
Rey de reyes (Ap. 19:16, comp. con 11:15 e Is. 9:6-7). La
obediencia será una fiesta de gozo (Is. 65:18-19). No habrá
nadie privado de consuelo (Is. 66:13).

B) La santidad será la característica del reino y de los
súbditos (Zac. 14:20-21). La gloria del Señor se manifesta-
rá por todo el orbe (Is. 35:2) y el conocimiento de las verdades divinas llenará la tierra (Is. 11:2, 9; Jer. 31:33-34).
La justicia será administrada a la perfección (Is. 9:7), por
lo que el orden social será también perfecto (Is. 65:21-23).

C) La maldición sobre la tierra (Gn. 3:17-19) será levantada, y hasta los animales más feroces perderán su
veneno y su fiereza (Is. 11:6-9; 35:9; 65:25). La enfermedad
y la muerte existirán, es cierto, pero más bien como una
medida de castigo que como efecto de las condiciones de
la naturaleza (Is. 33:24; 35:3-6; Jer. 30:17; Ez. 34:16; 47:12).
Así será restaurada la prístina longevidad (Is. 65:20).

D) La tierra entera se unirá en adoración a YHWH (Is.
45:22-24; Zac. 14:16 ss.). El Espíritu Santo suministrará el
poder divino para obedecer perfecta y alegremente los
mandamientos del Rey (Jl. 2:28-32).

E) Quizá no haya otra bendición mayor que la prometida en Sof. 3:17, dentro del contexto profético que va de
los versículos 9 al 20. Dice el versículo 17:

*«YHWH está en medio de ti como poderoso salva-
dor; se gozará sobre ti con alegría, CALLARA DE
AMOR, se regocijará sobre ti con cánticos.»*

Sobre la frase enfatizada de dicho versículo, escribe Ch. L. Feinberg:

> Esta es una de las afirmaciones más atrevidas de la Biblia, pues asegura que Dios descansará en éxtasis silencioso sobre Su pueblo, Israel. ¡Qué seguridad para Israel! Es un amor demasiado grande para ser expresado en palabras. El Señor descansará, complacido, en él. La idea de que Dios no tendrá ya más ocasión de reprender y denunciar sólo puede ser aquí secundaria. Él disfruta de un gozo tranquilo en Su amor. Luego, el silencio se quiebra en cánticos. Lea lo que la Palabra de Dios dice de la voz del Señor en Sal. 29:3-9 e imagínese, si puede, lo que será ese cantar con gozo.[18]

4. La revolución final

A pesar de todo lo dicho, y para demostrar la excesiva pecaminosidad del pecado (v. Ro. 7:13), habrá una multitud enorme de súbditos del Reino milenario, que habrán estado sometidos con vara de hierro y habrán prestado al Rey un mero homenaje de labios para fuera, pero sin haber creído en Él para salvación y, por tanto, continuando con un corazón no regenerado. Como resultado de esta maligna condición interior, cuando Satanás sea soltado al final del milenio, serán seducidos por él para rebelarse contra el Señor y atacar la sede del Reino (Ap. 20:7-9).

Con esta prueba de la incorregibilidad natural del corazón humano, cualesquiera sean las condiciones en que Dios haya puesto a la humanidad a lo largo de toda la historia, Dios ejecutará un rápido y drástico castigo sobre los rebeldes, abrasándolos con fuego descendido del cielo. Tras este castigo contra Satán y sus últimos secuaces, se llevará a cabo el último y final juicio ante el Gran Trono Blanco (Ap. 20:10-15) y, vencidos ya los últimos enemigos del

---

18. *The Minor Prophets*, p. 235.

Reino, Cristo pondrá todo el botín adquirido, sin renunciar por eso a Su realeza, a los pies del Padre, para que Dios lo sea todo en todos (v. 1.ª Co. 15:24-28; He. 10:13).

5. ¿Es el milenio literal una invención de exégetas modernos?

No es nuestra intención enzarzarnos en polémica sobre este punto, así como sobre los orígenes del moderno premilenarismo dispensacionalista, pero sí queremos ofrecer, con testimonios de primera mano, cuál fue el sentir común de los primeros escritores eclesiásticos acerca del milenio,[19] cuándo y por qué entró en la Iglesia el amilenarismo, y a qué se debe el despertar reciente del premilenarismo, del que un autor amilenarista ha llegado a afirmar, con defecto de información en un extremo, y con exceso de cálculo matemático en el otro extremo, lo siguiente:

> Reapareció (el premilenarismo) en formas extravagantes en el tiempo de la Reforma, notablemente entre los anabaptistas. Bengel y Mede fueron los primeros, entre los eruditos modernos de distinción, en defenderlo. Pero no fue sino a principios del último siglo cuando llegó a tener una amplia influencia en tiempos modernos. Desde entonces ha llegado a ser cada vez más popular; y frecuentemente se declara que la mayor parte de los líderes de la Iglesia hoy, que son evangélicos, son partidarios del *premilenarismo*.[20]

La lista de los premilenaristas de los primeros siglos va desde Papías, discípulo del Apóstol Juan (quien cita a su favor a gran número de los Apóstoles), Clemente de Roma, Bernabé, Hermas, Ignacio de Antioquía y Policarpo de Esmirna, todos los cuales vivieron en la segunda mitad del siglo I y la primera mitad del II. En pleno siglo II, Justino Mártir, Melitón de Sardis, Hegesipo, Taciano, Ireneo

---

19. Véase J. D. PENTECOST, *op. cit.*, pp. 282-299.
20. O. T. ALLIS, *Prophecy and the Church* (citado por J. D. PENTECOST, *Eventos del Porvenir*, p. 284. El subrayado es suyo).

de Lyon y Tertuliano de Cartago. En el siglo III, Cipriano de Cartago, Cómodo, Nepote, Victorino, Metodio de Olimpo y el gran apologista Lactancio. En los dos primeros siglos de la Iglesia, *ni uno solo* de los escritores eclesiásticos defendió el amilenarismo.

¿A qué se debió el nacimiento del amilenarismo? Sin duda, cuatro factores entraron en juego para alumbrar una doctrina que a la Iglesia de Roma le ha convenido estupendamente mantener: 1) el surgimiento del método alegórico de interpretación de las Escrituras, debido especialmente al prestigio de Clemente de Alejandría († aprox. 216 d.C.), director de la Escuela Catequística de aquel centro docente, bien impregnado de gnosticismo, y, sobre todo, maestro de Orígenes; éste, a su vez, ejerció tremenda influencia en muchos escritores de los siglos III y IV; 2) la unión de la Iglesia y el Estado el año 313, bajo Constantino, con lo que los cristianos, libres de persecución y prosperando con la ayuda estatal, comenzaron a perder de vista el cumplimiento del profetizado reino de Cristo en la tierra, mientras languidecía, hasta extinguirse, la anhelante expectativa que la primitiva Iglesia abrigaba de la pronta Venida del Señor; 3) la enorme influencia de Agustín de Hipona que, al identificar la Iglesia con el Reino de Dios, no dejó espacio para ningún ulterior cumplimiento del Reino mesiánico en la tierra; y 4) la interpretación demasiado materialista del milenio por parte de algunos escritores eclesiásticos, debida especialmente a una equivocada exégesis de Mt. 19:29; Mr. 10:30; Lc. 18:30 —creían, por ejemplo, que el que dejase casa o mujer por causa del Evangelio, recibiría en el futuro, en este mundo, cien casas y cien mujeres—. Sin embargo, esta exégesis equivocada de algunos escritores no es óbice para demostrar que el milenio literal fue la doctrina *común* en los primeros siglos de la Iglesia. Veamos algunos de los ejemplos más notables. Dice Justino, a mediados del siglo II:

> Pero yo y quienquiera que, desde todo punto, sea un cristiano honrado sabemos que habrá resurrección de los muertos y mil años en Jerusalén, la cual será edificada, adornada y ampliada, como lo decla-

raron los profetas Ezequiel, Isaías y otros... Y, además, cierto hombre llamado Juan, uno de los apóstoles de Cristo, predijo por medio de una revelación
que se le dio, que los que creyesen en nuestro Cristo
pasarían mil años en Jerusalén, y después de esto se
llevaría a cabo la resurrección general, o para decirlo
brevemente, tendría lugar asimismo la resurrección
eterna y el juicio de todos los hombres.[21]

El testimonio más fenomenal lo ofrece Ireneo de Lyon,
pocos años más tarde, y es notabilísimo, no sólo por lo
que él mismo dice, sino por la apelación a Papías, quien
fue oyente del propio Apóstol Juan. Extractamos algunos
fragmentos de su obra *Adversus haereses*, V, XXXIII, 3-4:

> Esta bendición (es decir, la de Isaac en Gn. 27:27-
> 29) se refiere indiscutiblemente al tiempo del Reino,
> cuando los justos resucitarán de entre los muertos
> y reinarán; cuando la creación, renovada y libertada,
> producirá en abundancia frutos de toda clase, gracias
> al rocío de los cielos y a la fertilidad de la tierra. Los
> ancianos que vieron a Juan, el discípulo del Señor,
> lo recordaban haberle oído decir que el Señor les
> había enseñado acerca de este tiempo con las pala-
> bras siguientes: «Vendrán días en que crecerán viñas
> que producirán diez mil pámpanos... igualmente, un
> grano de trigo dará diez mil espigas... Y los frutos,
> las semillas y la hierba producirán en proporción si-
> milar. Y todos los animales, disfrutando de estos pro-
> ductos de la tierra, vivirán en paz y armonía, obede-
> ciendo al hombre con perfecta sumisión...» La auto-
> ridad que respalda estos dichos es Papías, que perte-
> neció a una generación anterior (gr. *árkhaios anér*),
> que oyó lo que Juan decía y fue compañero de Poli-
> carpo. Este pasaje procede del cuarto de sus cinco
> libros.[22]

---

21. *Diálogo con Trifón* (citado por Ch. C. RYRIE, *The Basis of the Premillennial Faith*, p. 22.
22. La cita puede verse en el *Migne* griego, vol. 7, p. 1213, así como en la obra *The Early Christian Fathers*, editada por H. Bettenson (Oxford University Press, Londres, 1963), pp. 137-138. Algunos fragmentos aparecen en R. 261.

Muy pocos años después, escribía Tertuliano (*Contra Marción*, III, 24):

> También afirmamos que se nos ha prometido un Reino en la tierra, antes de llegar al cielo; pero en un estado diferente del actual, pues será después de la primera resurrección. Durará mil años en una ciudad hecha por Dios. Ezequiel conoció esta ciudad (Ez. 48:30 ss.) y Juan el Apóstol la vio... Decimos que ésta es la ciudad designada por Dios para recibir a los santos de la primera resurrección y para recrearles con la abundancia de todos los bienes, bienes espirituales, en compensación por los bienes que despreciaron o perdieron en la era presente. Pues, ciertamente, es recto y digno de Dios que sus siervos disfruten también en el lugar donde sufrieron aflicción por su nombre. Este es el objetivo de ese Reino, que durará mil años.[23]

Finalmente, ofrecemos el testimonio de Lactancio, escrito unos tres años justamente antes del Edicto de Milán (313), por el que Constantino hacía del cristianismo la religión oficial del Imperio Romano. Dice así:

> Vendrá el Hijo del Supremo y Máximo Dios a juzgar a los vivos y a los muertos... Y, cuando haya borrado la injusticia y ejecutado el máximo juicio, y haya también restaurado a la vida a los justos que hubo desde el principio, habitará durante mil años entre los hombres y los regirá con gobierno justísimo... Entonces los que estén vivos en sus cuerpos no morirán, sino que durante esos mil años engendrarán una multitud infinita (es decir, innumerable) y su descendencia será santa y amada por Dios («*Deo cara*»)... También durante ese tiempo, el príncipe de los demonios, que es el maquinador de todos los males, será atado con cadenas, y estará en prisión durante los mil años de gobierno celestial, con el que reinará la justicia en la tierra, para que no pueda (el diablo) maquinar nada malo contra el pueblo de

---

23. La cita puede hallarse en el *Migne* latino, vol. 2, p. 355, así como en H. BETTENSON, *op. cit.*, pp. 226-227, y en R. 338 .

Dios... Y cuando se hayan cumplido los mil años, el mundo será renovado, los cielos se enrollarán y la tierra será transformada... En ese mismo tiempo, se efectuará aquella segunda y pública resurrección de todos, en la que volverán a la vida («*excitabuntur*», lit. serán puestos en movimiento) los injustos para ser enviados a los tormentos eternos.[24]

Todos estos testimonios, y muchísimos más, son la prueba contundente de que la Iglesia primitiva, enseñada en este punto por los mismos Apóstoles y el propio Señor Jesucristo, creyó en un milenio literal. Sólo una indebida alegorización de la Palabra de Dios, especialmente de la profecía, junto con otros factores bastardos, pudieron esconder bajo las cenizas de muchos siglos de ignorancia de las Escrituras, aquella luz que ardía y brillaba en los pechos de los primeros cristianos.

Y ha sido precisamente un estudio serio, y de conjunto, de la Biblia, no prejuzgado por esquemas denominacionales, lo que permitió en el siglo pasado el resurgir del premilenarismo, ahora ya floreciente, así como del dispensacionalismo, según veremos en la lección 26.ª.

CUESTIONARIO:

1. ¿Qué promesas se cumplirán durante el milenio en lo que respecta a Israel? — 2. ¿Cuál es la interpretación literal de Ap. 20:1-3? — 3. ¿Qué argumentos usan los amilenaristas contra el sentido literal del pasaje? — 4. ¿Qué observación preliminar es pertinente antes de confrontar un pasaje cualquiera del Apocalipsis? — 5. ¿Por qué no puede sostenerse, con la Biblia abierta, que en la presente época de la Iglesia esté atado Satanás? — 6. ¿Cuáles serán las condiciones terrestres durante el milenio, conforme a las abundantes profecías del Antiguo Testamento a este respecto? — 7. ¿Cómo es posible que, después de un reino de

---

24. R. 647 (los paréntesis son nuestros).

paz y justicia, se haya de producir la revuelta que registra Ap. 20:7-9? — 8. ¿Qué pensó sobre el milenio la Iglesia primitiva, con base en los testimonios escritos que nos han llegado? — 9. ¿Qué factores se conjugaron para que, a mediados del siglo IV de nuestra era, comenzase a predominar la posición amilenarista? — 10. ¿A qué se debe el potente resurgimiento del premilenarismo en nuestro tiempo?

LECCION 24.* LA CLAVE INTERPRETATIVA DEL APOCALIPSIS

1. Importancia del estudio del Apocalipsis

Como ya apuntamos en la introducción a este libro, el libro del Apocalipsis es ignorado, mal entendido y aun temido —como un toro demasiado bravo— por gran parte de pastores, predicadores y maestros de la Palabra, sencillamente porque no se deciden a estudiarlo a fondo, con base en una hermenéutica correcta, y dentro del contexto profético general de la Palabra de Dios.

Sin embargo, el estudio del Apocalipsis es de suma importancia por las siguientes razones:

A) Es el libro que cierra con broche de oro las Sagradas Escrituras, pues describe el triunfo final del Señor sobre el mal, hasta introducirnos en el Paraíso Restaurado de la eternidad. Como dice W. M. Smith:

> Las Escrituras del Nuevo Testamento habrían quedado incompletas y sus lectores habrían quedado en un estado de depresión, si este libro no hubiera sido escrito e incluido en el canon. No sólo es el último libro en el orden canónico de nuestra Biblia, sino también la necesaria conclusión de la revelación de Dios a los hombres.[25]

B) De entre todos los libros de la Biblia, éste es, sobre todo, *el* libro por antonomasia para nuestros días.

---

25. Wilbur M. SMITH, en *The Wycliffe Bible Commentary*, p. 1491.

Como hace notar M. Kiddle, en su comentario al Apocalipsis del *Moffatt Commentary*, es digna de tenerse en cuenta

> la señalada importancia que tiene para la Iglesia en nuestros días... Cuando quiera tenga lugar una crisis mundial, cuando un Estado se exalta a sí mismo y demanda de los cristianos una sumisión que no pueden prestarle sin arriesgar sus propias almas, siempre que la Iglesia es amenazada de destrucción, cuando la fe se torna débil y los corazones se enfrían, entonces el Apocalipsis amonesta y exhorta, levanta y anima a cuantos prestan atención a su mensaje.[26]

C) Es el único libro de la Biblia que comienza pronunciando una bienaventuranza para *el que lo lea, lo oiga y guarde las cosas escritas en él* (1:3, comp. con 22:7).

D) En este libro, todos los grandes temas de la revelación divina llegan a su clímax: la soberanía final de Cristo sobre todos los poderes angélicos y humanos, con la derrota final de todos los enemigos de Dios (Sal. 2) y la concentración en la maravillosa Ciudad Eterna de todas las promesas de una perpetua vida gloriosa, en la que servir a Dios será de veras reinar (Ap. 22:3, 5). El triunfo definitivo del Bien sobre el Mal. ¡Qué consuelo para el pueblo de Dios saber que nuestro Padre conoce el fin desde el principio, y va moviendo todas las piezas de ajedrez de la historia de la humanidad hasta el «jaque-mate» del Maligno, convergiendo todo hacia el bien de los que aman a Dios (Ro. 8:28).

2. Escuelas de interpretación del Apocalipsis

Nos atrevemos a decir que la facilidad o dificultad que el estudioso encuentre en el libro del Apocalipsis depende de la escuela de exégesis bíblica que escoja. Cuatro son los sistemas básicos de interpretación de este libro:

---

26. Citado por W. M. Smith, *op. cit.*, p. 1492.

1) *Espiritualista.* Este sistema sostiene que el Apocalipsis no tiene por objeto instruirnos sobre hechos futuros, sino simplemente enseñarnos principios espirituales fundamentales. Este es el punto de vista sostenido por Agustín de Hipona y la mayor parte de los expositores de las iglesias reformadas. Contra esto hemos de objetar que la Segunda Venida del Señor, la Resurrección de los muertos, el Juicio Final, hechos que leemos en este libro, no cabe duda de que son futuros y no se pueden espiritualizar sin más.

2) *Preterista.* Este sistema defiende que los hechos que Juan describe se llevaron a cabo en el Imperio Romano en los días mismos en que Juan escribía el Apocalipsis, especialmente hacia el final del siglo I de nuestra era. Esta interpretación fue siempre del agrado de la Iglesia de Roma, especialmente después del erudito estudio con que el jesuita Alcázar (siglo XVII) intentó de esa forma replicar a los argumentos de Lutero y Calvino, quienes veían a la Iglesia romana en la Babilonia de los capítulos 17 y 18 del Apocalipsis. Este punto de vista es igualmente insostenible, puesto que, para empezar, niega al libro su carácter esencial de *profecía*; además, es innegable que el Apocalipsis describe hechos conectados con el final de los tiempos.

3) *Historicista.* Este sistema, sostenido por un gran número de exegetas, pretende ver en el Apocalipsis sucesos, más o menos relevantes, de la historia mundial, que tienen que ver con la Iglesia, desde el primer siglo de nuestra era hasta los tiempos actuales. A pesar del gran número de sus adeptos, creemos que este sistema es el más improbable y arbitrario de todos, puesto que: (a) de poco habría aprovechado a los contemporáneos de Juan, que nada sabían de la futura historia de la humanidad; (b) de poco serviría igualmente a los creyentes contemporáneos, conozcan o no los hechos de la historia, pues no les sirven de bendición ni consuelo; (c) la selección de sucesos es arbitraria por demás. En fin, ¿qué hacer con las bienaventuranzas de Ap. 1:3; 22:7?

4) *Futurista.* Es el sistema de todos los exegetas que tratan de interpretar la profecía en un sentido literal.

> Negar —dice W. M. Smith— que el Apocalipsis es un libro de profecía predictiva equivale a hacer caso omiso del estilo, del tema y de los futuros acontecimientos registrados en el Apocalipsis. Fuera de toda duda, la Segunda Venida, el conflicto final de Cristo con las fuerzas del mal, el milenio, el juicio postrero, son sucesos pertenecientes todavía al futuro. El esquema futurista de interpretación insiste en que las visiones de este libro, en su mayor parte, se cumplirán hacia el fin y en el fin de la era presente.[27]

3. División del libro del Apocalipsis

Entre las muchas divisiones que se han propuesto del libro del Apocalipsis, hay una explícitamente apuntada en el mismo libro (v. 1:19), pues el propio Señor manda a Juan: «Escribe *LAS COSAS QUE HAS VISTO, Y LAS QUE SON, Y LAS QUE HAN DE SER DESPUES DE ESTAS.*» «*Lo que viste*» (lit.) se refiere, sin duda, a la visión del Señor en el cap. 1. «*Lo que es*» ha de referirse a los capítulos 2 y 3, aun cuando el número simbólico de *siete* iglesias (sin dejar de ser *literal* en cuanto a las iglesias a las que los mensajes van dirigidas) sugiere una interpretación valedera a *tres* niveles: (a) *horizontal pasado*; en este caso, los mensajes tienen que ver únicamente con las iglesias especificadas por su nombre *y en el tiempo,* exclusivamente, en que Juan escribía; esto es algo que nadie con buen sentido puede negar; (b) *horizontal continuo,* según el cual estas siete iglesias son representativas de siete condiciones distintas en que las iglesias de cualquier época se hallan; al menos, como trasfondo secundario, este sentido es razonable, si es que los mensajes a dichas iglesias pueden tener alguna relevancia para nosotros. Se trata simplemente del tema de los destinatarios generales que toda porción

---

27. Véase W. M. Smith, *op. cit.*, pp. 1498-1500, además de los Comentarios al Apocalipsis que aparecen en la Bibliografía.

bíblica abarca, además de los destinatarios específicos a quienes fue dirigida; (c) *vertical histórico*, según el cual cada iglesia representa un determinado período de la historia de la Iglesia, hallándose ahora ésta en la condición de Laodicea: fría y autosuficiente. No todos los futuristas admiten este tercer sentido, y no sé si es prudente dar este sentido por dogmáticamente seguro al poner epígrafes en la propia Biblia, como hacen la *Biblia Anotada de Scofield* y la *Pilgrim Edition*.[28] Con esto, no quiero decir que tal división sea arbitraria, pues lo cierto es que concuerda, no sólo con las diversas situaciones históricas, sino también con el propio significado de los nombres de las respectivas iglesias. Suele objetarse especialmente contra la atribución del estado de la iglesia de Sardis al período de la Reforma, puesto que aquello supuso el gran reavivamiento de la Iglesia en el siglo XVI. Sí, es cierto que la Reforma del siglo XVI puso la Biblia en el centro de la Iglesia, pero no produjo muchos hombres que tomaran a pechos la *santificación personal*, ya que el énfasis caía, con muy poco contrapeso de la otra parte, sobre la *justicia imputada* por medio de la fe sola. Oigamos lo que dice uno de los grandes Reformadores, poco conocido por ser contemporáneo de figuras tan señeras como Lutero, Calvino, Zuinglio, Knox y Melancton. Conrado Grebel, el verdadero fundador de los anabaptistas equilibrados, escribía lo siguiente en los primeros años de la gran Reforma (murió en 1526):

> Ahora todos quieren salvarse mediante una fe superficial, sin los frutos de la fe, sin el bautismo de la prueba y la tribulación, sin amor ni esperanza, y sin prácticas verdaderamente cristianas.[29]

«Las cosas que han de ser después de éstas» ocupan los capítulos 4 al 22 inclusive. Esto se ve, no sólo por la expresión con que comienza el capítulo 4 (gr. *meta tauta*,

---

28. Oxford University Press, Nueva York, 1948, y subsiguientes ediciones.
29. Citado por Justo L. GONZÁLEZ, *La Era de los Reformadores* (Edit. Caribe, 1980), p. 97.

comp. con 1:19), sino por hallarse ya en el cielo la Iglesia, representada en los 24 ancianos —*reyes, sacerdotes* (4:4, 10; 5:10), *y profetas* (5:8-9, comp. con 1.ª P. 2:9; Ap. 1:6). En mi opinión, el número 24 corresponde a las 24 clases sacerdotales que hallamos en 1.ª Cr. 25:7-31.[30]

El capítulo 4 describe la majestad de Dios en el Cielo y termina con un himno al Creador, mientras que el capítulo 5 pone de relieve la autoridad y el poder del Cordero y termina con un himno al Redentor.

En el capítulo 6 comienza la segunda serie de *«las cosas que han de ser»* y se pone en movimiento la secuencia dramática de la Gran Tribulación, así como los grandes juicios de Dios. Con breves interrupciones explicativas, se siguen *in crescendo* tres series de estos juicios, representados respectivamente por los *siete sellos*, las *siete trompetas* y las *siete copas anchas*. Cada serie avanza de tal forma que el principio de la segunda arranca de la última fase de la primera, y el principio de la tercera arranca de la última fase de la segunda. Parecen ascender como en espiral y terminan todas en el mismo punto, que es la Segunda Venida del Señor. A partir del cap. 19, la secuencia sigue un hilo rigurosamente cronológico. Cuando el coro celestial acaba de entonar sus repetidos *Aleluyas* de 19:1-6, *«porque el Señor nuestro Dios Todopoderoso ha establecido su reinado»*, se anuncia el banquete de bodas del Cordero (vv. 7-10), el triunfo final del *Rey de Reyes* (vv. 11-21, ya anticipado en 11:15-17), el milenio (20:1-10), el Juicio Final (vv. 11-15) y la eternidad bienaventurada en la nueva y celestial Jerusalén (cap. 21 y 22). El libro se cierra con una *bendición* de Juan, que contrasta con las últimas palabras con que se cierra, en nuestras Biblias, el Antiguo Testamento: *«maldición completa»* (Mal. 4:6).

Pero, antes de dicha bendición, con que se cierra la Biblia, está el versículo 20, que comporta un encanto y un

---

30. Nótense las expresiones de 1 Cr. 25:1, 3 *«profetizasen con arpas...»*, *«profetizaba con arpa»*, y comp. con Ap. 5:8; 14:2; 15:2. En cambio, el *«sube acá»* de 4:1 no es suficiente. de suyo, para demostrar que se trata del *«arrebatamiento»*, puesto que Juan subió sólo *«en espíritu»*.

consuelo emocionante en las palabras del Salvador y la respuesta que todo buen creyente (la *Esposa* del v. 17) debe dar: *El que da testimonio de estas cosas ("Jesús", v. 16), dice: Ciertamente VENGO EN BREVE. Amén; sí, ven, Señor Jesús.* ¡Ah, si viviéramos siempre con este versículo en nuestra mente y en nuestro corazón!

¡Hermano mío que lees esto! ¡Estudia con apetito el Apocalipsis! Ten por cierto que dicho estudio te llenará de gozo y satisfacción, pues hallarás en él una mina de oro celestial que no habías sospechado.

4. Algunos detalles que suelen pasar desapercibidos

Para orientar al lector en el estudio del Apocalipsis, no estará de más comentar brevemente un determinado número de pasajes que pueden causar confusión o son objeto especial de debate. La lista es larga, pero el provecho puede ser también copioso:

1) 1:4. Los *siete espíritus* se refiere, con la mayor probabilidad, al Espíritu Santo (comp. con Is. 11:2-3, especialmente en la LXX). En mi opinión, la razón principal a favor de esta interpretación es que aparecen en paridad con las otras dos personas divinas en la bendición de *gracia y paz* (comp. con 1.ª Ti. 1:2; 2.ª Ti. 1:2; Tito 1:4, a la luz de Ef. 4:4).[31]

2) 1:10. *El día del Señor* NO SIGNIFICA EL DOMINGO (sin negar que la visión pudiese tener lugar en ese día), puesto que el domingo siempre es citado en el Nuevo Testamento como *el primer día de la semana* (Mt. 28:1; Mr. 16:2, 9; Lc. 24:1; Jn. 20:1, 19; Hch. 20:7; 1.ª Co. 16:2), sino *el día de YHWH*,[32] que Juan tuvo el privilegio de contemplar en visión profética.[33]

3) 1:20. Las *siete estrellas-ángeles*, contra el parecer

---

31. Véase F. F. Bruce, *Revelation*, en *A Bible Commentary for Today* (Pickering and Inglis, Londres, 1979), sobre este vers.
32. Véase la lección 17.ª
33. Véase I. E. Davidson, *Readings in Revelation*, pp. 28-29.

de tantos exegetas y predicadores, no son los pastores de las iglesias. Dice F. F. Bruce:

> Los ángeles de las iglesias deben entenderse a la luz de la angelología del Apocalipsis —no como mensajeros humanos o ministros de las iglesias, sino como celestial contraparte o personificación de las diversas iglesias, cada uno de los cuales representa a su iglesia en el aspecto en que se hace responsable de la condición y conducta de la respectiva iglesia—. Podemos compararlos con los ángeles de las naciones (Dan. 10:13, 20; 12:1) y de individuos (Mt. 18:10; Hch. 12:15).[34]

4) 3:10. «*La hora de la prueba que está para venir.*» A pesar de que el vocablo es «*peirasmós*» = prueba o tentación, no «*thlipsis*», el contexto habla a favor de la Gran Tribulación que comienza en 6:1, y de la que toda verdadera iglesia de Cristo quedará preservada mediante el arrebatamiento.[35]

5) 3:20. «*He aquí, yo estoy a la puerta y llamo...*» Este versículo tan usado en campañas evangelísticas, no es una invitación a recibir al Señor para salvación, lo cual presentaría un concepto arminiano de salvación, dependiente de la voluntad del hombre (nótese la frase «*el Señor abrió su corazón*», en Hch. 16:14, en un mensaje evangelístico). El versículo ha de leerse en el contexto anterior: es una invitación a la *comunión* con el Señor; en ella se apela a todo fiel creyente dentro de una iglesia tan malparada como la de Laodicea, cuyo Señor estaba *fuera de las puertas.*

6) 4:1. «*La primera voz, que oí, como de trompeta*» es fácilmente identificable a la luz de 1.ª Co. 15:52 y 1.ª Ts. 4:16: es la que precede al arrebatamiento de la Iglesia; es trompeta de Dios, no de ángel.

7) 4:3. «*Y el que estaba sentado...*» Comparando esa descripción con la de Ezequiel, capítulos 1 y 2, especial-

---

34. *Op. cit.*, sobre este vers.
35. Véase J. F. WALVOORD, *Revelation*, sobre este vers.

mente 1:26 «...*una semejanza que parecía de hombre sentado sobre él*», se advierte de inmediato la diferencia, ya que en Apocalipsis ha desaparecido dicho antropomorfismo; sólo se dice «*y (uno) sentado en el trono*». Por supuesto, éste es Dios el Padre (es obvio que lo de «*sentado*» es también antropomorfismo, pero sin dar figura humana a Dios).

8) 4:6. «*Y en medio del trono, y alrededor del trono, cuatro seres vivientes, llenos de ojos por delante y por detrás.*» El versículo 8 nos da a entender que son *serafines* (comp. con Is. 6:2-3). Por otra parte, su misión como escrutadores de todo lo que ocurre («*llenos de ojos por delante y por detrás*») nos lleva, por un lado, a considerarlos como *querubines* (los cercanos, los de la nobleza, o «gentileshombres» de Dios), entre los que estuvo, en un principio, Satanás (v. Ez. 28:14, comp. con Gn. 3:24; Sal. 18:10, y los tantas veces mencionados del Arca). Pero, una comparación con Ez. 1:5 ss., especialmente 1:15 ss., nos ofrece pie para ver en ellos también un tercer orden de ángeles, los '*ophanim* que recorren velozmente la tierra. En Apocalipsis no necesitan correr, ni siquiera moverse, puesto que no tienen que transportar a Juan como tuvieron que transportar a Ezequiel (v. Ez. 3:13:15). La misma densidad comprehensiva con que Juan acumula símbolos del Antiguo Testamento, se ve aquí como en otros pasajes del Apocalipsis.

9) 5:6. «*Y vi en medio del trono... un Cordero en pie.*» Esta frase lleva a algunos expositores, especialmente predicadores, poco conocedores de este libro, a ver aquí al Cordero ya *sentado en el trono*. Esta es una grave equivocación. W. Hendriksen ofrece en su libro *More Than Conquerors*, un diagrama muy útil de la posición de los diferentes personajes en la escena [36] y explica muy bien la frase «*en medio del trono*» (comp. con 4:6). Desde el punto de observación de Juan, la posición del Cordero estaba en la línea visual que tenía como fondo el lugar donde estaba sentado Dios el Padre. El Cordero sólo se sienta

---

36. P. 83 de la 1.ª edición inglesa.

en el trono (según el simbolismo de Ap. 5:6, que no es el
de He. 10:12), cuando «*los reinos del mundo han venido a
ser de nuestro Señor y de su Cristo*» (Ap. 11:15, comp. con
22:1 «*...que salía del trono de Dios y del Cordero*»).

10) 5:9. «*Y cantan...*» Sólo los creyentes, seres humanos, aparecen en la Biblia con este privilegio de *cantar* las
alabanzas divinas. Recorran ustedes toda la Biblia y se
encontrarán con la sorpresa de que los ángeles *nunca* aparecen *cantando*, sino *diciendo*. Nótese la rápida transición
al «*decían*» del versículo 12, tan pronto como los ángeles
ofrecen su homenaje. Por cierto, el primer efecto de la
llenura del Espíritu es cantar las alabanzas divinas, como
puede verse por Ef. 5:18-19.[37]

11) 6:2. «*Y he aquí un caballo blanco.*» Muchos exegetas cometen una grave equivocación al identificar este caballo blanco con el de 19:11.[38] Las apariencias engañan. Es
cierto que Cristo tiene corona de rey y que es vencedor.
También monta un caballo blanco (19:11). Pero hay que
observar: 1.°) que el blanco aquí es de mera apariencia;
no es símbolo de santidad, por supuesto, al contrario que
en 19:11, sino de una paz fingida, por el *pacto* profetizado
en Dan. 9:27, y de la victoria que va a conseguir contra los
santos (v. 13:7); 2.°) lleva un *arco*, que recuerda a los gue-
rreros escitas, mientras que el jinete de 19:11 lleva la espada grande o *rhomphaia* que sale de Su boca; 3.°) y principal, que encabeza una lista de cuatro jinetes funestos,

---

37. Explico este tema en mi libro *Espiritualidad Trinitaria* (CLIE,
Tarrasa, recientemente publicado.

38. Véase, entre los amilenarista, W. HENDRIKSEN, *More Than
Conquerors*, pp. 93-99 y, entre los premilenaristas, I. E. DAVIDSON,
op. cit., pp. 131-132, que lo aplican a Cristo y al Evangelio. En cambio, amilenaristas como J. GRAU, *Estudios sobre Apocalipsis*, p. 161,
y G. B. CAIRD, *The Revelation of St John the Divine*, pp. 80-81, ven
en este jinete algo funesto, el «*espíritu militarista*», o la amenaza
de invasión desde el Este. Dice Thomas F. TORRANCE: «¿Puede haber
alguna duda de que ésta es la visión del Anticristo? ¡Se parece
tanto al Cristo verdadero, que engaña a la gente, incluso a muchos
lectores de este pasaje!... Se aplica a toda circunstancia en que el
mal está montado sobre el bien y a todo tiempo en que la maldad
espiritual conquista pidiendo prestado a la Fe cristiana» (*The Apo-
calypse Today*, p. 44. Citado por W. M. SMITH, *op. cit.*, p. 1506).

pues todos ellos van a ejecutar designios de destrucción. El jinete no puede ser otro que el Anticristo.

12) El «altar» de 6:9; 8:3 es de oro, pero comoquiera que no hay ya separaciones en el santuario celestial (v. He. 4:15-16), además de la ausencia del velo —ya rasgado cuando el Señor expiró— tenemos un solo altar que sirve, al mismo tiempo, de altar de los holocaustos (v. 6:9; las *almas* debajo del altar representan la *sangre* derramada por el nombre del Señor, y están en el lugar por donde corría la sangre que rebosaba de los cuernos del altar, pues la *vida* —hebr. *nephesh*, equivalente a persona— está en la *sangre*, Lv. 17:11), y de altar de los perfumes (8:3, donde vemos que las oraciones de los santos sólo tienen poder intercesor con base en la intercesión de Cristo —el «*mucho incienso que se le dio*»).

13) 7:4-8. El sentido literal del pasaje, con todo su contexto, es de que, en los 144.000, están representados los israelitas de las doce tribus, sellados por la mano protectora de YHWH para que den testimonio de Su nombre durante la Gran Tribulación. Son el glorioso *remanente*, convertido al Evangelio en la primera mitad de la semana 70.ª de Daniel, o durante las primeras fases de la segunda mitad. El número 144.000 no significa que sólo ellos sean salvos, sino que sólo ellos serán preservados de la muerte para hacer escolta al Mesías-Rey en Sión (v. 14:1-5). Se les llama «*vírgenes*» en sentido espiritual, porque no se han contaminado con la falsa «religión», a la que el Anticristo ha dado el «visto bueno» durante los primeros tres años y medio.[39]

---

39. Para más detalles, véase J. F. WALVOORD, *Revelation*, pp. 139-143. No queremos, sin embargo, pasar por alto algunos detalles curiosos: Judá figura a la cabeza, por haber pasado a la primogenitura del cetro (véase Gn. 49:3-10); Leví ocupa lugar como tribu, porque ahora todos tendrán acceso al santuario en el nuevo Templo (véase Is. 66:23; Zac. 14:20-21). Queda excluido Dan; en parte, quizá, por haber sido la primera en caer en la idolatría, y en parte, por haber quedado tan disminuida que fue contada con Neftalí. Muchos escritores eclesiásticos antiguos creyeron que de esta tribu surgiría el Anticristo, pero Ap. 13:1 deja claro que surgirá del «mar», que simboliza los gentiles, mientras que el falso profeta

14) 7:9-17. Esta «*gran multitud innumerable*» proviene de todas las naciones, están vestidos de *blanco* porque han sido salvos mediante la fe en la sangre derramada del Cordero, y llevan *palmas* de victoria a través del martirio, pues salen de en medio (gr. *ek*) de la Gran Tribulación. El Evangelio habrá sido predicado en todo el mundo y habrá dado los mismos espléndidos frutos de virtud y martirio que dio en los primeros siglos de la Iglesia. Los antípodas de estos *valientes* se hallan en los «*cobardes*» que encabezan, en 21:8, la lista de los malvados que se van al Infierno.

15) 9:16. «*Y el número de los ejércitos de los jinetes*», a quienes se ha prefijado la *hora* exacta en que avanzarán hacia el Occidente a través del Eufrates, es *de doscientos millones*. Los autores que antaño se negaban a interpretar esta cifra literalmente, se pasmarían al leer, nada menos que en el número de la revista *Time* de 21 de mayo de 1965, que la China Comunista tenía presto en esa fecha un ejército exactamente de 200 millones de soldados.

1) 11:3 ss. Los «*dos testigos*» de este pasaje han hecho correr mucha tinta en cuanto a su identificación. Por una parte, es preciso volver la vista a Mt. 17:3, la escena de la Transfiguración. No me cabe duda de que allí Moisés y Elías representan a la Ley y los Profetas; entrambos daban testimonio de la futura consumación de la obra redentora en la Cruz del Calvario. Por otra parte, la frase «*los dos olivos*» nos lleva a Zac. 4, donde la respuesta que el profeta recibe en el versículo 6 es: «*No con la fuerza, ni con el poder, sino con mi Espíritu, dice YHWH de los ejércitos.*» De donde podemos deducir que la idea principal del pasaje es que estos dos testigos proclamarán el Evangelio con el poder del Espíritu Santo, bajo el símbolo del olivo.

---

saldrá de la «*tierra*», que simboliza Palestina. Finalmente, en la lista figura Manasés, pero no Efraín. Opino que esto se debe a que esta tribu fue el paradigma de la rebelión de Israel contra YHWH (véase Os., caps. 4-14), aunque la fidelidad de Dios es mayor que la infidelidad de los suyos (comp. con 2 Ti. 2:13) y, por ello, tendrá compasión de Efraín, pero bajo el nombre de su padre —José—, de quien Dios no tuvo por qué avergonzarse.

Es cierto, sí, que serán dos personas individuales, pero aunque los versículos 5 y 6 nos ofrecen los poderes característicos de Moisés y Elías, bien podrían ser dos individuos con el «espíritu» de Moisés y Elías (comp. con Lc. 1:17), pues el identificarlos *personalmente* con Moisés y Elías trae algunas dificultades.[40]

17) 12:1 ss. La *«mujer»* de este capítulo es, sin duda alguna, *Israel*. En el contexto anterior (11:19), se abre el cielo, y se deja ver en el santuario celestial *«el arca de Su pacto»* (comp. con Ro. 11:29). En cuanto a la descripción que de la mujer se hace en los versículos 1-2, el profesor J. F. Walvoord ve una alusión a Gn. 37:9-11; así Jacob representaría el *sol*, y Raquel (la madre de José), la *luna*, siendo las *doce* estrellas las doce tribus de Israel.[41] La mayor dificultad para la representación del sol y la luna en las personas de Jacob y Raquel, como canales del pacto con Abraham, la encuentro en el hecho de que el Señor Jesucristo no descendía de Raquel, sino de Lea (Gn. 29:35). En cambio, el sol que envuelve con su luz a la mujer no es otro que la gloria de Dios (v. Is. 60:1-2, 19-20, a la vista de Sal. 84:11; Pr. 17:6; Is. 46:13; 49:18; 61:10; Mal. 4:2; Lc. 1:78). *«La luna bajo sus pies»* significa, en mi opinión, el dominio que Dios prometió a Israel sobre las naciones, ya que la luna, con sus variantes fases, es el símbolo de las vicisitudes humanas; éstas no podrán prevalecer contra el pacto que Dios YHWH ha concertado con Israel.

18) 16:17. *«Hecho está»* (lit. *ha sido hecho*) significa que Dios ha marcado la escena final que ha de preceder a la Segunda Venida del Señor (comp. con Jn. 19:30 *«ha sido consumado»*, lit.). Esto arroja luz sobre 10:6 *«...que ya no habrá más tiempo»*; es decir, que el juicio de Dios no se iba a *demorar*.

19) 17:8. *«La bestia que era y no es»* es el Imperio Romano, que cesó de existir en el siglo v, pero va a surgir otra vez en un imperio dominado por el Anticristo, *la bestia que sube del abismo* (11:7; 13:1). De la misma forma

---

40. Véase J. F. WALVOORD, *Revelation*, pp. 178-180.
41. *Op. cit.*, p. 188.

que el dragón, el Anticristo y el Falso Profeta son una imitación grotesca, infernal, de la Trinidad divina y celestial, este *inicuo* e *hijo de perdición* (2.ª Ts. 2:4-10) imita también grotescamente al *«que es y que era y que ha de venir»* (Ap. 1:8).

20) 17:12. Los *«diez reyes, que aún no han recibido reino»* son una confederación de diez naciones con *«un mismo propósito»*. El término griego para *«propósito»* no es aquí *próthesis*, sino *gnome*, pariente muy próximo de «nombre»; el que esto escribe está convencido que este «mismo propósito», este nombre, es Mercado Común Europeo, con sede en Roma. Del Mediterráneo y de este nuevo Imperio Romano, va a salir el Anticristo (13:1), a quien le será entregado *el poder y la autoridad* (v. 13).

Algunos detalles finales serán analizados en la séptima parte de este libro; otros han sido ya vistos en lecciones anteriores.

CUESTIONARIO:

1. Importancia del libro del Apocalipsis. — 2. Diferentes escuelas de interpretación de este libro. — 3. ¿Cuál es la división del libro, según el mismo Apocalipsis indica en su cap. 1.º? — 4. ¿De cuántos modos pueden aplicarse, y a qué niveles, los mensajes a las siete iglesias de caps. 2 y 3? — 5. ¿Qué simbolizan los distintos personajes y elementos descritos en los caps. 4 y 5? — 6. ¿Cómo podríamos resumir la secuencia del libro a partir del cap. 6 hasta el final? — 7. Entre los detalles más discutidos están los siguientes pasajes: 1:4, 10, 20; 3:20; 5:6, 9; 6:2; 7:4-8, 9-17; 11:3 ss.; 12:1 ss.; 17:12; ¿qué opina usted sobre estos textos?

LECCIÓN 25.ª CONCEPTO BIBLICO DEL REINO DE DIOS

1. ¿Qué significa el vocablo «reino»?

Como he explicado en otro lugar,[42] hay tres términos en castellano, que es necesario distinguir: (a) *realeza*, que indica la dignidad y la potestad regias; (b) *reino*, que es el territorio, con sus habitantes, donde el rey ejerce su soberanía; y (c) *reinado*, que es el espacio de tiempo durante el cual un rey ejerce sus funciones soberanas.

Aplicando esta definición de «reino» al Reino de Dios, podemos decir que abarca a todo el Universo, *«porque de El, y por El, y para El, son todas las cosas»* (Ro. 11:36). Como dice J. Murray, comentando este pasaje, «El (Dios) es la fuente de todas las cosas, en el sentido de que todas proceden de El; El es el Creador. El es el agente mediante el cual todas las cosas subsisten y van dirigidas a sus respectivas metas. Y El es el fin último, para cuya gloria todas las cosas redundarán».[43]

Dando por sentada la soberanía de un rey sobre un determinado territorio, con sus habitantes, esta soberanía se puede ejercer de tres maneras: 1) por medio de leyes y ordenanzas encaminadas al bienestar y sumisión de los súbditos, y de los medios coercitivos necesarios para mantener el control de individuos y corporaciones, imponer las sanciones pertinentes a quienes quebranten la ley, y

---

42. Para toda esta lección, véase mi libro *La Persona y la Obra de Jesucristo*, pp. 356-372, además de los autores que iremos citando.
43. *The Epistle to the Romans*, II, pp. 107-108.

hacer que todas las disposiciones y estructuras de la sociedad cooperen al bien común del Estado y del pueblo; 2) por medio de una férrea dictadura, dotada de las fuerzas militares y policíacas que se necesitan para impedir que se cometan crímenes y desmanes; 3) mediante la voluntaria y gozosa sumisión de todos los súbditos. Estos tres modos de ejercer la soberanía regia nos ayudarán mucho a entender el concepto de Reino de Dios y evitar confusiones lamentables.

2. ¿Qué es, realmente, el Reino de Dios?

El Reino de Dios posee una característica peculiar que no poseen los reinos humanos. Es esencialmente *la manifestación de la iniciativa amorosa de Dios, que irrumpe desde el Cielo en la historia del hombre, con el fin de establecer una comunión con quienes se someten de grado a Su plan eterno de salvación, hecho posible* (después de la caída original) *mediante la obra de la redención llevada a cabo en el Calvario.* Este «plan de salvación» se extiende *potencialmente* al mundo entero (v. 2.ª Co. 5:19), pero su alcance *actual y personal* está condicionado por la sumisión voluntaria de los súbditos del Reino.

Sin embargo, con base en las diferencias apuntadas en el punto 1 de esta lección, podemos decir que existen cinco esferas o «provincias» que, coincidiendo en el concepto fundamental de «reino», poseen algunas características diferenciales, por lo que, en términos técnicos, puede decirse que en dichas esferas no se da *univocidad*, sino *analogía*. En otras palabras, cuando se dice, por ejemplo, que «Dios reina», es preciso preguntar: ¿Qué se entiende por «reina»? Pero antes de pasar a detallar las cinco esferas del Reino de Dios, necesitamos aclarar otro concepto.

3. ¿Son sinónimas las expresiones «Reino de Dios» y «Reino de los cielos»?

Todos los amilenaristas y postmilenaristas afirman que las expresiones citadas son sinónimas. Lo mismo afirman muchos premilenaristas, entre los que se cuentan R. A. Killen, G. E. Ladd, J. O. Busswell Jr.,[44] E. Trenchard,[45] y el que esto escribe. Hay quien, como J. D. Pentecost, admitiendo la sinonimia, distingue ciertos matices.[46] Otros premilenaristas, como L. S. Chafer,[47] A. C. Gaebelein y W. Kelly,[48] niegan tal sinonimia e insisten en que, mientras el *Reino de Dios* se refiere a la esfera espiritual, donde las normas de Cristo rigen dentro del corazón de los que se salvan, el *Reino de los cielos* se refiere al reino temporal terrestre, prometido a Israel en el Antiguo Testamento.

Opinamos que la distinción entre *Reino de los cielos* y *Reino de Dios* es insostenible por las siguientes razones:

---

44. Véase *Wycliffe Bible Encyclopedia*, II, pp. 107-108.

45. *Estudios de Doctrina Bíblica*, p. 338.

46. Véase *Eventos del Porvenir*, p. 330, donde dice: «Puesto que, entonces, los términos *reino de Dios* y *reino de los cielos* se usan indistintamente, aun cuando se tengan en cuenta dos fases diferentes del reino, se ha creído aconsejable referirse a los aspectos eternos con la designación *reino eterno*, y al desarrollo de ese reino en el tiempo con la expresión *reino teocrático* (los subrayados son suyos. Para todo este tema, resulta provechoso leer toda la sección de dicho libro, comprendida entre las pp. 325-361).

47. Véase *Teología Sistemática*, II, p. 27, donde dice, entre otras cosas: «Hay algunas características que son comunes a ambos, tanto al reino de los cielos como al reino de Dios, y en tales casos el intercambio de expresión es justificable. Un examen más concienzudo revelará que el reino de los cielos es siempre terrenal, mientras que el reino de Dios es un término tan amplio como lo es el universo e incluye tantas cosas terrenales como las que son de tal género. Además, al reino de los cielos se entra mediante una justicia superior a la de los escribas y fariseos (Mt. 5:20), mientras que al reino de Dios se entra mediante el nuevo nacimiento (Jn. 3:1-6).» Aparte de otras consideraciones, como, por ejemplo, el paralelismo entre Mt. 3:2; 4:17 con Mr. 1:15, me permito preguntar a quien esté de acuerdo, en este punto, con L. S. CHAFER (que no por eso pierde un ápice de admiración de parte mía): ¿qué sentido tiene la frase de Lc. 19:11 «... *pensaban que el REINO DE DIOS iba a manifestarse inmediatamente*»? A la luz de todo el contexto, y comp. con Hch. 1:6, sólo puede aplicarse al Reino mesiánico milenario EN ESTE MUNDO, es decir, «terrenal». ¡Por favor, seamos consecuentes!

48. Citados por R. A. KILLEN, en *Wycliffe Bible Encyclopedia*, II, p. 991.

A) La expresión *«Reino de los cielos»* aparece en Mateo más de 30 veces, mientras que los demás evangelistas usan invariablemente la expresión *«Reino de Dios»*. Pero también Mateo usa 5 veces la expresión *«Reino de Dios»* y, lo que es más importante, 4 de las veces en que Mateo usa la expresión *«Reino de los cielos»* son paralelas a lugares en que Marcos y Lucas usan la expresión *«Reino de Dios»* (v. Mt. 4:17, comp. con Mr. 1:15; Mt. 5:3, comp. con Lc. 6:20; Mt. 10:7, comp. con Lc. 9:2; y Mt. 13:11, comp. con Mr. 4:11; Lc. 8:10).

B) Al referir el caso del joven rico (Mt. 19:23-24), Mateo usa ambas expresiones juntamente, lo que demuestra que son intercambiables.

C) La única razón por la que Mateo usa preferentemente la expresión *«Reino de los cielos»* es que, por estar su Evangelio dirigido especialmente a los judíos, como puede comprobarse por las citas de cumplimiento de profecías del Antiguo Testamento, respetaba la costumbre judía de usar lo menos posible el nombre sagrado,[49] mientras que los gentiles, al oír *«Reino de los cielos»*, se habrían sentido tentados a pensar en el Olimpo politeísta.

4. El Reino universal de Dios sobre la creación

Basta el repaso a una buena Concordancia para percatarse de la frecuencia con que se afirma el reinado universal de Dios, en el sentido de que Dios todo lo controla, nada se escapa a Su poder, dirige las vidas y los acontecimientos como quien mueve con sabiduría todas las piezas de un tablero de ajedrez. Esta faceta se expresa con toda claridad y en forma explícita en los Salmos (v. por ej., Sal. 47:8; 93:1; 96:10; 97:1; 99:1; 146:10).

Pero un rey *reina* con toda efectividad cuando todos los súbditos se le someten y cumplen Sus preceptos. Sin embargo, Dios está reinando en un mundo de *rebeldes*,

---

49. Véanse casos similares en Mt. 26:64: «... *a la diestra del Poder»*, y He. 1:3 *«a la diestra de la Majestad»*.

cuyo rey *de facto* es Satanás, «*el príncipe de este mundo*»
(Jn. 14:30, comp. con Ef. 2:2), «*el dios de este siglo*» (2.ª
Co. 4:4), etc. Satanás no está todavía *atado*, no, sino bien
suelto y a sus anchas en este mundo.[50]
Precisamente por la rebeldía, la violencia y la idolatría
en que la humanidad se sumergía en cada dispensación,
Dios escogió, primero a Noé, después a Abraham, final-
mente a Israel.

5. La teocracia en Israel

Israel surgió propiamente como «pueblo de Dios» después de salir de Egipto. La ley promulgada en el Sinay fue
la «Constitución» del reino teocrático de Israel. En su
bendición final al pueblo, Moisés dijo en Dt. 33:5, refiriéndose a YHWH: «*Y fue rey en Jesurún,*[51] *cuando se congre-
garon los jefes del pueblo con las tribus de Israel.*» Pero
el Salmo 78, larga historia de las infidelidades del pueblo
frente a la misericordia, la fidelidad y la ternura de
YHWH, nos dice en el versículo 60: «*Dejó (YHWH), por
tanto, el tabernáculo de Siló, la tienda en que habitó* (la
«*shekinah*») *entre los hombres, y entregó a cautiverio a
sus valientes, y su gloria en manos del enemigo.*»
No por eso rompió Dios su pacto con Israel. Incluso a
través del gran pecado del pueblo al pedir rey «como las
demás naciones», rebelándose así contra la teocracia directa de YHWH (v. 1.ª S. 8:5), Dios condescendió con su
petición y, tras repudiar a Saúl, escogió a David como
rey-pastor de Israel (Sal. 78:70-72), estableciendo con él
un pacto perpetuo, con lo que el reino davídico *no tendría
fin* (v. 2.ª S. 7:8-16; 1.ª Cr. 17:7-14; Sal. 89; Lc. 1:32-33). En

---

50. Véase lección 23.ª, punto 2.
51. Este término hebreo, que ocurre cuatro veces en el Antiguo
Testamento (Dt. 32:15; 33:5, 26; Is. 44:2), de la raíz *yashar*, significa
recto. ¿Cómo explicar tal apelativo, ante la continua rebeldía de
Israel? La respuesta se halla, por ejemplo, en Nm. 23:21, donde
Dios no ve a Israel como es en su aspecto moral, sino en su posición de pueblo *santo*, rociado y blanqueado con la sangre del pacto
(comp. con Zac. 3:1-5). En cuanto al sentido exacto del vocablo hebreo *Yeshurun*, véase el *Hebrew-Chaldee Lexicon* de GESENIUS-TRE-
GELLES, p. 376).

el horizonte escatológico, aparece la misericordia de Dios con Israel, en orden a perpetuar el pacto con David (v. Is. 6:13; Miq. 4:6-7; 7:18-20). Ro. 11:1-7, 28-31 demuestra que, a pesar del derribo de la pared intermedia en el aspecto soteriológico (2.ª Co. 5:17-21; Gá. 3:28; Ef. 2:11-22), queda todavía una «esfera» del reino mesiánico que está reservada para el milenio.

Cuando el Señor Jesucristo vino *a los suyos*, a Israel (Jn. 1:11), su predicación comenzó precisamente por la proclamación y el ofrecimiento del Reino (Mt. 4:17; Mr. 1:15). Esta presentación del Reino comportaba un llamamiento a la fe y al cambio de mentalidad (v. también Mt. 3:2; 4:23; Lc. 4:43, comp. con Mt. 10:7). Jesús atacó a las *raíces* del pecado, como medio indispensable para la santidad que el Reino de Dios exige (Mt. caps. 5 al 7). También ilustró mediante parábolas las condiciones en que el Reino había de surgir, crecer y desarrollarse durante la presente dispensación hasta su plena manifestación en el reino milenario (v. Mt. 13:19, 24, 31, 33, 44-45, 47, 52; Mr. 4:30).

La disposición de ánimo necesaria para la fe y el arrepentimiento como condiciones para el ingreso en el Reino es, según la clara enseñanza de Jesús, la conciencia de la propia insuficiencia, según la concisa expresión de Sof. 2:13. De ahí, la importancia de Mt. 18:3: «*De cierto os digo que si no os volvéis y os hacéis como los niños, de ningún modo entraréis en el reino de los cielos.*» Sobre estas palabras, escribe Trenchard:

> La entrada en el Reino corresponde a su carácter, que ya hemos notado. El que quiere salir de la esfera de rebeldía ha de deponer todo orgullo, toda pretensión de fuerza propia, para entrar por la puerta baja y estrecha del arrepentimiento, sumisión y fe... En el fondo, como siempre, hemos de entender la obra de la Cruz que satisface la justicia de Dios en orden al pecado, y hace posible que el hombre humilde, el hombre de fe, pase a la nueva esfera donde se acata la voluntad de Dios.[52]

52. *Estudios de Doctrina Bíblica*, p. 338.

Los judíos del tiempo de Jesús, *los suyos, no le recibieron* (Jn. 1:11), precisamente porque se negaron a *cambiar de mentalidad* (Mr. 1:15, donde ese es el sentido del verbo *«metanoeite»*,[53] algún tanto oscurecido por el matiz que la tradición eclesiástica ha dado al verbo «arrepentirse»).[54] El motivo por el cual Jesús demandaba un «cambio de mentalidad» en los judíos de su tiempo era que, a lo largo de los siglos que precedieron a la Venida del Señor, los judíos habían perdido de vista el concepto del Mesías que había de sufrir (Js. 53), conservando solamente el del Mesías que había de reinar triunfal y gloriosamente (Sal. 2, entre otros muchos lugares). Tanto es así, que llegaron a pensar en *dos* Mesías distintos: *el hijo de José* = el Mesías doliente, y el *hijo de David* = el Mesías triunfante.[55] Este concepto llevó a los judíos coetáneos de Jesús al orgullo, la autosuficiencia y, sobre todo, a la expectación de un Mesías político, que les libraría del yugo extranjero. Ante esta confusión, Jesús rehusó tal clase de reinado (v. Jn. 5:14-15).

Esto no significa que Jesús diese de lado, de una vez, el reino futuro en el milenio. La pregunta de los discípulos en Hch. 1:6, dentro del contexto anterior, muestra que no estaban equivocados en cuanto al *hecho*, sino en cuanto al *tiempo*. Y la respuesta de Jesús no deja lugar a dudas: *«No os toca a vosotros conocer los TIEMPOS* (gr. *khronous) o las* SAZONES (gr. *kairous) que el Padre puso en su sola potestad.»* Como dice R. A. Killen:

> Cristo no les dijo que no habría tal reino terrenal, o tal restauración del reino a Israel. Puesto que nunca, ni antes ni después de este encuentro, dijo cosa alguna para cambiar el concepto y la convic-

---

53. Este presente incoativo aparece igualmente en Mt. 3:2; 4:17, y contrasta con el aoristo *metanoésate* de Pedro en Hch. 2:38, donde adquiere sentido de urgencia.

54. Todavía queda más oscurecido en la Vulgata Latina: *«poenitentiam agite»* = «haced penitencia», según aparece aún en algunas versiones romanas.

55. Para un estudio detallado y provechoso de esta tradición rabínica, véase el libro *Jesus was a Jew*, de Arnold FRUCHTENBAUM (Tennessee - Broadman Press, Nashville).

ción que ellos tenían acerca de un reino milenario
del Hijo de David sobre los Suyos, estaban en lo
cierto —eso es evidente— con respecto a la naturaleza del reino, aun cuando estuviesen aún confusos
en lo tocante al tiempo. Sacar otra conclusión equivale a pretender que estaban equivocados, que nosotros sabemos más que ellos, y que Cristo se marchó
dejándoles adrede con un concepto errado.[56]

6. El Reino de Dios y la Iglesia

«Reino de Dios» e «Iglesia» son dos conceptos que no se
identifican, pero tampoco se excluyen. Las diferencias con-
ceptuales son numerosas: 1) El Reino desciende del Cielo;
la Iglesia sube de la tierra. 2) El Reino es la «patria»; la
Iglesia es «peregrinación». 3) El Reino connota *súbditos*;
la Iglesia connota *hijos*. 4) El Reino tiene al Mesías por
Rey; la Iglesia lo tiene por *Esposo*. 5) El Reino tiene perfecto cumplimiento en la tierra con bendiciones terrenales; la Iglesia recibe bendiciones celestiales, ya que su ciudadanía está en los cielos. Identificar totalmente el Reino y
la Iglesia crea un tremenda confusión de conceptos, deja
en el olvido todas las profecías escatológicas que se refieren a Israel como nación y difumina la línea divisoria
de las «sazones» o dispensaciones diferentes en que Dios
ha puesto a prueba a la humanidad caída.[57]

Por otra parte, la Iglesia anticipa ya, en parte, las condiciones del Reino eterno, por cuanto, mediante la operación regenerante y unificante del Espíritu Santo (1.ª Co.
12:13), cada ser humano, judío o gentil, libre o esclavo, varón o mujer, que recibe a Cristo por fe, *entra en el Reino*,
con todas las implicaciones espirituales que el Reino comporta. Es así como el Sermón del Monte tiene también
validez para la Iglesia, aun cuando las enseñanzas de Mt.
capítulos 5-7 quedan remontadas por las enseñanzas de Jn.

---

56. *Wycliffe Bible Encyclopedia*, II, p. 992.
57. Fue Agustín de Hipona quien echó definitivamente los cimientos de esta confusión en su *Ciudad de Dios*, libro XI y ss. La
Iglesia de Roma ha seguido siempre la línea de Agustín, con muy
pocas excepciones, hasta nuestros días.

capítulos 13-16, no por *anulación*, sino más bien por *sublimación* (comp. por ej., Mt. 7:12 con Jn. 13:34-36). En efecto, basta repasar los escritos paulinos para percatarse de que la norma de Dios en la tierra sólo es efectiva para aquellos que han sido libertados por Dios *«de la potestad de las tinieblas, y trasladados al reino del Hijo de su amor»* (Col. 1:13, lit.). Por eso, el Reino existe ya al presente en la Iglesia, siempre que los cristianos viven en sumisión a la voluntad de Dios, puesto que es así como se ejerce el poder de Dios que cambia las vidas, *«porque el reino de Dios no consiste en palabras, sino en poder»* (1.ª Co. 4:20, comp. con 2.ª Ti. 3:5; 1.ª Jn. 3:16-18). *«El reino de Dios no es comida ni bebida, sino justicia, paz y gozo en el Espíritu Santo»* —dice Pablo en Ro. 14:17, oponiéndose así a las ideas de los judíos de su tiempo, quienes mantenían, al parecer, conceptos demasiado materialistas con respecto al tan esperado reino mesiánico.

Si en el concepto de «Reino» englobamos todas las esferas en que Dios, es el tiempo y en la eternidad, ejerce efectivamente Su soberanía, podemos representar en dos círculos distintos con una sección común, las esferas del reino terrenal y del reino eterno, siendo la Iglesia la sección en que ambos coinciden:

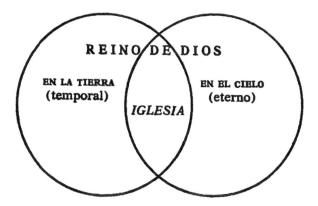

REINO DE DIOS

EN LA TIERRA
(temporal)

IGLESIA

EN EL CIELO
(eterno)

7. Relación de la Iglesia, como Reino de Dios, con el mundo

Ha sido una verdadera pena que gran parte de los dispensacionalistas hayan hecho causa común con el llamado «neo-fundamentalismo», relegando la Gran Comisión de la Iglesia a la predicación de la fe y el arrepentimiento, insistiendo correctamente en la oración, el estudio de la Biblia, la asistencia a la iglesia, etc., pero despreocupándose de los problemas sociales y culturales que el cristianismo comporta. Como dice Stanford Reid:

> En la vida ordinaria, se ocupan de sus negocios como si pudieran mostrarse neutrales frente a ellos, en tanto que mantienen en un compartimento separado a su fe cristiana... La mayoría, sin embargo, tienen una forma de pensar bifurcada que les permite considerar al mundo y a los asuntos del mismo en forma «neutral», en tanto que en la esfera religiosa siguen las enseñanzas cristianas tradicionales.[58]

Este punto de vista es totalmente incorrecto y antibíblico, por las siguientes razones:

A) Considera los valores humanos de verdad, paz, justicia, libertad, etc., como irrelevantes en el orden de la salvación, estableciendo así una dicotomía absoluta entre los órdenes de la creación y de la salvación. Es preciso convencerse de que lo único *malo* de este mundo es el pecado y lo que conduce al pecado. Todos los valores humanos incluidos en el plan de la creación, no sólo son buenos, sino conducentes a la fe. La fe cristiana no debe ser una «docta ignorancia», sino un conocimiento lo más completo y profundo posible de todos los valores humanos. Si este mundo en sí, no el sistema diabólico al que la Palabra de Dios da con frecuencia este apelativo, fuera intrínsecamente malo, no sería amado por Dios (Jn. 3:16). En reali-

---

58. Citado por H. M. Conn, *Teología Contemporánea en el Mundo* (trad. de J. M. Blanch, publicado por la Subcomisión Literatura Cristiana de la Iglesia Cristiana Reformada, sin mención de lugar ni fecha), pp. 129 y ss.

dad, los órdenes de la creación y de la salvación forman dos círculos concéntricos: en el centro está la meta para la cual Dios creó el mundo y el hombre, la *salvación* del hombre, en la que brilla la *gloria* de Dios. Los órdenes son concéntricos «*porque hay un solo Dios y un solo Mediador entre Dios y los hombres, Jesucristo Hombre*» (1.ª Ti. 2:5). La obra de la salvación alcanza potencialmente a todos los hombres (2.ª Co. 5:19), y hay un solo destino *final* en el plano soteriológico, como hay un solo principio y un solo plan de la Providencia (Ro. 11:36).[59]

B) Establece, paradójicamente, una equivalencia entre el *status* religioso-social de Israel y el de la Iglesia, cuando las diferencias son muy notables: (a) Israel debía mantenerse alejado de las naciones circundantes, porque tanto el pueblo como el mensaje de salvación que un día había de llevar a las naciones,[60] debían conservarse puros de la corrupción ambiente, mientras que la Iglesia no sólo no debe estar alejada del mundo (v. Jn. 17:15), sino que debe ir a todo el mundo en cumplimiento de la Gran Comisión (Mt. 28:19; Mr. 16:15; Lc. 24:47; Hch. 1:8). No habiendo

---

59. Véase el punto 1 de la presente lección.
60. Ya ahora, dentro de la Iglesia, o en la Gran Tribulación y el Reino milenario, después.

ya fronteras en el plano soteriológico, todo cuanto tiene que ver con la salvación, tiene que ver también con todos los hombres. Da pena oír a hermanos, bien intencionados, pero mal informados, decir: «No se preocupe de ellos, porque no son del Señor.»[61] Si no hubiera otras razones, bastaría la exhortación del Apóstol: «*Así que, según tengamos oportunidad, HAGAMOS EL BIEN A TODOS, y mayormente a nuestros familiares en la fe*» (Gá. 6:10). Nótense los dos círculos concéntricos: en el centro, los creyentes, los hermanos en la fe; pero en otro círculo más amplio, *todos*. De la misma manera que una iglesia donde hay hermanos necesitados hace muy mal si emplea fondos para socorrer a los de fuera, también hace muy mal si se desentiende de las necesidades generales de la sociedad en que está inmersa.

C) Parece como si restringiese la esfera de la salvación a una tercera parte del ser humano: lo que ha venido a llamarse impropiamente *la salvación del alma*. Pero el ser humano no es sólo *alma*; es también *espíritu* y *cuerpo*. Y todo (espíritu, alma y cuerpo) tiene que ser *guardado irreprensible*, es decir, salvo de perdición (1.* Ts. 5:23), porque todo estaba perdido (Ef. 2:1). Y, precisamente, ése fue el objetivo más definido de la Venida del Señor: «*Porque el Hijo del Hombre vino a buscar y a salvar lo que se había perdido*» (Lc. 19:10). Por tanto, todo el que predique salvación de almas para algunos hombres solamente, está predicando, como decía gráficamente el doctor Norman Geisler, Profesor de Apologética en el Seminario Teológico de Dallas, «una sexta parte del mensaje del Evangelio».[62]

D) Finalmente, parece perder de vista que la tensión escatológica no es exclusiva de un grupo, ni siquiera del ser humano, sino que alcanza a toda la creación (Ro. 8:19 ss.), y toda la creación se renovará cuando la humanidad redimida esté completamente renovada (Ap. 20:11;

---

61. Esta frase se la oí a una señora muy «piadosa», refiriéndose ¡a sus propios hijos!
62. En conferencia pronunciada, en mayo de 1982, en el Seminario Teológico Centroamericano de Guatemala.

21:1, además de las profecías referentes al reino milenario).[63] Y, si todo hombre debe laborar por el progreso, la
cultura, el mejoramiento material y moral de individuos y
estructuras, el creyente no escapa, por eso, a esa labor de
progreso, por muy pesimista que pueda ser su concepto de
la moderna sociedad, sino que, precisamente es llamado a
brillar en alto como *«luz del mundo»* y dar el verdadero
sabor[64] a las cosas como *«sal de la tierra»* (Mt. 5:13-16),
para preservarlas no de la *corrupción*, inevitable en el
mundo, pero sí de una *ulterior* corrupción. De ahí, lo terrible de la situación de la humanidad durante la futura
Gran Tribulación, cuando la Iglesia habrá sido arrebatada.[65]

Frente a este extremo de los «abstencionistas», está el
otro extremo de los propugnadores de la llamada «Teología de la Liberación», corriente ya mayoritaria entre los
modernos teólogos de la Iglesia de Roma y, por desgracia,
entre algunos círculos que se precian con el nombre de
creyentes evangélicos. Esta corriente propugna un compromiso total y prioritario con los aspectos político-sociales,
dejando en segundo lugar los aspectos propiamente espirituales y perdiendo la perspectiva escatológica correcta.[66]

La posición del que esto escribe, de acuerdo totalmente
con la de la Fraternidad Teológica Latinoamericana, es que
la Iglesia ha de interesarse por la salvación integral del ser
humano; primordialmente por la salvación eterna, pero sin
dejar a un lado los valores temporales. A veces, socorrer
las necesidades materiales va por delante, cronológicamen-
te, del mensaje sobre la fe, el arrepentimiento, la conversión, el nuevo nacimiento, etc. Como alguien ha dicho:
«Es muy difícil predicar el Evangelio a estómagos vacíos.»

---

63. Véase el punto 8 de la presente lección.
64. «Sabor» y «saber» provienen de la misma raíz latina: *sapere*
(de donde, *sapientia* = sabiduría). Y hay un *saber de salvación*
(2 Ti. 3:15), que sólo la Palabra de Dios prporciona.
65. Véanse mis libros *Etica Cristiana* (CLIE, Tarrasa, 1975), páginas 202-226, y *El Hombre, Su Grandeza y Su Miseria* (CLIE, Tarrasa,
1976), pp. 97-94.
66. Véase H. M. CONN, *op. cit.*, pp. 80 y ss.

Y muchas veces me he asombrado, al leer el Evangelio, viendo cuántas veces el Señor Jesús estuvo curando enfermos sin predicarles, por lo que parece, ni una palabra sobre «la salvación del alma».

Aunque sin identificarme con el profesor Grau en el sentido que da a las parábolas de la mostaza y de la levadura (Mt. 13:31-33), estoy de acuerdo con él en la posición que debe ocupar la Iglesia frente al mundo:

> El Reino no se mantiene alejado del mundo, sino que lo busca para redimirlo o, al menos, iluminarlo. Busca a todas las gentes hasta lo último de la tierra. Sin embargo, el Reino es también como la levadura, que penetra el todo y trata de condicionar el conjunto. Esto tiene que ver con su *intensidad*: penetra en todos los campos de la vida, se introduce en todas las estructuras. Ahora bien, la historia de esta penetración tiene sus momentos altos y sus momentos bajos, y también puede comprobarse cómo en unas culturas ha penetrado más, y en otras apenas si ha llegado a dejar sentir su anuncio verbal. En unas esferas ha producido más impacto que en otras y, como siempre ocurre cuando se proclama el Evangelio, unos le han dado mayor acogida que otros...
>
> ...la ciencia moderna —y su escuela: la tecnología— sería inconcebible sin la irrupción de la comunidad cristiana en el mundo, portadora del mensaje y de la presencia del Reino. Digamos asimismo que conceptos como democracia y libertad fueron transformados desde su pobre origen griego hasta pasar al que en la actualidad les concedemos. Derechos del hombre, justicia social, emancipación de la mujer, etc., significan algo de lo mucho que el Reino ha venido haciendo posible durante los últimos veinte siglos en el plano secular.[67]

En efecto, aun cuando el creyente ha de pasar por este mundo como un «*extranjero y peregrino*» (1.ª P. 2:11),[68] no

---

67. *Escatología*, pp. 147-150 (el subrayado es suyo).
68. El primer vocablo (en griego, *paroikous*) indica que no tenemos aquí *status* legal; el segundo (en griego, *parepidemous*), que nuestra residencia es temporal, provisional, como la de un exiliado.

debe olvidar que su ciudadanía en este mundo, aunque similar a la de un extraño y provisional, es *verdadera*; de lo contrario, no habría dedicado Pablo un capítulo entero, el 13 de su epístola a los fieles de Roma, a los deberes cívicos y sociales de los cristianos. No me resisto a copiar lo que, en la misma línea, escribe un clérigo de la Iglesia de Roma —equilibrado, como pocos, en este punto. Dice Francisco Martínez García:

> En el Evangelio no hay tácticas políticas, ni soluciones detalladas para los problemas políticos... Jesús dio principios, pero no ofreció soluciones políticas concretas. De haberlas dado, hubiera sido maestro para su tiempo. Pero su magisterio no tendría validez perenne.
>
> La Iglesia ha de tener viva conciencia de su propia identidad como comunidad de salvación; ha de contemplarse en su estadio final y ha de trabajar para acelerar en este mundo la perfección y consumación. A la Iglesia la ha de modelar su fin. Por ello, la Iglesia no puede identificarse nunca con ningún partido político. Todo orden político que quiera presentarse como único y definitivo, ha de ser contestado por la misma Iglesia. Toda realización histórica concreta, incluso la más fascinante y tentadora, es sólo parcial y provisional. El cristiano, que podrá, y aun deberá, encarnarse en una ideología o sistema político deberá tener, por lo mismo, un respeto absoluto a cuantos no piensan como él, ya que todo es imperfecto y provisional.
>
> ...De aquí se sigue que el cristiano ha de ejercer siempre una tarea crítica con relación a las realidades sociales. La Iglesia debería ser siempre el grito de la conciencia de la humanidad...
>
> Esta tarea crítica ha de defender siempre el bien común por encima de los sistemas y partidos. El bien común tiene en la Iglesia una significación suprema a partir del momento en que uno, Cristo, «se ofreció por todos» (2.ª Co. 5:14; 1.ª Ti. 2:6). Es frecuente defender la propia personalidad, el propio grupo o partido, a propósito, y con la excusa, del bien común... Hay quienes necesitan que los otros pequen para po-

der justificar mejor los fallos propios. El cristiano ha de amar la verdad en la humildad e intentar, con una limpieza y sinceridad absolutas, el verdadero bien común.[69]

Se suele argüir que los primeros cristianos no se metían en política. A quienes así hablen, es menester refrescarles la memoria, y voy a comenzar por el Antiguo Testamento. No me voy a referir a los profetas que, con toda valentía, hacían frente a reyes y magnates del pueblo de Israel, sino a dos personajes —quizá los más piadosos de todo el Antiguo Testamento— que ejercieron el cargo de Primer Ministro en una corte pagana y en una nación idólatra: José en Egipto, y Daniel en Babilonia ¡y cuán grandes fueron las bendiciones que proporcionaron a los países

---

69. En *La Misa, compromiso de la comunidad cristiana*, pp. 139-140 (los paréntesis son nuestros). El libro, a pesar de su título, tiene muchísimas cosas buenas. El autor, antiguo discípulo mío y actual Vicario General de la Archidiócesis de Zaragoza (España), es reconocido por su sincera piedad y enorme experiencia teológica, especialmente en el campo de la espiritualidad. Su libro *La Revisión de Vida* (Herder, Barcelona, 1973) es sumamente provechoso (por supuesto, es amileñarista) y lo mejor que conozco en su género. Hay hermanos que se extrañan cuando oyen que hay personas salvas en la Iglesia de Roma. ¡Ojalá hubiese muchos en nuestras filas, tan consecuentes en su fe y amor a Cristo como algunos católicos que yo conozco! Como escribió Colin MORRIS:

> «*Your theology is what you are*
> *when the talking stops and the action starts.*»

Recuerdo el día, ya lejano, en que don Samuel Vila me dijo: «Es claro que hay personas salvas en la Iglesia de Roma; de lo contrario no diría Dios: "Salid de ella, pueblo mío" (Ap. 18:4). Luego hay "pueblo de Dios" dentro.» Con esto, se adelantaba don Samuel a la fraseología del Conc. Vaticano II, que distingue entre el pueblo de Dios y la Iglesia. No olvidemos que cada uno será juzgado de acuerdo a la luz que tenga (véase Ro. 2:12-16). ¡Si diésemos mejor testimonio de santidad y unidad! Cuando le preguntaron a Moody cuál era, en su opinión, el mejor método para atraer las masas, respondió: «Have your own heart red hot with the love of Christ and of souls, and the people will soon find out». Si nuestro corazón hierve de amor a Cristo y a las almas, la gente no tendrá que esperar a percatarse de ello. ¿Lo ven nuestros semejantes, ya sean católicos, judíos, mahometanos o de cualquier otra creencia u opinión?

respectivos! Y, ya en el Nuevo Testamento, Pablo envía saludos de los hermanos de Roma, *«y especialmente los de la casa de César»* (Flp. 4:22) ¿y quién era entonces el César? ¡Nerón! La historia nos ha conservado los nombres de profesionales y militares cristianos, tan buenos como cristianos cuanto como profesionales y militares. Muchos de ellos dieron su vida por oponerse al culto que reclamaba el emperador, como otros han muerto en nuestros días por oponerse a un culto parecido, que los dictadores demandaban. Lo más grave del caso es que, en la mayoría de las veces, esos dictadores se cubren con el nombre de «cristianos». ¡SI LA IGLESIA SE CALLA EN TALES CASOS, ESTA TRAICIONANDO SU FUNCION PROFETICA! [70]

8. El Reino milenario del Mesías

La esfera o «provincia» del Reino de Dios en la tierra, para un futuro que Apocalipsis 20 describe en términos de duración milenaria, ofrece nuevos aspectos visibles ya profetizados en el Antiguo Testamento (v. Dt. 30:1-10; Sal. 2 y 72; 89:19-29; 110; Is. 11:1-16; 65:17 — 66:24; Jer. 32:36-44; 33:4-18; Jl. 3: 17-21; Zac. 14:9-17). Todos estos pasajes muestran el reino futuro, visible, al que se dirigían las miradas de los hijos de Israel. En el Nuevo Testamento, las parábolas del Reino (Mt. 13) fueron ofrecidas con el objetivo de que los oyentes captaran el misterio de que el Reino había de desarrollarse, en primer lugar, a nivel espiritual y discreto, sin triunfalismos, durante la dispensación del Evangelio. Pero esto no agotaba todo el contenido del Reino de Dios en la tierra. Precisamente en vísperas de su triunfal entrada en Jerusalén, Jesús expuso su parábola de las minas para enseñar a sus discípulos que su regreso triunfal, y el subsiguiente reino mesiánico, estaban todavía lejanos en el futuro (Lc. 19:11-27), ya que ellos *«pensaban que el reino de Dios iba a manifestarse inmediatamente»* (v. 11, comp. con 17:20 y Hch. 1:6).

---

70. La postura abstencionista puede resultar muy cómoda (no siempre), pero es poco cristiana.

La misma visión apocalíptica del Reino milenario está implicada en el Sermón del Olivete (Mt. 24:30; 25:31 ss.; Mr. 13:26; Lc. 21:27; lugares que anticipan lo descrito en Ap. 19:11-16; 20:1-6). Suele, a veces, argüirse que Jesús rechazó esta idea, cuando declaró ante Pilato: «*Mi reino no es de este mundo*» (Jn. 18:36). Jesús indicaba, con estas palabras, que el Reino de Dios no tiene sus raíces en la tierra, pues procede «de los Cielos», y que, como acertadamente señala Trenchard, «su dominio será ejercido desde la Diestra de Dios en este siglo sobre los corazones de los hijos del Reino hasta que se levante para poner a todos sus enemigos por estrado de sus pies».[71]

En cuanto a las condiciones que existirán durante el Reino en el milenio, aparte de lo dicho en el punto 3 de la lección 23.ª, apuntaremos las siguientes: [72]

A) *Será un Reino de paz.* En contraste con las guerras «frías y calientes» de la historia de la humanidad, especialmente en nuestro siglo, y con la amenaza constante de un conflicto, con armas nucleares, a nivel mundial, el futuro Reino —y reinado— del Mesías en la tierra, se caracterizará por la *paz*, que será *«fruto de la justicia»* (v. Is., caps. 11 y 12, así como 32:15-20). Entonces reinará el «*Sar shalom*» = «Príncipe de paz», de Is. 9:6.

B) *Será un Reino de extenso y profundo conocimiento de YHWH* (Is. 11:9). Todos los pueblos de la tierra serán entonces, de manera perfecta, *enseñados por Dios* (Is. 54: 13; Jer. 31:34; Miq. 4:2; Jn. 6:45; He. 8:11), aun cuando Dios usará también el ministerio de los sacerdotes (Ez. 44:23). La enseñanza para los hijos de Israel será tan completa, que nadie tendrá necesidad de enseñar a su *prójimo*, es decir, a otro miembro de Israel, pero Israel, a su vez, se convertirá en maestro de las naciones (Is. 11:10-14).

C) *Será un Reino de justicia.* La historia de la huma-

71. *Estudios de Doctrina Bíblica*, p. 339.
72. Véase mi libro *La Persona y la Obra de Jesucristo*, pp. 370-372 y, de modo especial, *Eventos del Porvenir*, pp. 366-372, donde el doctor J. J. PENTECOST agota el abecedario, señalando las gloriosas características del Reino milenario.

nidad es la historia de las injusticias sociales, de la explotación del hombre por el hombre, de la corrupción política y social mediante el dinero,[73] que, como Satanás, podría ser llamado «*el dios de este mundo*» (comp. 2.ª Co. 4:4 con Mt. 6:24). Pero en el Reino milenario, sólo los *justos* entrarán (v. Mt. 25:37). Lo mismo que en Mt. 25 se dice de los gentiles, se dice en Is. 60:21 de los israelitas, mientras que en Is. 26:2, quedan englobados en un solo grupo: «*y entrará una gente justa, guardadora de fidelidades*» (lit.). Tanto es así que uno de los apelativos más gloriosos será el de «*Sol de justicia*» (Mal. 4:2).

D) *Será un Reino caracterizado por la obediencia*. Al ser atado el diablo «*que ahora actúa* (gr. *energei*, comp. con Flp. 2:13) *en los hijos de desobediencia*» (Ef. 2:2), se eliminará una de las causas que impiden la obediencia a la Ley de Dios. Por otra parte, los súbditos del Reino recibirán un corazón nuevo, para cumplir a gusto los mandamientos divinos (v. Jer. 31:33-34; Ez. 36:25-31; Jl. 2:28-32). Para eso, habrán recibido individualmente una especial efusión del Espíritu de Dios. El «mundo», en su acepción peyorativa de «sistema satánico, opuesto a Dios y a su Cristo» (Sal. 2:1 ss.; Jn. 17:9, 14-16), habrá sido eliminado mientras su máximo jefe permanezca encerrado en el abismo. La unanimidad y el amor mutuo de los hijos de Israel traerán los frutos de bendición que leemos en Is. 52:1-12 y Zac. cap. 8, con lo que los gentiles se animarán a servir y dar culto a YHWH (Sal. 22:26-28; Mal. 1:11).

E) *Será, en fin, un Reino de santidad*. Dice a este respecto Ch. Woodring, en su libro *The Millennial Glory of Christ*:

la santidad será la gran características que distinguirá al pueblo judío en todas las categorías de su vida

---

73. Como dice el refrán castellano: «Poderoso caballero es don dinero.» Y uno de nuestros clásicos, de cuyo nombre lamento no acordarme, escribió:

«*Vuestro don, señor hidalgo,*
es el «don» del algodón,
el cual, para tener algo,
necesita tener don.»

nacional, una «santidad» no suya, sino que les será impartida por el Mesías que estará en medio de ellos, y la poseerán mediante una vida de fe... La simiente santa será el núcleo de la restaurada nación judía (Is. 6:13). Todos los que queden en Sión, habiendo sido lavados de su inmundicia, serán llamados santos (Is. 4:3-4)... Una porción santa, consagrada a YHWH, será reservada especialmente para el santuario y sus ministros (Ez. 45:1-5)... Los sacerdotes enseñarán al pueblo la diferencia entre lo santo y lo profano (Ez. 44:23).[74]

De tal manera abundará la santidad, que todos los quehaceres y todos los utensilios serán tenidos por sagrados: *«En aquel día estará grabado sobre las campanillas de los caballos: SANTIDAD a YHWH; y las ollas de la casa de YHWH serán como los tazones del altar. Y toda olla en Jerusalén y Judá será consagrada a YHWH de los ejércitos»* (Zac. 14:20-21).

9. El Reino eterno

Después que Dios haya puesto a prueba a la humanidad a lo largo de toda clase de *economías* o dispensaciones, se inaugurará en el Cielo el Reino de Dios sobre todas las cosas. Este Reino durará por toda la eternidad (v. 1.ª Co. 15:24-28; 1.ª Ts. 4:17; Ap. 21:3-5; 22:3-5). Ni siquiera durante el milenio, habrá sido el Reino de Dios totalmente perfecto, pues muchos le habrán servido sólo exteriormente. En cambio, en el Cielo y por toda la eternidad, los que habrán sido completamente redimidos de la corrupción inherente al estado temporal y terreno de la humanidad caída, servirán al Señor con verdadero amor y de todo corazón (Ro. 8:23-24).

La fase final y eterna del Reino de Dios comenzará con la creación de unos nuevos cielos y una nueva tierra, en los que *habitará la justicia* (Ap. 21:1, comp. con 2.ª P. 3:7-13). Para entonces, se habrá ya realizado la final separación

---

74. Citado por J. D. PENTECOST, *Eventos del Porvenir*, p. 368.

de justos e impíos, quedando los últimos consignados a la condenación eterna, y los primeros a la eterna bienaventuranza (Ap. 21:3-4, 8; 22:1-5, 14-15).[75]

CUESTIONARIO:

1. ¿Qué significa el vocablo «reino»? — 2. ¿De cuántos modos puede ejercer un rey su soberanía? — 3. ¿Cómo podemos definir el «Reino de Dios»? — 4. ¿Es sostenible la distinción entre «Reino de Dios» y «Reino de los cielos»? — 5. ¿En qué sentido reina Dios ya en el mundo? — 6. ¿En qué forma era Israel un reino teocrático? — 7. ¿Cuál es la disposición básica, según el Señor Jesús, para entrar en el Reino? — 8. ¿Por qué urgía Jesús a cambiar de mentalidad? — 9. ¿Cómo se demuestra que la posposición del Reino no significaba su definitiva remoción? — 10. ¿Qué diferencia hay entre Reino e Iglesia? — 11. ¿En qué aspectos anticipa la Iglesia las condiciones del Reino? — 12. ¿Cómo se entrelazan, al par que se diferencian, las dos esferas, temporal y eterna, del Reino? — 13. ¿Cuál es la correcta relación que la Iglesia, como Reino de Dios, ha de observar con el mundo? — 14. ¿Qué dos corrientes extremas sostienen puntos de vista que no se compaginan, como es debido, con el mensaje completo del Evangelio? — 15. ¿Es cierto que los primeros cristianos «no se metían en política»? — 16. ¿Qué pasajes de las Escrituras anuncian un Reino mesiánico, milenario, en el futuro? — 17. ¿Qué condiciones existirán en el Reino milenario? — 18. ¿Cuál y cómo será la última y eterna fase del Reino de Dios?

---

75. Más detalles en la lección 35.ª

LECCION 26.* LOS PLANES DE DIOS EN RELACION CON LA HUMANIDAD

1. Las dispensaciones divinas

Entramos aquí en un tema tremendamente (y hasta agriamente) debatido entre los evangélicos: el dispensacionalismo. ¿Son las llamadas «dispensaciones» una invención puramente imaginaria de Scofield, o son realidades basadas en las Sagradas Escrituras? Creemos que la Biblia da pie para tal división en «dispensaciones» distintas, aun cuando no sea necesario estar de acuerdo con todos los detalles descritos por C. I. Scofield. Lo que no puede negarse es que fue un gran estudioso de la Biblia y un gran pionero del dispensacionalismo en su moderna sistematización.

¿Qué se entiende por «dispensación», en sentido bíblico? Podemos definirla como «un método usado por Dios en su relación con la humanidad, a lo largo de las edades que van desde la creación del hombre hasta el final de los tiempos». Decimos «método», más bien que «período de tiempo»,[76] porque, aunque, a partir de la Caída, las dispensaciones recorren espacios determinados de tiempo, van concentrándose y ascendiendo, con lo que el proceso de selección va dejando fuera a grandes grupos con los que Dios ha de tratar conforme al módulo de anteriores dispensaciones; esto es particularmente cierto en cuanto a las

---

76. Scofield define la dispensación como «un período de tiempo, durante el cual Dios trata al hombre de un modo particular con respecto al pecado y a la responsabilidad del hombre» (*Scofield Bible Correspondence Course*, I, —Moody Bible Institute, 1977—, p. 46.

dispensaciones de la conciencia y del gobierno humano, las cuales, si se dan por definitivamente acabadas, dejarían fuera de la administración divina a millones de personas a lo largo de la historia de la salvación. Sin embargo, al revés que los pactos, ofrecen una característica esencialmente diferencial, por lo que pueden dividirse bien en secciones horizontales, aunque el factor *tiempo* no sea el aspecto central de la dispensación.

Nuestras Biblias traducen por «dispensación» el término griego *oikonomía* en cinco de las nueve veces que este vocablo ocurre en el Nuevo Testamento. El término en sí significa «administración de una casa» (de *oikos* = casa, y *nomía*, del verbo *nemo* = distribuir).[77] El término *oikónomos* ocurre diez veces en el Nuevo Testamento y significa, fundamentalmente, «administrador». De todas las veces en que la voz «*oikonomía*» ocurre en el Nuevo Testamento, únicamente Ef. 1:10 se acerca al sentido que teológicamente damos al término «dispensación». Lo cual no obsta al hecho de que el sentido del vocablo se verifique en la realidad de los distintos períodos bíblicos. Bastantes premilenaristas no aceptan las dos primeras dispensaciones, pero la gran mayoría acepta las cinco restantes. Vamos a exponerlas en detalle, aunque con la mayor brevedad:

1) *Dispensación de la inocencia.* Duró el brevísimo período entre la creación de nuestros primeros padres y su expulsión del Paraíso a causa de su desobediencia. A pesar de que Dios le había impuesto un solo mandamiento, y ése de carácter meramente probatorio, a fin de que el ser humano reconociera la soberanía de Dios y se plegase al plan glorioso que Dios tenía para él, Adán fracasó en la prueba haciendo mal uso de su libertad, y arrastrando a la condenación, no sólo a sí mismo, sino a toda su descendencia, y aun a la creación entera (Ro. 8:20-22, como un eco de Gn. 3:17-18). Pecó cuando las condiciones eran ideales para no pecar.

---

77. Del que también procede el sustantivo *nómos* = ley, como norma de distribución de cargas, derechos y obligaciones.

2) *La dispensación de la conciencia.* Adán y Eva transmitieron a sus descendientes *«el conocimiento del bien y del mal»* (Gn. 3:22; 4:7; Ro. 2: 14-15; He. 5:14). Sin otra ley que la que Dios había inscrito en el mismo interior del hombre y, conocedores por ella de los principios básicos de moralidad, los descendientes de Adán y Evan podían, por fe en el Redentor venidero (Gn. 3:15) y con la gracia de Dios, haber llevado una conducta piadosa, como la del nieto de Adán, Enós (Gn. 4:26) y, posteriormente, la de Enoc (Gn. 5:22-24) y la de su bisnieto Noé (Gn. 6:9). Pero, casi la totalidad de la posteridad de Adán se corrompió moralmente (Gn. 6:3-7, 11-13), por lo que Dios determinó destruir a la humanidad con el Diluvio, con la excepción de solas ocho personas (Gn. 6:18; 1.ª P. 3:20). Los seres humanos tampoco siguieron la voz de la conciencia.

3) *La dispensación del gobierno humano.* Dios estableció un pacto con Noé y, tras repetirle la intimación a fructificar, señorear y llenar la tierra (Gn. 9:1-10, comp. con 1:28-30), estableció la pena de muerte (Gn. 9:5-6) y prometió no volver a castigar a la humanidad con otro Diluvio (Gn. 9:15). Pronto vemos surgir jefes de familias y tribus (Gn. 10), descollando un nieto de Cam, Nimrod, dictador militar (*«gibor»*, el mismo vocablo de Is. 9:6), fundador de la civilización babilónica y, al parecer, tirano que sembró el terror por todas partes (Gn. 10:8-12) y fomentó la edificación de la famosa Torre de Babel.[78] De esta forma, la dispensación del gobierno humano fracasó también por un triple y notorio pecado de rebeldía contra Dios: (a) abusando del poder para tiranizar a los hombres; (b) negándose a poblar la tierra; y (c) levantando la Torre en gesto de orgullo y desafío a Dios. El relato de la rebelión y del juicio de Dios se halla en Gn. 11:1-9.[79]

---

78. Véase F. JOSEFO, *Antigüedades Judaicas*, I, 4, 2.
79. Dice el gran rabino J. H. HERTZ (*Pentateuch*, p. 197), citando a Steinthal: «Solamente una gran transgresión —una empresa colosal en su insolente impiedad, que evidenciaba una abierta rebelión contra Dios— pudo causar a la humanidad una catástrofe de tal magnitud». En efecto, la confusión de lenguas ha sido, y es, un factor de división. Recuerdo haber leído que el ataque japonés a Pearl

4) *La dispensación de la promesa.* De entre los dispersos descendientes de Sem, Dios llamó a Abram («Abram» = padre excelso) [80] y le hizo unas promesas de tan largo alcance, que sus efectos perdurarán por toda la eternidad (v. Gá. 3:6-18): le prometió una tierra, una descendencia carnal numerosa y una descendencia espiritual, también numerosa. Al establecer la familia de Jacob en Egipto su residencia permanente (Gn. 47:1 ss.), los más escogidos descendientes de Abraham, los hijos de Israel, perdieron su identidad religiosa y se contagiaron de la incredulidad y de la idolatría de los egipcios (v. Ex. 2:14; 32:1 ss.; He. 3:15-19; 4:2). Ex. 1:8-14 nos presenta el terrible juicio de Dios contra los descendientes de los escogidos patriarcas de Israel. Como dice I. Barchuk:

> De esta manera, este período puso de manifiesto también que no es suficiente tener buenos padres, con buena fe, sino que cada persona, individualmente, debe tener su propia fe para tener vida eterna (Hab. 2:4).[81]

5) *La dispensación de la Ley.* Después de sacar a Su pueblo de Egipto, *«con mano fuerte y brazo extendido»* (Sal. 136:12), Dios propuso a Israel, desde lo alto del Sinay, su Ley: *«Lámpara para los pies y luz para el camino»* (Sal. 119:105). El pueblo, muy a la ligera, y aun antes de escuchar la exposición de la Ley, se comprometió, en un acto de autosuficiencia (v. Ro. 10:3), al responder a Moisés: *«Todo lo que YHWH ha dicho, haremos»* (Ex. 19:8). Sin embargo, no había pasado una generación cuando Moisés, próximo a la muerte, profirió la tremenda profecía que hallamos en Dt. 31:26-29. En efecto, antes y después de la entrada en la Tierra Prometida, Israel prevaricó constantemente, y el juicio de Dios sobre Su pueblo fue drástico: primero el reino del norte y, más tarde, el de Judá, fueron

---

Harbour, en la Segunda Guerra Mundial, se debió a la mala traducción de un telegrama.

80. Más tarde (véase Gn. 17:5), le cambió el nombre por el de *«Ab-raham»* = padre de una multitud.

81. *Explicación del libro del Apocalipsis*, p. 355.

llevados al cautiverio. De aquella dispersión, Israel no se ha recuperado todavía. Gran parte de los israelitas que hay en el mundo desconocen su ascendencia, puesto que el remanente que regresó al país con Esdras y Nehemías era muy pequeño. Pero de este remanente, llegando el tiempo, *procedió, según la carne, Cristo, el cual es Dios sobre todas las cosas* (Ro. 9:5), quien, desde su entrada en este mundo, se sometió a la Ley (Gá. 4:4, éste es el sentido literal; gr. *genómenon ek... genómenon hypó...*).

6) *La dispensación de la Iglesia.* Cuando judíos y gentiles crucificaron al Señor (Hch. 2:23), quedó también crucificada la Ley (Ro. 10:4; Gá. 3:19-29 y , explícitamente, Col. 2:14). El *«nuevo mandamiento»* (Jn. 13:34-35) rebasa, tanto en extensión como en intensidad, a la Ley antigua. Lo que era externalidad ha dado paso a lo interior, lo espiritual; lo que era figura ha dado paso a la realidad (Jn. 4:24; He. caps. 7-9). Esta dispensación es también llamada «dispensación del Evangelio», porque, en ella, la Iglesia ha recibido la Gran Comisión de *«predicar el Evangelio a toda criatura»* (Mr. 16:15), comenzando por el judío y llegando a todos los países y pueblos de la tierra (Mt. 28:19; Hch. 1:8; Ro. 1:16, etc.), aun cuando el Evangelio será predicado también durante la Gran Tribulación y en el mismo milenio. Otros, como Scofield,[82] llaman a esta dispensación la de la «gracia», no porque la gracia de Dios no haya sido dispensada antes, o no haya de serlo después de la era de la Iglesia, sino porque, en esta dispensación, Dios ha hecho *sobreabundar las riquezas de su gracia,* y nos ha escogido *«para alabanza de la gloria de su gracia, de la que nos ha colmado en el Amado»* (Ef. 1:4-6). Sin embargo, también en esta dispensación, los hombres han fracasado, y el resultado será el juicio sobre un mundo incrédulo y una Iglesia apóstata (Ap. caps. 17 y 18).

7) *La dispensación del milenio.* Finalmente, cuando haya pasado la Gran Tribulación con la Segunda Venida del Señor a la tierra, y efectuados los juicios purificadores que han de llevarse a cabo entonces, se establecerá en el

---

82. *Op. cit.*, p. 54.

mundo el Reino mesiánico milenario. Encadenado el diablo y retenido en el abismo, la tierra disfrutará de un período de paz y prosperidad sin precedentes. El orden y la justicia serán impuestos desde Jerusalén, donde el Mesías-Rey tendrá su trono, y todas las naciones le rendirán pleitesía. Con El reinarán los santos de la presente dispensación (v. Mt. 24:30; Mr. 13:26-27; Lc. 21:27-32; Hch. 3:19-21; 15:14-18; 2.ª Ts. 2:8; Ap. 19:11, 21; 20:1-6).[83] Pero, increíblemente, cuando Satanás sea desatado al final del milenio, grandes multitudes serán engañadas por él hasta el punto de rebelarse contra el Mesías-Rey y hacer la guerra al Señor y a Sus santos. El juicio contra esta muchedumbre rebelde será drástico y rápido: «*De parte de Dios descendió fuego del cielo y los consumió*» (Ap. 20:9). Con esto, quedará suficientemente demostrado que, cualesquiera sean las condiciones en que Dios haya situado a la humanidad, el corazón del hombre es «*engañoso más que todas las cosas y perverso*» (Jer. 17:9). Después de esta dispensación y del subsiguiente Juicio Final ante el Gran Trono Blanco (Ap. 20:11 ss.), comenzará la eternidad, feliz para los elegidos, terrible para los réprobos (Ap. 21 y 22).

2. Los pactos de Dios con la humanidad

Este es un tema sobre el que reina tremenda confusión. Procuraremos aclararlo en la medida de nuestras fuerzas, sin sentar cátedra de maestro dogmatizante y, mucho menos, infalible. Preciso será dividir la materia en varios apartados, que comienzan con el asentamiento de una «tesis» o posición determinada:

I. *La salvación SIEMPRE es por fe*: ¿También en la dispensación de la inocencia? ¡También! El hombre es un ser relativo, contingente y limitado, que no tiene en sí la fuente del conocimiento, como no tiene en sí la fuente de la propia existencia. Sólo por revelación divina, puede el hombre saber lo que realmente le conviene saber (Dt. 29:

---

83. Véanse también los lugares mencionados en la lección 23.ª

29). La *fe* se opone a *obras* (Ef. 2:8-9), como se opone a *vista* (2.ª Co. 5:7; 1.ª P. 1:8; ¡admirable v. y digno de continua meditación!). «*Y sin fe es imposible agradar a Dios*» (He. 11:6). Por eso, el ejercicio de la fe se remonta hasta Abel (He. 11:4), porque sus padres *no* la ejercieron, ya que creyeron al diablo en vez de creer a Dios (Gn. 6:4-6). Los hombres son incrédulos porque quieren *ver* el fruto de sus propias *obras* (v. Ro. 10:2-3), en vez de fiarse de Dios y recibir la salvación, el perdón y la felicidad, el éxito y la prosperidad, *gratis*. Prefieren *trabajar* para el diablo antes que *descansar* para Dios (Ro. 6:23).[84]

II. *En el orden soteriológico, sólo existen DOS pactos*: el pacto de *obras* y el pacto de *gracia*. Ambos pactos son implícitos en su expresión, puesto que falta en el texto sagrado la palabra «pacto», pero claros en sus derivaciones bíblico-teológicas.

A) El pacto de *obras* (fruto siempre de *fe*, comp. con Ef. 2:10) lo llevó a cabo Dios con nuestro primer padre, en quien estaba representada toda la raza humana. Este pacto era *condicional* (Gn. 2:15-17). Adán no cumplió la condición (Gn. 3:6), y perdió las bendiciones del pacto, no sólo para sí (Gn. 3:7-11, 14-24), sino también para toda su descendencia (Ro. 5:12-21; 1.ª Co. 15:22, 45-49). Pero el Dios que sabe sacar bienes de los males, no se arredró ante el fracaso del hombre, sino que, a renglón seguido, prometió un Redentor (Gn. 3:15). Con esto quedó concertado:

B) El pacto de *gracia* (hebr. *jen*; gr. *kháris*), término que, con su sinónimo «*misericordia*» (hebr. *jesed*; gr. *éleos*), ocurre innumerables veces en la Biblia. Este pacto es también *condicional* y divide en dos grandes grupos a la humanidad: el que cree, se salva; el que no cree, se condena (v. entre los muchísimos lugares, Gn. 15:6; Jn. 1:11-

---

84. Esta tendencia psicológica, natural en el hombre (véase Ef. 2:2-3 «... *por naturaleza...*»), se muestra en todos los terrenos. De ahí que, en mi opinión, es mala táctica *regalar* tratados evangelísticos y Biblias, porque el ser humano tiende instintivamente a subestimar lo que no le cuesta ningún sacrificio.

12; 3:16, 36; 5:24; 6:35 ss.; 8:24; 9:39-41; Ro. 3:23-28; 4:5-6; 5:1-2; Gá. 5:6; Ef. 2:8; 1.ª Jn. 5:9-13). En otras palabras, siendo este pacto de *gracia* opuesto al de *obras*, el que quiere salvarse por obras, se condena a sí mismo en su propio orgullo (Ef. 2:9, comp. con 2.ª Cr. 25:19; Sal. 34:2; Ro. 2:17; 5:11; 10:3; 1.ª Co. 1:31; 2.ª Co. 10:17; Gá. 6:14). El resultado de la obediencia a este pacto es *vida eterna*, como puede verse en los textos citados. Este es un pacto entre las divinas personas, como efecto del cual se ofrece la salvación a todo el que cree (Jn. 1:12; 3:15-16; 17:4-10, 21-24; Ef. 1:3-6; 2.ª Ti. 1:9; Tito 1:2). De acuerdo con la opinión de otros teólogos como J. O. Buswell Jr.,[85] sostengo que no hay un tercer pacto soteriológico de la *redención*, puesto que (a) en su forma implícita, el pacto de la redención aparece ya en Gn. 3:15; no es un nuevo pacto, sino la declaración progresiva del pacto de la gracia dentro del proceso evolutivo de la revelación divina; (b) si se le toma en su forma explícita, conectándolo con lugares como Jer. 31:33-34; Sal. 40:6-8; He. 10:5-17, ha de tenerse en cuenta que, en este plano, no pertenece propiamente a los pactos *teológicos* (implícitos), sino a los explícita y específicamente *bíblicos*, de los que tratamos a continuación.

III.. *En el orden específicamente bíblico, existen SEIS pactos distintos*: noético, abrahámico, sinaítico, palestino, davídico y nuevo. Pero, antes de pasar a detallar cada uno de estos pactos, es preciso analizar el concepto de «pacto» propiamente dicho.

El vocablo «*pacto*» (hebr. *berith*; gr. *diathéke*) es tan frecuente, que, en la *Concordancia* compilada por C. P. Denyer, de la Editorial Caribe, ocupa muy cerca de tres grandes columnas.[86]

---

85. Citado en *Wycliffe Bible Encyclopedia*, I, p. 390.
86. Trescientas siete veces, si no he contado mal, incluyendo las dos veces en que *diathéke* ocurre en He. 9:16-17 y que las Biblias suelen vertes por «testamento», aunque, en opinión de grandes expertos, a la que me uno, es una traducción incorrecta por tres razones importantes: *a*) rompe el hilo del contexto, que habla únicamente de «pacto»; *b*) vierte en voz activa («testador») el participio medio-pasivo «*diatheménou*», en lugar de verter correctamente: «(víc-

El hebreo *berith* viene, probablemente, de la raíz *barar* = cortar, a cuya familia pertenecen muchos vocablos, como *bara'* = crear, y *barakh* = bendecir, con una primaria acepción de «echar abajo».[87] Así hallamos la frase bíblica «*karath berith*» = «cortar un pacto». Así solemnizaban los orientales los pactos mediante el sacrificio de animales, pasando ambas partes por entre las víctimas cortadas en dos mitades. Pero los pactos divinos, basados en la gracia, son unilaterales; por esto, se observa en el pacto abrahámico que sólo Dios pasó, bajo el símbolo de *una antorcha de fuego*, por en medio de las víctimas (Gn. 15:9-17). Esta es la razón por la que el término griego que traduce el hebreo *berith* no es *syntheke* = pacto con..., sino *diatheke* = pacto por medio de...

Concentrándonos ahora en los pactos de Dios con los hombres, vemos que todos ellos poseen algunas características comunes: (a) el Pactante es siempre y sólo Dios; (b) se solemniza mediante la sangre de víctimas (comp. Lv. 17:11 con He. 9:22), que apuntan hacia el Calvario, ya que, sin la Obra de la Cruz, no habría base de conciliación entre Dios y el hombre (2.ª Co. 5:19); (c) contienen promesas de Dios; a veces, sin condiciones; a veces, con condiciones; a veces, en fin, incondicionales para la nación, pero condicionales para los individuos; (d) Dios ofrece una *señal* visible o una *seguridad* oral de la continuidad del pacto.

Pasamos así al análisis de cada uno de los pactos específicamente bíblicos: [88]

---

tima) testificada»; *c*) hace morir al «testador», el cual, sin lugar a dudas, sería ¡*Dios el Padre!*, lo cual es totalmente antibíblico.

87. Por eso, hay dos vocablos tan parecidos, de esta misma raíz: *berekhah* = rodilla (hincarse de rodillas es echar abajo la autosuficiencia) y *berakhah* = bendición.

88. Muchos dispensacionalistas rechazan los pactos llamados «teológicos». J. D. PENTECOST dice: «Aunque hay mucho en la posición del teólogo de pactos teológicos que está de acuerdo con la Escritura, la teología de estos pactos es funestamente inadecuada para explicar las Escrituras escatológicamente, ya que ignora el gran campo de los pactos bíblicos que determinan todo el programa escatológico» (*op. cit.*, p. 53). Por su parte, R. A. KILLEN y J. REA, en *Wycliffe Bible Encyclopedia*, p. 390, dicen: «A quienes ponen obje-

1) *El pacto noético*. Dios concierta Su primer pacto con Noé (Gn. 6:18, primera mención del término *berith*), y lo formaliza en Gn. 8:20 — 9:17. Dios no demanda a Noé ninguna promesa de aceptación, pero impone condiciones valederas para toda la humanidad, la cual va a descender de Noé: los hombres deben fructificar, multiplicarse y llenar la tierra; por otra parte, no deben comer carne con *sangre*, en la que está la vida (Gn. 9:1-7). Los hombres no cumplen la condición de «llenar la tierra» y sobreviene el juicio divino (Gn. 11). Pero Dios hace también promesas incondicionales: no destruirá jamás a la humanidad mediante un diluvio y mantendrá siempre el curso regular de las estaciones del año (Gn. 8:21-22). Esta seguridad queda sellada con la señal visible de este pacto, que es el arco-iris (Gn. 9:12-17).[89] El derramamiento de sangre de las víctimas está implícito en los *holocaustos* de Gn. 8:20.

2) *El pacto abrahámico*. Este pacto, implícitamente anunciado en Gn. 12:1-3, tiene su formalización en el capítulo 15, y su confirmación en 22:15-18, comp. con He. 11:17-19. Tiene como señal visible la circuncisión (cap. 17), y Dios hace, en este pacto, promesas de gran envergadura y de tremendo alcance en el tiempo: (a) una posteridad innumerable (Gn. 12:2; 22:17); (b) bendición para los que bendigan al pueblo elegido y maldición para los que le maldigan (Gn. 12:3, comp. con 27:29 y Nm. 24:9); (c) dar

---

ciones a la clasificación del acuerdo de Dios con Adán antes de la caída como pacto de obras, y Su acuerdo con los hombres para la salvación después de la caída como pacto de gracia, se les puede decir lo siguiente: 1) El acuerdo de Dios con David en 2 S. 7 no es designado allí como pacto, pero es llamado pacto en Sal. 89:3, 28. 2) El desarrollo de una verdadera teología sistemática sólo es posible mediante la aplicación de unas definiciones obtenidas por inducción. Esto es lo que ocurre al establecer los pactos teológicos. 3) Nos vemos confrontados con la necesidad de repetir laboriosamente el acuerdo que Dios anunció a Adán al crearle, así como sus condiciones y resultados o de clasificarlos. Al llamar pacto a eso, usamos simplemente un término que defina todo eso, en lugar de estar repitiendo innecesariamente los datos.»

89. No sabemos si el arco-iris existía antes del Diluvio o no. En todo caso, lo importante es el dato revelado de que, a partir del pacto de Dios con Noé, comenzó a ser *señal*.

a la descendencia de Abraham la tierra de Palestina, *«desde el río de Egipto hasta el río grande, el río Eufrates»* (Gn. 15:18); y (d) la más importante promesa es que de su descendencia saldría el Mesías, quien sería bendición para todas las familias y naciones de la tierra (Gn. 12:3; 18:18; 22:18; 26:4, a la luz de Gá. 3:8, 9, 16, 18). Dios ofreció su garantía interponiendo juramento (Gn. 22:16; He. 6:13-18).[90]

3) *El pacto sinaítico.* Este pacto es ya mucho más complejo, pues usa ahora la forma de un concierto entre soberano y vasallos, frecuente en aquella época en el Cercano y Medio Oriente,[91] aunque con la notable diferencia de que los pactos «soberano-vasallos» de los otros países estaban basados en el poder, mientras que el pacto del Sinay estaba basado en el amor y la gracia de Dios hacia Su pueblo. El anuncio del pacto se hace en el capítulo 19 del Exodo, pero las cláusulas del pacto se expresan en los capítulos 20 y siguientes, así como en los capítulos 5 y siguientes del libro del Deuteronomio. Dos aspectos son de notar especialmente en este pacto:

(a) *Su formulación*: contiene un preámbulo, con motivación histórica (Ex. 20:2); unas estipulaciones, contenidas especialmente en el Decálogo (vv. 3 ss.); unas sanciones (bendiciones y maldiciones), entretejidas en los mandamientos (vv. 5-6, 12; cap. 23:20-33; Lv. cap. 26 y Dt. caps. 27 y 28); un juramento de parte de Dios (v. Dt. 29:12 ss.; 32:40; Neh. 10:29; Ez. 16:8); una ratificación solemne y misteriosa, pues las partes que contrataron el pacto, representadas en el *«altar»* y el *«pueblo»*, fueron rociadas con la sangre de las víctimas (Ex. 24:3-8). Dicen R. A. Killen y J. Rea:

> Las partes contratantes tenían que figurar como si hubieran muerto, para representar así que no podían ya cambiar su decisión y revocar el pacto más de lo que podría hacer un muerto (Gn. 15:8-18; He.

---

90. Para más detalles, véase E. TRENCHARD, *op. cit.*, pp. 281-283.
91. Véase R. A. KILLEN y J. REA, *op. cit.*, I, especialmente pp. 388-389.

9:16-17). Así, la sangre de los animales sacrificados como sustitutos, fue rociada en la ceremonia de ratificación del pacto para representar la «muerte» de las partes contratantes.[92]

(b) *Su significado espiritual*: A la vista de la fraseología que recorre todo el libro del Deuteronomio y que puede resumirse en la frase de Jesús, tras citar los dos mandamientos en que se resume toda la Ley, «*haz esto y vivirás*» (Lc. 10:28), parecería que el elemento condicional de este pacto deja completamente en la sombra al elemento incondicional, pero es preciso recordar una vez más que la salvación es siempre «*por gracia... mediante la fe*». De ahí que el ejercicio de la *fe* se le pidiese al pueblo de Israel antes de salir de Egipto, mediante la sangre del Cordero Pascual, aplicada a los dinteles y a los postes de las casas (v. Ex. 12:13), mientras que la Ley les fue dada varios meses después de la salida de Egipto. En efecto, las frases del Deuteronomio, como la de Jesús en Lc. 10:28, no significan que la salvación eterna dependa de las obras de la Ley (comp. con Ro. 10:5; Gá. 3:12, como un eco de Lv. 18:5), sino que hablan de una comunión de vida con Dios mediante el ejercicio de la justicia, pero a sabiendas de que sólo por fe puede obtenerse una justicia que suba al nivel que Dios requiere para declarar *justa* a una persona. Es lo que el Señor declaró en el Sermón del Monte, diciendo: «*Sed, pues, vosotros perfectos* (es decir, *maduros* en el amor), *como vuestro Padre que está en los cielos es perfecto*» (Mt. 5:48). Dicen los citados autores:

Él (Jesucristo) aplicó la Ley con respecto a la continua santificación del creyente, no de su justificación. La misma aplicación se hace en Lv. 18:5... Cuando vemos que este pacto (el sinaítico) se abre con alusión a la gracia: ...(Ex. 20:2) y añadimos a esto la consideración de los hechos referidos arriba, lo vemos lleno de gracia. El pacto mosaico aparece entonces, por una parte, como el ayo que nos conduce a Cristo, con toda la tipología que apunta hacia Él y,

---

92. *Op. cit.*, p. 388.

por otra parte, como una pauta normativa que debe guiar el comportamiento de todo creyente, tanto del Antiguo como del Nuevo Testamento.[93]

4) *El pacto palestino.* Este pacto aparece en Dt. capítulos 29 y 30, y aun cuando forma parte de la confirmación renovada del pacto sinaítico, es considerado por muchos autores como un pacto distinto. La solución depende, en gran parte, de si el *pacto* de que habla Dt. 29:1 a (en la Biblia hebrea, 28:69) es una confirmación del *pacto* a que se refiere la segunda parte del versículo (pacto *suscrito*) o es un pacto *añadido (sobrescrito).* Tanto los rabinos,[94] como gran parte de los exegetas dispensacionalistas,[95] consideran que es un pacto distinto. Este pacto es condicional en parte: Dios ha de bendecir a Israel si éste permanece fiel a YHWH, pero le ha de maldecir si vuelve la espalda a YHWH (v. Dt. 28:9 ss.); pero es incondicional en sus últimos resultados o aspectos escatológicos, mediante la seguridad que Dios le otorga (Dt. 30:19), haciendo que Israel cumpla la condición de arrepentirse cuando el Mesías venga por segunda vez (Dt. 30:1-10; Is. 66:19-20; Zac. 12:10-14; 13:6). Este arrepentimiento, voluntario por parte de Israel, se llevará a cabo, no obstante, mediante la soberana intervención de la divina gracia en las vidas de los individuos.

5) *El pacto davídico.* El pacto davídico tiene que ver específicamente con el Reino, el Rey y el trono de la casa de Israel, y es básicamente un pacto incondicional en cuanto a la seguridad del trono de David y de su hijo Salomón, así como en cuanto al mantenimiento de una *línea regia* que habría de empalmar con el Mesías-Rey (v. 2.ª S. 7:4-16; Sal. 89:3-4, 26-37; 132:11-18; Lc. 1:32-33, comp. con Is. 9:6; 42:1, 6; 49:8; 55:3-4; Dan. 2:44; 7:14, 27); sin embargo, es condicional respecto al rey individual (v. 2.ª S. 7:14). Tanto es así, que Jeconías o Joaquín recibió una maldición para

93. *Op. cit.,* p. 389 (los paréntesis son nuestros).
94. Véase J. H. Hertz, *op. cit.,* en nota a Dt. 29:1.
95. Algunos, como Trenchard y el doctor Paul Lowery no le dan alteridad; otros, como Scofield, Chafer, Pentecost, lo clasifican como pacto distinto.

él y su descendencia (v. Jer. 22:30; Ez. 21:26; Os. 3:4; 10:3), pero esta maldición sobre la descendencia física de Jeconías no alcanzó al Mesías, porque, aun cuando los derechos legales le venían, a través de José, de la línea de Jeconías (v. Mt. 1:11-12, 16), su procedencia física, según la carne, era a través de María, también descendiente de David, pero por la línea de Natán (v. Lc. 3:23, 31-32).

6) *El nuevo pacto.* En contraste con el pacto sinaítico entre YHWH e Israel, dado por mediación de Moisés (Jn. 1:17; Hch. 7:38; Gá. 3:19), el nuevo pacto es establecido entre YHWH y el pueblo redimido, actuando el Señor Jesucristo como Mediador (Jn. 1:17; 1.ª Ti. 2:5; He. 8:6; 9:15; 12:24). Este pacto fue anunciado en Jer. 31:31-37; Ez. 11:17-20; 36:22-27; Jl. 2:28-32, y cumplido ya por el Señor Jesucristo (Mt. 26:28; Mr. 14:24; Lc. 22:20; He. 8:6; 9:7-9, 23; 10:5-16). Tiene *«mejores promesas»* (v. He. 8:1-12, espec. v. 6), y mejor sacrificio (He. 9:11-28; 10:1-18). Suscrito con la sangre preciosa de nuestro Salvador (He. 9:14-15), este nuevo pacto ha hecho desaparecer el antiguo (He. 8: 13). También tiene un aspecto incondicional, escatológico, cuando cada judío individual recibirá sus bendiciones y no necesitará que otro hermano le enseñe el conocimiento de Dios, pero se cumple ya condicionalmente en la dispensación de la Iglesia, en la medida en que cada creyente recibe al Señor Jesús como su Salvador personal y testifica del perdón que le fue otorgado por medio del derramamiento de la sangre del Mediador, participando así de las bendiciones del nuevo pacto.[96]

3. Aspectos escatológicos de los pactos específicamente bíblicos

Antes de señalar en qué medida se relacionan con la Escatología los pactos que acabamos de estudiar, no estará de más insistir en que, mientras las dispensaciones pueden dividirse siguiendo una línea horizontal, los pactos implican aspectos espirituales y escatológicos que siguen

---

96. Véase en el punto siguiente su relación con los otros pactos.

una línea ascendente, como puede verse en los diagramas siguientes:

Dispensaciones:

Inoc.	*Conc.*	*Gob. hum.*	*Promesa*	*Ley*	*Iglesia*	*Milenio*
Antes de la Caída	Hasta Noé	Desde Noé a Abraham	De Abraham al Sinaí	Del Sinaí a Pent.	De Pent. a la 2.ª V.	De la 2.ª V. al Juic. F.

En cambio, los *pactos* siguen el proceso que se representa en el diagrama siguiente:

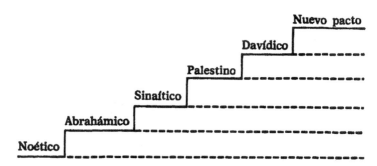

Los aspectos escatológicos ascendentes, así como la relación que guardan unos pactos con otros, pueden detallarse así, a la vista del precedente diagrama:

A)   El pacto *noético* carece de aspectos escatológicos, por lo que sus promesas y condiciones afectan a todos los hombres de todas las razas y de todas las edades, sin relevancia especial ni para Israel ni para la Iglesia. Es un pacto de carácter universal, tanto histórica como geográficamente. Por esta razón, muchos autores, especialmente al tratar de la Escatología, ni siquiera lo mencionan.

B)   El pacto *abrahámico* incluye bendiciones especiales para el pueblo escogido, Israel, pero a través del Mesías, alcanza en sus bendiciones más altas e importantes a todas las naciones de todos los tiempos, bajo la condición de recibir al Mesías. Esta es la razón por la que todos los creyentes, judíos o gentiles, son hijos *espirituales* de Abraham. Pero esto no quiere decir que, con el nuevo nacimiento, desaparezcan los privilegios peculiares de Israel, ni que cese de existir la diferencia étnica entre judío y gentil. El Nuevo Testamento divide claramente a la humanidad en tres grupos: judíos, gentiles y cristianos (v. 1.ª Co. 10:32). Nadie nace *cristiano* (v. Jn. 1:12-13), sino *judío o gentil.*[97]

C) El pacto *sinaítico* es el más complejo de todos los pactos, pues contiene aspectos muy variados:

(a) El aspecto *cultual* o ceremonial, que es el más importante, puesto que, como leemos en He. 7:11, *a base del sacerdocio levítico «recibió el pueblo la Ley».* Como dice el profesor E. Trenchard: «Según esta declaración, no es la Ley la que sustenta el orden levítico, sino, por el contrario, la obra simbolizada por los sacrificios es la que sostiene la Ley, hasta que cumpla sus propósitos en el plan de Dios.»[98] Este aspecto es tan importante, que viene a implicar un «sub-pacto» adicional, al que el mismo Dios llama *«mi pacto con Leví»* (Mal. 2:4-8, comp. con Nm. 25:12). Por eso, el autor de *Hebreos*, continúa diciendo: *«Porque cambiado el sacerdocio, necesariamente ocurre también cambio de ley»* (He. 7:12). Así, pues, este aspecto era temporal y hubo de ceder el lugar al *«sacerdocio intransferible»* de Cristo (He. 7:24). Con este aspecto estaba ligado todo lo referente a los alimentos, a las abluciones purificadoras y a los tiempos «sagrados»: fiestas y sábados (v. Ro. 14:17, 20; 1.ª Co. 10:27, 31; Col. 2:16).

---

97. Véase Arnold G. FRUCHTENBAUM, *Hebrew Christianity. Its Theology, History and Philosophy* (Baker Book House, Grand Rapids, 1978), pp. 1-34. Permítasenos añadir que, en el nuevo pacto, los creyentes, en su función sacerdotal (véase 1 P. 2:9; Ap. 1:6; 5:10), deben consagrar *todo su ser* (véase Ro. 12:1-2) y *todo su tiempo* y ocupaciones (véase 1 Co. 10:31; Ef. 5:20). No es sólo el llamado «Día del Señor» el que hemos de santificar, sino todos los días de la semana.
98. *Op. cit.*, p. 292.

(b) El aspecto *instructivo*, pues siendo la Ley parte de las Sagradas Escrituras, es *«útil para enseñar, para redargüir, para corregir, para instruir en justicia»* (2.ª Ti. 3:16). La Ley es el *«ayo hacia Cristo»*, el *«pedagogo»* (según el original de Gá. 3:24), que no sólo nos conduce a la escuela del gran Maestro, sino que, de manera semejante a los «ayos» de los griegos y romanos, nos da también algunas «clases particulares» que nos preparan para las grandes lecciones del Evangelio. La mayor lección de la Ley es el diagnóstico del pecado (v. Ro. 3:20; Gá. 3: 19-22), es como el espejo en que nos vemos la cara (comp. Stg. 1:23-24), pero de la misma manera que el espejo, la Ley nos muestra la *mancha*, pero no nos proporciona el *detergente* para lavarla (comp. con He. 9:14; Ap. 7:14); nos muestra la *enfermedad*, pero no nos procura el *remedio* (comp. con Ro. 3:24-25; 5:6). El aspecto instructivo es espiritual y provechoso; por tanto, continúa en los pactos siguientes.

(c) El aspecto *normativo*, que es el más complicado y debatido. Creemos que la Palabra de Dios está bien clara en cuanto a este aspecto. LA LEY NO ES LA NORMA DE CONDUCTA DEL CRISTIANO.[99] Porque, en *primer* lugar, la Ley era específicamente para el *judío*, y un *gentil* no se hace *judío* al hacerse *cristiano*; pero tampoco es normativa ya para el judío, por cuanto éste está totalmente a la par del gentil *dentro de la Iglesia* (v. 1.ª Co. 12:13); en *segundo* lugar, Pablo dice terminantemente que *Cristo acabó con la Ley* (Ro. 10:4); luego no puede ejercer coerción sobre el creyente, el cual se halla bajo un nuevo régimen (v. Ro. 7:6); en *tercer* lugar, el *modo de andar* (santificación) del cristiano es el mismo que el de *creer* (v. Col. 2:6); luego el andar es por fe, no por obras de la Ley; en *cuarto* lugar, la nueva Ley del cristiano engloba, completa y rebasa las exigencias espirituales de la Ley. Sin embargo, en el trasfondo de la Ley, como norma moral, hay elementos válidos para todos los pactos subsiguientes, con lo que el carácter espiritual de la Ley llega hasta el fin

---

99. Véase mi libro *Etica Cristiana* (CLIE, Tarrasa, 1975), pp. 59-66, 75-78 y, especialmente, 139-144.

de los tiempos. En este sentido, opinamos, contra los dispensacionalistas radicales (Scofield, Chafer), que el Sermón del Monte tiene que ver con el creyente, precisamente porque apunta a las *raíces* del pecado, aunque sólo el amor puede extirpar dichas raíces (comp. Mt. 5:43-48 con Jn. 13:34; Ro. 13:8-9; Gá. 5:14; 6:2). Es el fruto del Espíritu Santo el que permite *andar* como es debido (Ro. 8:4), con santa libertad (Gá. 5:13), pues, como dice Lightfoot, comentando Gá. 5:23 *b*: «La Ley existe con el propósito de refrenar, pero en las obras del Espíritu no hay nada que refrenar.» [100]

D) El pacto *palestino* es incondicional en cuanto a la seguridad que Dios le otorgó (Dt. 30:1-6), por lo cual tiene carácter escatológico, de cuyo cumplimiento los acontecimientos del presente siglo, a partir del año 1948, nos van dando suficiente testimonio, aun cuando los propios beneficiarios del pacto no se den cuenta, en su mayoría, hasta la Segunda Venida del Señor.

E) El pacto *davídico* es igualmente incondicional en cuanto a la final seguridad del Reino mesiánico milenario, cuando el Mesías, «*el hijo de David*» vuelva a este mundo para reinar sobre todas las naciones en el milenio (Lc. 1:32-33; Ap. 11:15; 12:10; 19:16; 20:4, como cumplimiento de Is. 24:23; Dan. 7:14, 18, 27), reinando precisamente desde Sión (Ap. 14:1); [101] por eso, su aspecto escatológico no puede ser más evidente. Tanto es así, que el anuncio de este reinado desde Jerusalén, ligado al gran juicio de las naciones (v. 7), es llamado «*Evangelio eterno*» en el v. 6, y nos retrotrae claramente a Sal. 2:10-12.

F) Finalmente, el *nuevo* pacto tiene su perpetuidad asegurada y bien delineados sus aspectos escatológicos, y esto desde dos vertientes: (a) dentro del contexto profético que se refiere al pueblo de Israel, como puede verse en Jer. 31:31-37; Ez. 11:17-20; 36:22-27; Jl. 2:28-32, donde se

---

100. Citado por E. F. HARRISON, en *The Wycliffe Bible Commentary*, p. 1297.
101. Estoy de acuerdo con el doctor J. F. WALVOORD (*Revelation*, pp. 213 y ss.) en que se trata de la Sión terrenal.

promete un fenomenal reavivamiento espiritual de Israel,
el cual se llevará a cabo tras la Segunda Venida del Mesías;
(b) dentro del contexto actual de la Iglesia, puesto que,
desde Pentecostés, el Espíritu Santo ha sido derramado en
los corazones de los creyentes (Ro. 5:5). Además de los
lugares citados anteriormente,[102] tres lugares más son dignos de alguna consideración: Ro. 8:2, donde «*la ley de Cristo*» es llamada «*la ley del Espíritu de vida*»; 1.ª Co. 9:21,
donde Pablo asegura que está ahora «*dentro de la ley de
Cristo* (lit.), como identificado de corazón con ella, tras haber afirmado, en el versículo anterior, que él *no estaba
bajo la ley*; y 2.ª Co. 3:2-9, donde el contraste entre el antiguo pacto de la Ley y el nuevo del Espíritu está expresado
en frases que recuerdan claramente pasajes como Jer. 31:
33 y Ez. 36:26-27. Comoquiera que la Ley formaba un todo
compacto (v. Stg. 2:10), toda la Ley es sustituida en el nuevo pacto, lo cual no significa que no haya normas comunes.
Dice Arnold G. Fruchtenbaum:

> La Ley de Moisés ha sido anulada y ahora estamos
> bajo una nueva ley... La razón por la cual hay tanta
> confusión en este punto es que la Ley de Cristo con-
> tiene muchos mandamientos similares a los que se
> hallan en la Ley Mosaica, y muchos han sacado la
> conclusión de que, por lo tanto, ciertas secciones de
> la Ley quedan aún en vigor. Pero ya se ha mostrado
> que éste no puede ser el caso, y la explicación de la
> identidad de tales mandamientos hay que buscarla en
> alguna otra parte. La explicación se entiende mejor,
> si nos damos cuenta de que en la Biblia hay un va-
> riado número de códigos... Un código nuevo siempre
> contiene algunos de los preceptos del código ante-
> rior, pero eso no quiere decir que el antiguo esté to-
> davía vigente... Permítaseme ilustrarlo con algo que
> muchos de nosotros hemos experimentado. Yo recibí
> mi primer permiso de conducir en el Estado de Cali-
> fornia, y mientras conduje en California, estuve su-
> jeto a las leyes de tráfico de dicho Estado. Pero des-
> pués de un par de años me trasladé a Nueva York.

---

102. En este mismo punto, C), (c), así como en el punto 2, 6).

Tan pronto como me fui de California, dejé de estar
sujeto a las leyes de tráfico de California. Las leyes
de tráfico de dicho Estado quedaron inoperantes para
mí. Ahora estaba sujeto a una nueva ley, las leyes de
tráfico de Nueva York. Muchas de ellas eran diferentes. En California me estaba permitido girar a la
derecha ante una luz roja, después de parar y conce-
der paso. Pero en Nueva York no estaba permitido
girar a ningún lado ante una luz roja. Había muchas
leyes semejantes en los dos Estados; por ejemplo, la
ley de detenerse ante una luz roja. Pero cuando yo
me paraba ante un luz roja, *no lo hacía en obediencia*
al Estado de California, como antes, sino en obedien-
cia al Estado de Nueva York.[103]

La cita es larga, pero la daremos por bien empleada si
puede arrojar alguna luz para quienes todavía están confundidos en este punto.

CUESTIONARIO:

1. ¿Tiene el dispensacionalismo alguna base bíblica? —
2. ¿Qué se entiende, en términos bíblicos, por «dispensa-
ción»? — 3. ¿Cuántas y cuáles son las dispensaciones cla-
ramente distintas? — 4. ¿Qué otros nombres se dan a la
dispensación de la Iglesia? — 5. ¿Qué condición es absolu-
tamente necesaria para la salvación, cualesquiera que sean
las circunstancias en que se halle la humanidad? —
6. ¿Cuáles son los pactos implícitos, llamados también
«teológicos»? — 7. ¿Qué razones se presentan en pro y en
contra de la existencia de tales pactos «teológicos»? —
8. ¿Cuáles son los pactos claramente especificados en la
Biblia? — 9. ¿Cuáles son los aspectos escatológicos de
cada uno de esos seis pactos? — 10. ¿Qué relación guar-
dan los pactos entre sí, especialmente el sinaítico con el
nuevo pacto? — 11. ¿Cómo se demuestra que la Ley no es
la norma del cristiano?

---

103. Véase A. G. FRUNCHTENBAUM, *op. cit.*, pp. 86-87 (el subrayado
es nuestro).

Sexta parte

LOS JUICIOS DE DIOS

LECCION 27.· LOS JUICIOS DE DIOS

1. ¿Qué significa la palabra «juicio»?

En sentido bíblico, el juicio de Dios es «una actividad religiosa (Miq. 6:8), que tiene por objetivos castigar al malhechor, vindicar al justo y librar de injusta condenación al débil, cumpliendo así con la verdadera justicia (Is. 1:17; Zac. 8:16-17)».[1]

El término para «juicio» es en hebreo *mishpat*, de la raíz *shaphat* = juzgar (con un sentido primordial de «poner derecho» algo); en griego *krisis* indica el acto de juzgar, mientras que *krima* significa el juicio mismo o sentencia; 1.ª R. 3:9, en la oración de Salomón, nos da en el original una interesante descripción: «*Y darás a tu siervo corazón escuchante para juzgar a tu pueblo y para discernir entre bueno y malo*» (lit.). Estar «a la escucha» de la *torah*, de la revelación e instrucción de Dios, es la base necesaria para emitir un juicio recto.

Con base en la infinita sabiduría y santidad de YHWH, todos los juicios de Dios son perfectamente justos, rectos y, al mismo tiempo, llenos de misericordia para el pecador, aun cuando rebosen de santa ira contra el pecado. Nunca se basan en la arbitrariedad (v. por ej., Dt. 10:18; 32:41; Sal. 25:9; Is. 30:18 ss. y todo el Sal. 119).

---

1. R. A. KILLEN y J. REA, en *Wycliffe Bible Encyclopedia*, I, p. 976.

2. ¿Cuáles son los elementos que provocan el juicio de Dios?

En los réprobos, el juicio de Dios es provocado por la resistencia a la verdad (Ro. 1:18 ss.), ya que (a) al tener la revelación general de Dios, quedan sin excusa; (b) a pesar de tener al alcance de su mano el suficiente conocimiento de Dios, lo han pervertido; (c) Dios les juzgará de acuerdo con la luz que brilla en sus conciencias (Ro. 2:2, 12-15). No todos recibirán el castigo en el mismo grado, sino de acuerdo con la gravedad de sus culpas (Lc. 12:48), pero ninguno de los incrédulos se salvará (Ro. 2:19-20; Ef. 2:9).[2]

Los creyentes han pasado de muerte a vida y ya no vendrán a condenación (gr. *katákrima*, v. Jn. 5:24; Ro. 8:1; 1.ª Co. 11:32), pero su *conducta poco consecuente* es juzgada por Dios con castigo de corrección y disciplina (v. Jn. 15:1-8; 1.ª Co. 5:5; 11:30-32; He. 12:3-15 y 1.ª Jn. 5:16) y sus *obras no edificantes* serán pasto de las llamas (1.ª Co. 3:15), *«porque nuestro Dios es un fuego consumidor»* (He. 12:29).

3. Número de los juicios, específicamente distintos, de Dios

Los teólogos amilenaristas, tanto católicos como protestantes, admiten solamente un juicio escatológico de Dios, el «Juicio Final».[3] Pero todo diligente estudioso de la Biblia hallará que hay *cinco* juicios escatológicos profetizados, los cuales, por tanto, están aún por cumplir: 1) el juicio de las obras del creyente ante el tribunal (gr. *bema*) de Cristo; 2) el juicio de Israel, previo al juicio de las naciones, al tiempo de la Segunda Venida del Señor; 3) el juicio de las naciones, descrito en Mt. 25:31-46; 4) el juicio de los ángeles caídos, después del milenio (2.ª P. 2:4; Jud.

---

2. R. A. KILLEN y J. REA, *op. cit.*, p. 977.
3. Sobre la enseñanza de la Iglesia de Roma acerca del Juicio, hablaremos en la lección 31.ª

v. 6; Ap. 20:7-10) y 5) el juicio delante del Gran Trono Blanco (Ap. 20:11 ss.).

Además de estos cinco juicios escatológicos, hay otros dos: [4] el juicio contra Satanás, en el que fue destituido de sus derechos legales sobre la humanidad, y el juicio sobre el pecado (en sus tres fases previas al fin: 1.ª sobre la culpabilidad del pecado en general; 2.ª contra el poder del pecado en la naturaleza caída; 3.ª contra la mancha del pecado en el creyente).

De estos dos juicios no escatológicos, trataremos en la presente lección, dejando los cinco juicios escatológicos para lecciones posteriores.

4. El juicio contra Satanás mediante la obra del Calvario

Antes de la obra del Calvario, el diablo se hallaba en posesión pacífica del mundo, ejerciendo unos derechos que no le correspondían por legítima soberanía, sino que le habían sido otorgados «en bandeja» por la entrada del pecado en el mundo (Gn. 3:1-6; Mt. 8:29; Mr. 1:24; Lc. 4:6 «*a mí me ha sido entregado, y lo doy a quien quiero*»).

Al morir el Señor Jesucristo en la Cruz, se cumplieron las profecías que, desde Gn. 3:15, anunciaban la derrota del diablo a manos de nuestro Redentor (v. Jn. 12:31; 14:30; 16:11; Ef. 4:8; Col. 2:14-15), de forma que Satanás ha quedado desposeído de sus mal adquiridos derechos, aun cuando todavía reine *de hecho* en los incrédulos, «*los hijos de desobediencia*» (v. 2.ª Co. 4:4; Ef. 2:2; 6:12; 1.ª Jn. 5:19), y dé vueltas en torno a los creyentes «*buscando a quién devorar*» (1.ª P. 5:8), llenando el corazón de algunos (Hch. 5:3) y engañando con sus disfraces a muchos otros (2.ª Co. 11:14).

Sin embargo, todo creyente tiene armas suficientes para vencer al diablo, gracias a la victoria que Cristo nos consiguió, con tal de que echemos mano de la armadura de Dios (Ef. 6:10 ss.; 1.ª Jn. 5:4). Sólo una *firme resistencia*

---

4. L. S. CHAFER enumera *tres* (*Teología Sistemática*, II, pp. 409-413), pero creemos que pueden reducirse a *dos*.

en la fe hace huir al diablo (Stg. 4:7; 1.ª P. 5:9). El cristiano complaciente con las tretas de Satanás no puede esperar otra cosa que derrota tras derrota.

5. El juicio pasado y presente de Dios contra el pecado

Al asumir en la Cruz el lugar del pecador, Cristo experimentó sobre sí el juicio general contra el pecado (Is. 53: 5-6; Jn. 1:29; 3:16; He. 2:9; 10:10-12; 1.ª P. 2:24; 1.ª Jn. 2:2), llevó nuestra maldición (Gá. 3:13) y fue hecho *pecado por nosotros* (2.ª Co. 5:21), *«quitando de en medio el pecado»* (He. 9:26, 28). Por eso, pudo gritar antes de morir: *«Consumado está»* (Jn. 19:30), ya que la deuda por el pecado había quedado completamente cancelada. ESTO LO HIZO POR TODOS (2.ª Co. 5:14; 1.ª Ti. 2:6; 1.ª Jn. 2:2),[5] aun cuando sólo se beneficien de Su muerte *todos los que creen* (Jn. 3:15-16, entre otros textos), puesto que sólo ellos se identifican con Cristo en el morir al pecado y entrar en una nueva vida (Ro. 5:12-21; 6:3-11; 1.ª Co. 15:22; Gá. 3:27). Por eso, ya *«ninguna* (ni mucha ni poca) *condenación hay para los que están en Cristo Jesús»* (Ro. 8:1). Dios ha echado sobre Sus propias espaldas los pecados de ellos y ya no se acordará jamás de ellos (Is. 38:17; 43:25; Sal. 103:12; Jer. 31:34; He. 10:17).

Además de este juicio contra la *culpabilidad* del pecado, Dios ha pronunciado Su juicio contra el *poder* del pecado, poder que anida en la propia naturaleza pecaminosa del creyente. ¡No haya confusión sobre esto! Este juicio de Dios no arranca de raíz el poder del pecado en esta vida, sino que *deja inoperante, legalmente abolido* (ésta es la única traducción correcta del gr. *katargethei*) el derecho que la naturaleza pecaminosa, *«el cuerpo del pecado»* (Ro. 6:6) podía alegar contra el control del Espíritu Santo que mora en el creyente y desea llenarlo (Ef. 5:18). De ahí, la fuerza del *«consideraos muertos al pecado»* en Ro. 6:11. Para el creyente, el pecado es ya como «un monarca des-

---

5. Véase mi libro *La Persona y la Obra de Jesucristo*, pp. 330-347.

tronado»; su régimen ha caducado (v. también Gá. 5:24; Ef. 4:22-24; Col. 3:9-10). Por eso, continúa el Apóstol en el v. 12: «*No reine, pues, el pecado en vuestro cuerpo mortal, de modo que le obedezcáis en sus concupiscencias.*» Como diciendo: Puesto que ha perdido sus derechos sobre vosotros, no cometáis la locura de someteros de hecho a sus deseos.

Finalmente, Dios pronuncia Su juicio contra la *mancha* que cada acto pecaminoso arroja sobre la vestidura del creyente. Entre el tabernáculo de reunión y el altar de los perfumes había una pila o lebrillo de bronce donde los sacerdotes lavaban sus manos (sus *acciones*) y sus pies (sus malos *pasos*), antes de ofrecer el incienso de olor agradable a YHWH. También para nosotros hay fuente abierta en la Cruz, donde podemos lavar los pecados de cada día (1.ª Jn. 1:9). No basta que nuestras malas obras queden reducidas a cenizas en el altar de los holocaustos (He. 13:10-13), es preciso lavar manos y pies en la fuente, mediante una sincera confesión a nuestro Dios y Padre (1.ª Jn. 1:5-10; 2:1-2). De lo contrario, el juicio de Dios caerá sobre nuestro pecado en forma de disciplina (Jn. 15:2; 1.ª Co. 11:30-32; He. 12:3-15), y esta disciplina puede ser drástica (1.ª Jn. 5:16),[6] puesto que el pecado de un *hijo* reviste, en realidad, mayor gravedad que el pecado de un *extraño*.[7] Dice L. S. Chafer a este respecto, con referencia específica a He. 12:3-15:

En este contexto está declarado que todo hijo en la casa del Padre está sujeto a castigo conforme lo exija la ocasión. El versículo 6 se refiere a los casti-

---

6. Este pasaje, que tanta confusión causa a muchos exegetas afamados, tanto católicos(véase la nota de la *Biblia de Jerusalén*) como evangélicos (véase J. Stott, *Epistles of John* —The Tyndale Press, Londres, 1966—, pp. 186-190), ha sido, en mi opinión, definitivamente clarificado por L. S. Chafer (*op. cit.*, I, p. 1133). De la misma opinión es el doctor Charles C. Ryrie, en su comentario a esta epístola (en *The Wycliffe Bible Commentary*, p. 1477). La clave está en el vocablo «hermano», al comienzo del versículo.

7. Véase mi libro *El Hombre, Su Grandeza y Su Miseria*, pp. 196-201 y 206-212. En el plano devocional, léase el magnífico comentario sobre Ex. 30:17-21, de C. H. MacIntosh, *Exodo*, pp. 277-279.

gos y a los azotes. Estos deben diferenciarse bien. Los azote tienen por meta vencer la voluntad humana de una vez por todas y, cuando la voluntad está rendida, no hay necesidad de más azotes. Por otro lado, el castigo puede ser repetido muchas veces y puede ser administrado con el fin de que el creyente sea fortalecido, o como prevención para que no vaya por caminos pecaminosos. Es posible que, por la disciplina, un hombre bueno llegue a ser mejor hombre. Cristo dijo: «*Todo aquel que lleva fruto, lo limpia, para que lleve más fruto*» (Jn. 15:2). Pero del castigo que es para corregir un mal, está escrito de aquellos que participan de la Cena del Señor indignamente: «*Por lo cual hay muchos enfermos y debilitados entre vosotros, y bastantes duermen*» (1.ª Co. 11:30).[8]

CUESTIONARIO:

1. ¿Qué es, en general, un «juicio de Dios»? — 2. ¿Qué aspecto interesante notamos en 1.ª R. 3:9, sobre la relación entre el juicio recto, de una parte, y la sabiduría y santidad, por otra? — 3. ¿Cuál es la causa que provoca el juicio de Dios sobre los incrédulos? — 4. ¿Cuántos son los juicios de Dios sobre sus criaturas, a la vista de los datos revelados, tanto en el pasado como en el presente y, especialmente, en el futuro escatológico? — 5. ¿En qué sentido y extensión ha sido ya juzgado Satanás? — 6. ¿Cuándo, dónde y cómo ha sido juzgado «el pecado del mundo»? — 7. ¿Cómo se beneficia cada ser humano de este juicio? — 8. ¿Qué luz arroja Ro. 6:3-12 sobre el juicio pronunciado por Dios contra el poder de nuestra naturaleza pecaminosa? — 9. ¿Cómo se lava la mancha que los actos pecaminosos producen en el creyente? — 10. ¿Cómo han de interpretarse, en conexión con este tema, textos como Jn. 15:2 y 1.ª Jn. 5:16, entre otros textos más fáciles de entender?

---

8. *Op. cit.*, II, p. 411. También puede citarse a este respecto Jn. 15:2a, como el mismo L. S. CHAFER explica correctamente, *op. cit.*, I, p. 1121.

LECCION 28.ª EL FUTURO JUICIO DEL CRISTIANO ANTE EL TRIBUNAL DE CRISTO

1. El tribunal

«Tribunal» —dice Julio Casares—[9] es «Lugar en que se reúnen los jueces para administrar justicia y pronunciar sentencias».

El «tribunal» de que tratamos en la presente lección no está destinado a un juicio de «faltas», sino de recompensas.

El griego del Nuevo Testamento usa dos vocablos que significan «tribunal»: *bema* y *kriterion*. El primero ocurre 12 veces, pero sólo *dos* se refieren al tribunal de Cristo: Ro. 14:10 y 2.ª Co. 5:10. Aun cuando la lectura mejor atestiguada de Ro. 14:10 dice «*tribunal de Dios*», la diferencia no hace al caso, puesto que, por una parte, Jesucristo es Dios y, más importante todavía, el juicio le corresponde al Hijo (v. Jn. 5:22, 27). El vocablo *kriterion* ocurre tres veces, pero ninguna de ellas se refiere a un tribunal divino. La diferencia entre ambas voces está en que, mientras *kriterion* —del verbo *krino* = juzgar, indica meramente la *instrumentalidad* (algo para juzgar), *bema* señala la *posición* elevada del que juzga. «El *bema* —dice T. McComiskey—[10] era la plataforma desde la que se pronunciaban los discursos (Hch. 12:21), así como el lugar donde los funcionarios civiles celebraban sesión para oír algunos casos

---

9. *Diccionario Ideológico de la Lengua Española*, III (Parte alfabética), p. 835.
10. En *Dictionary of New Testament Theology* (ed. por Colin Brown), vol. II, p. 369.

legales y pronunciar sentencia en tales casos (Mt. 27:19; Jn. 19:13; Hch. 18:12, 16 ss.; 25:6, 10, 17).»

En Ro. 14:10, dice Pablo: «*Pero tú, ¿por qué juzgas a tu hermano? O tú también, ¿por qué menosprecias a tu hermano? Porque todos compareceremos ante el tribunal de Cristo* (o *de Dios*).» Y, en 2.ª Co. 5:10, tras expresar su anhelo de agradar a Dios en cualquier circunstancia, dice: «*Porque todos nosotros debemos comparecer ante el tribunal de Cristo, para que cada uno recoja según lo que haya hecho mediante el cuerpo, ya sea bueno o malo* (lit. *en relación a lo que puso por obra* —épraxen— *mediante el cuerpo, ya bueno, ya ruin* —phaulon—).» [11]

Como fácilmente puede apreciarse, a la vista del texto —dentro del contexto— de ambos lugares, en Ro. 14:10 el énfasis cae sobre las falsas pretensiones del creyente que juzga o menosprecia a su hermano, cuando cada uno ha de rendir cuentas ante quien es el Señor y Juez de ambos. En cambio, en 2.ª Co. 5:10, el énfasis recae en las prácticas que han de ser objeto de minucioso examen ante el tribunal. De acuerdo con la clasificación del doctor J. D. Pentecost, quien estudia detalladamente este tema,[12] podemos distinguir, además del sentido del término, otros seis aspectos de este juicio ante el tribunal de Cristo: el tiempo, el lugar, el Juez, los sujetos convocados, la base del examen y el resultado.

2. Tiempo y lugar del futuro juicio de los cristianos

A) El tiempo en que los creyentes de la presente dispensación han de ser examinados ante el tribunal de Cristo está bien determinado por otros pasajes del Nuevo Testamento: (a) Lc. 14:14 señala «*la resurrección de los justos*» como el tiempo de las recompensas; (b) 1.ª Co. 3:13, dentro de un claro contexto, dice que «*el día*» declarará la calidad de la obra de cada creyente; (c) este día es, según Flp. 1:6, «*el día de Jesucristo*» (comp. con 2.ª Ti. 1:12, 18);

---

11. Damos la traducción literal por la gran relevancia del pasaje.
12. *Eventos del Porvenir*, pp. 169-174.

(d) la resurrección o traslación de los cristianos se llevará a cabo, según 1.ª Ts. 4:13-17, en el arrebatamiento de la Iglesia; luego es entonces cuando este juicio de recompensas ha de tener lugar. (e) Cuando el Señor viene para dar fin a la Gran Tribulación, observamos en Ap. 19:8 que la esposa del Cordero ya está preparada y recompensada, puesto que «*las acciones justas*» (gr. *dikaiómata*) que allí se mencionan no se refieren, como es obvio, a la justicia imputada, sino a la justicia que fue practicada en esta vida, de acuerdo con 2.ª Co. 5:10.[13]

B) El lugar es, sin duda alguna, el Cielo, ya que el juicio ha de seguir al encuentro con el Señor «*en el aire*» (1.ª Ts. 4:17), cuando los creyentes estaremos ya con El para siempre.

3. El Juez del «bema»

Como claramente especifican todos los MSS en 2.ª Co. 5:10, el tribunal en el que es menester que *seamos manifestados* (lit.), es el tribunal del Señor Jesucristo. Puesto que no es un tribunal de *faltas* —para condenación—, sino de *acciones* —para recompensa—, el rostro del Juez no será de ira, sino de mansedumbre y bondad. Pero ¿tendrá el mismo gesto para todos? Ya lo veremos en el punto siguiente.

4. Los sujetos convocados

A) 2.ª Co. 5:1-19 deja bien claro que los sujetos convocados al tribunal de Cristo para dar cuenta de sus actos son los creyentes de la actual época de la Iglesia. La comparación con 1.ª Co. 3:12-15; 9:24-27; Flp. 3:12-14; 2.ª Ti. 4:8, y aún 2.ª P. 1:11, no deja lugar a dudas. Sólo a ellos, y a todos ellos, pueden aplicarse las frases que hallamos en dichos pasajes.

---

13. Véase J. F. WALVOORD, *Revelation*, pp. 270-272, y J. D. PENTECOST, *op. cit.*, p. 170.

B) Las acciones que son objeto de examen ante el tribunal de Cristo están bien definidas en esos lugares, especialmente en 2.ª Co. 5:10, donde son de notar los siguientes detalles:

(a) es *ineludible*: «*debemos*»;
(b) es *universal*: «*todos nosotros*»;
(c) es *público*: «*ser manifestados*»;
(d) *asiste* el Juez: «*ante el tribunal de Cristo*»;
(e) para *recibir* algo: «*para que recoja*» un fruto,

1) que *incluye a todos* distributivamente: «*cada uno*»;
2) que *recompensa a todos*: «*cada uno recoja*»;
3) que lo *examina todo*: «*lo que hizo mediante el cuerpo*»;
4) que *corresponde al valor* de lo que se hizo: «*según lo que haya hecho, ya bueno, ya ruin*».[14]

Esta última circunstancia merece mayor consideración, por dos razones: 1.ª, en este juicio no se examinan los *pecados* del creyente,[15] puesto que éstos fueron juzgados de una vez para siempre en la persona de Aquel que le sustituyó en el Calvario, el Señor Jesucristo (2.ª Co. 5:21; 1.ª P. 2:24). Por eso, no cabe contra él un juicio de condenación (Jn. 5:24; Ro. 8:1-3, 33-34), pues tal juicio está reservado para el «mundo» (1.ª Co. 5:5; 11:32). Por eso también, Dios ya no se acordará más de los pecados del creyente (He. 10:17). Todo esto lo suelen saber y recordar bien la mayoría de los hermanos. Pero lo que ya no se tiene en cuenta tanto, o se desconoce,[16] quizá por una

---

14. Véase W. BROOMALL, en *The Wycliffe Bible Commentary*, página 1271.

15. En efecto, el vocablo griego *phaúlos*, a diferencia de *kakós* y *ponerós*, no indica una acción malvada, sino ruin, pobre, inútil.

16. Recuerdo la gran sorpresa de un hermano en España, cuando me refería que cierto predicador, venido de Madrid, había enseñado en su iglesia que no todos tendrían la misma acogida de parte del Señor, cuando entrasen en el Cielo. «Ese hermano estaba en lo cierto», le dije. «Pero, ¿cómo? —insistió él—. Yo creía que cuando entremos en el Cielo el Señor nos dará el mismo abrazo a todos...

predicación y enseñanza sin el debido equilibrio entre la *justificación* y la *santificación*, y aquí viene la 2.ª razón de la importancia de este aspecto, es que, aunque *todos* los creyentes serán salvos, *no todos* recibirán igual acogida de parte del Señor ni recogerán igual recompensa. *¡Esto es tremendamente importante!* Muchos olvidan que el carácter del cristiano se forja en esta vida y, tras la muerte, se fija para toda la eternidad. También es eterna la *corona* que el Señor nos otorgará después del examen ante el *bema* o tribunal de Cristo (1.ª P. 1:3). Una corona que es *distinta* y es *eterna* (eternamente distinta) merece de nuestra parte una profunda consideración, puesto que de la evaluación de la corona depende la motivación de nuestra conducta.

Al llegar aquí, puede alguien pensar, y lo objetan frecuentemente los no cristianos, que todo esto de las recompensas es algo que halaga el egoísmo de la persona. Pero el que así piense, no entiende nada de lo que la eterna bienaventuranza significa. El destino eterno del creyente es *dar gloria a Dios* (1.ª Co. 6:20), y *servirle* (Ap. 22:3). Estos dos objetivos son absolutamente *altruistas*. Nada lo explica mejor que el acto de los 24 ancianos de Ap. 4:10, cuando arrojan sus coronas a los pies del que está sentado en el trono, al par que entonan alabanzas al Creador de todas las cosas. Sobre esto, dice con profundidad y belleza el doctor J. D. Pentecost:

> ...se aclara que las coronas no serán para gloria eterna del receptor, sino del Dador. Por cuanto estas coronas no son aquí visualizadas como posesión permanente, surge la pregunta acerca de la naturaleza de las recompensas... El acto de colocar la señal material de una recompensa a los pies de Aquel que está sentado en el trono (Ap. 4:10) es un solo acto en esa glorificación. Pero el creyente no habrá terminado entonces su destino de glorificar a Dios. Este continuará por toda la eternidad. Por cuanto las recompensas están asociadas con resplandor y brillo en muchos pasajes de la Escritura (Dan. 12:3; Mt. 13:43; 1.ª Co. 15:40-41, 49), puede ser que la recompensa dada al creyente sea la capacidad para manifestar la gloria de Cristo por toda la eternidad. Mientras ma-

yor sea la recompensa, mayor será la capacidad otorgada para dar gloria a Dios... Cristo será el glorificado, y no el creyente, por la recompensa. Las capacidades para irradiar gloria variarán, pero no habrá
un sentido personal de falta de recompensa, ya que
cada creyente será lleno hasta el límite de su capacidad para «anunciar las virtudes de aquel que lo
llamó de las tinieblas a su luz admirable» (1.ª P. 2:9).[17]

El mismo autor hace notar que la corona o recompensa (gr. *stéphanos*) no es la diadema de rey, sino la guirnalda que era concedida a un vencedor.[18] La guirnalda solía
ser de laurel, pero las coronas que Dios otorga como recompensa son *de oro* (Ap. 4:4). Tratándose de una visión,
hemos de pensar que Apocalipsis 4:4 nos da un sentido
simbólico al hablar de «*oro*», metal que es símbolo de realeza y de pureza; junto con la *cítara* y el *incienso* de Ap.
5:8 —en el contexto de los vv. 7 y 8—, se nos muestra
que los creyentes son reyes, sacerdotes y profetas (comp.
con 1.ª P. 2:9).

Con la ayuda de una Concordancia, se pueden hallar las
cinco clases de estas coronas que el Nuevo Testamento nos
declara, y preparar así un esquema para un buen mensaje
de edificación. El doctor Pentecost lo hace así para nosotros:

> En el Nuevo Testamento hay cinco aspectos en los
> que específicamente se menciona una recompensa:
> (1) una corona incorruptible para aquellos que obten-
> gan dominio sobre el viejo hombre (1.ª Co. 9:25);
> (2) una corona de gozo para los ganadores de almas
> (1.ª Ts. 2:19); (3) una corona de vida para aquellos
> que resisten las pruebas (Stg. 1:12); (4) una corona
> de justicia para los que aman su venida (2.ª Ti. 4:8);
> y (5) una corona de gloria por la disposición de apa-
> centar la grey de Dios (1.ª P. 5:4).[19]

Después de esta especie de consideración parentética,
volvemos a decir algo más sobre la diferencia de recom-

---

17. *Op. cit.*, pp. 173-174.
18. *Op. cit.*, p. 173.
19. *Op. cit.*, p. 173.

pensas que el Señor otorgará de acuerdo con las obras de cada creyente. Los textos que nos ayudan a ver claro en este punto y animarnos a trabajar para la gloria y el servicio del Señor son los siguientes:

Lc. 19:11-26. En la parábola de las minas, el Señor dio a entender que cada creyente ejercerá en la gloria celestial un servicio cuya importancia corresponderá a la medida del uso que aquí hagamos de los dones que el Espíritu Santo nos ha impartido y de las capacidades que hemos utilizado y desarrollado para servicio Suyo, edificación de la Iglesia y extensión del Evangelio.

Jn. 15:1-16. En esta porción, Jesús pone de relieve la importancia de una comunión muy íntima con El, a fin de llevar *mucho fruto* (v. 8), y tener *gozo cumplido*, esto es, completo (v. 11).

1.ª Co. 3. Este capítulo se refiere primordialmente a los predicadores, pero incluye a todos los creyentes, en cuanto que todos deben contribuir a la edificación del santuario de Dios, que es la Iglesia (comp. con Ef. 4:12-16). Los constructores están divididos en tres grupos: 1) los sabios o expertos, que emplean materiales duraderos («*oro; plata, piedras preciosas*», v. 12 a); 2) los inexpertos, imprudentes o indolentes, que emplean material combustible («*madera, heno, paja*», v. 12 b); y 3) los malvados que, en lugar de edificar, destruyen (v. 17). Los primeros recibirán recompensa (v. 14); los segundos pierden toda recompensa, pero se salvan como quien salva la vida en un incendio, aun cuando pierde todas sus posesiones (v. 15); los terceros se condenan, porque no son nacidos de nuevo (v. 17).

1.ª Co. 9:24-27. Aquí Pablo usa figuras de juegos olímpicos: carrera, pugilato, lucha atlética, y exhorta a los fieles de Corinto a que aspiren a ganar el primer premio (gr. *brabeion*). Esta figura de la carrera olímpica aparece de nuevo en Flp. 3:12-14, donde Pablo se presenta como un gran campeón en su afán de alcanzar a Aquel por quien fue alcanzado (v. 12); por eso, se extiende en admirable escorzo hacia adelante, pues el que se vuelve a mirar al que le sigue puede perder el primer puesto (v. 13); y se muestra incansable hasta que alcance la meta (v. 14). Leyendo este pasaje, no es posible imaginarse que nosotros, perezosos en el servicio del Señor, renqueantes en el camino de la virtud, faltos de amor y de celo, vayamos a tener la misma recompensa que recibirá ese gran campeón de la causa del Evangelio (v. Ro. 15:15-21). También He. 12:1-2 es digno de estudiarse.

2.ª Co. 4:15-17. Toda esta epístola es un retrato admirable de Pablo; en mi opinión, uno de los versículos más sublimes de toda la Biblia es 2.ª Co. 12:15. Volviendo al capítulo 4, vemos la recompensa que recibe el que, a través de trabajos y tribulaciones, va renovando su interior, a sabiendas de que, si se ponen en una balanza los sufrimientos por la causa de Cristo y, en el otro platillo, la gloria que nos espera, ésta es la que, con su peso, hace ligeras todas las tribulaciones (v. 17, comp. con Ro. 8:18); ese *«eterno peso de gloria»* es muy distinto del *«peso»* de He. 12:1; éste impide, aquél aligera; éste nos hace perder los primeros puestos en la carrera de la fe, de la que tan esplendorosos modelos nos ofrece el capítulo 11 de *Hebreos;* aquél, por el contrario, es peso de oro puro que a nadie le pesa, sino que le alivia para siempre.

2.ª P. 1:11. El Apóstol Pedro ha mencionado *«las preciosas y grandísimas promesas»* (v. 4), que bien merecen el ejercicio de toda virtud (vv. 5-8, comp. con Gá. 5:22-23, el fruto del Espíritu). Estas virtudes no dejan de dar fruto (v. 8). *«De esta manera nos será otorgada AMPLIA ENTRADA en el reino eterno de nuestro Señor y Salvador Jesucristo»* (v. 11). Habrá entradas «amplias» para los siervos buenos y fieles, y entradas «estrechas» para los indolentes. Dice S. W. Paine sobre este versículo:

> Aquí tenemos una indicación de que en la sociedad celestial no faltarán clases. La administración de las riquezas de Dios comportará réditos eternos. El cristiano, dotado de grandes riquezas, gracias a la provisión obtenida mediante la obra de Cristo, invierte y ahorra para futuras riquezas (comp. con 1.ª Ti. 6:19).[20]

20. S. W. PAINE, en *The Wycliffe Bible Commentary*, p. 1458.

1.ª Jn. 2:28. Juan se refiere a la comunión con Dios mediante el Espíritu Santo (*«permaneced»*, verbo de comunión, como en Jn. 15, no sólo de unión), porque esta comunión nos dará confianza cuando el Señor venga a recogernos. El creyente cuya comunión con el Señor tenga un nivel muy bajo, se sonrojará ante la presencia del Salvador, como quien es sorprendido haciendo lo que no debía.[21] Con las manos vacías del fruto que el Señor esperaba de él, no tendrá más remedio que bajar la cabeza y apartarse a un lado, *avergonzado.*

CUESTIONARIO:

1. ¿Qué clase de tribunal es el que el Nuevo Testamento llama «tribunal de Cristo»? — 2. ¿Qué diferencia de énfasis hay entre Ro. 14:10 y 2.ª Co. 5:10? — 3. ¿Cómo se demuestra que el juicio del cristiano ante el tribunal de Cristo se hará inmediatamente después del arrebatamiento de la Iglesia? — 4. ¿De qué justicia habla Ap. 19:8 al referirse a «las acciones justas»? — 5. ¿Qué detalles son de notar en la descripción de 2.ª Co. 5:10? — 6. El vocablo «malo», al final de dicho versículo, ¿significa que son allí juzgados los pecados del creyente? — 7. ¿Tiene alguna importancia la diferencia de recompensas en aquel día? — 8. ¿Por qué no es una concesión al egoísmo natural todo esto de los galardones? — 9. ¿Cómo se cumple en el Cielo, según Ap. 4:10; 22:3, la bienaventuranza eterna del cristiano? — 10. ¿Por qué no se entristecerán los que hayan recibido inferior galardón? — 11. ¿Qué clase de corona (regia u olímpica) es la que en el Nuevo Testamento se otorga al cristiano? — 12. ¿Cuántas y cuáles son las coronas que se otorgan al creyente por distintos servicios y actitudes? — 13. ¿Qué lugares del Nuevo Testamento muestran que no todos los creyentes tendrán la misma acogida de parte del Señor, cuando se hayan encontrado con Él «en el aire»?

---

21. O no haciendo lo que debía, que también es pecado (véase Stg. 4:17).

LECCION 29.* LOS JUICIOS INMEDIATAMENTE POSTERIORES A LA GRAN TRIBULACION

La Palabra de Dios nos da a entender que, después de la Gran Tribulación, y antes de inaugurarse el Reino milenario de Cristo, se efectuarán tres juicios: uno sobre Israel; otro, sobre las naciones; y un tercero, sobre los ángeles caídos.[22]

1. El juicio futuro sobre Israel

El Señor ha de juzgar a su pueblo Israel antes de inaugurar el Reino del milenio, de acuerdo con las profecías de Ez. 20:33-38 y Mal. 3:2-6. Será éste el acto final del juicio que Dios viene pronunciando tan severamente, a lo largo de la historia, sobre el pueblo escogido, lo cual estaba también profetizado (v. Dt. 28:15-68; Is., caps. 1, 3, 5, etc.; Jer., caps. 2 al 9). El Señor Jesucristo habló de este juicio en una parábola (v. Mt. 25:14-30), situándolo, en el tiempo, tras Su Segunda Venida. El resultado de este juicio será la exclusión de los judíos incrédulos, tanto fuera del Reino milenario como de la vida eterna (v. Ez. 2:37-38; Mt. 25:30).

Por todo el pasaje que va de Mt. 24:1 hasta 25:46, se ve el orden en que se llevará a cabo este juicio: antes del juicio de las naciones, puesto que éste se ha de efectuar en los términos expresados en Mt. 25:31-46, mientras que

---

22. Para esta lección, véanse, entre otros autores, L. S. CHAFER, *op. cit.*, II, pp. 413-418; J. D. PENTECOST, *op. cit.*, 314-321; Ch. C. RYRIE, *A Survey of Bible Doctrine*, pp. 179-181, y R. A. KILLEN y J. REA, en *Wycliffe Bible Encyclopedia*, I, pp. 977-978.

los versículos 1-30 del mismo capítulo se refieren al juicio sobre Israel.

¿Quiénes serán convocados a este juicio? Contra la equivocada opinión de L. S. Chafer, quien aboga a favor de un juicio sobre todos los israelitas, tanto del pasado, que habrán de resucitar previamente, como de los que vivan al final de la Gran Tribulación,[23] abrigamos la convicción, que es la del doctor J. D. Pentecost,[24] de que, al final de la Gran Tribulación, sólo resucitarán los israelitas salvos antes de la actual dispensación (los de la Iglesia resucitarán en el arrebatamiento), por lo que el juicio del que tratamos en la presente lección será llevado a cabo sobre todo el Israel que viva antes de inaugurarse el Reino milenario. Los israelitas que murieron en la incredulidad serán juzgados, como el resto de los malvados, ante el Gran Trono Blanco de Ap. 20:11 ss. (Dan. 12:2-3, como Jn. 5:29, no pueden dar pie para afirmar la simultaneidad cronológica de las resurrecciones, contra la clara y explícita enseñanza de Ap. 20:4-5).

De acuerdo con Ez. 20:33-38, podemos deducir que este juicio se llevará a cabo en el mismo lugar en que YHWH litigó con los israelitas incrédulos: en Cadés-Barnea, frente a las fronteras de la Tierra Prometida.

El Señor Jesucristo ilustró este juicio en las dos parábolas de Mt. 25:1-13 y 14-30.[25] En la primera, el Israel vivo durante la Segunda Venida de Cristo es comparado a diez doncellas, cinco prudentes y cinco insensatas. Estas doncellas representan a Israel (comp. con Sal. 45:8-15), no forman parte de la Iglesia, y son muchos y fidedignos los MSS que, en el versículo 1, dicen: *salieron al encuentro del esposo Y DE LA ESPOSA*. Por eso se les pide estar preparadas para dar la bienvenida al Mesías-Rey cuando venga con su Esposa a celebrar el banquete de bodas en

---

23. *Op. cit.*, II, p. 414.
24. *Op. cit.*, p. 315.
25. L. S. CHAFER cita también la parábola de Mt. 24:37 y ss., en relación con el juicio de Israel. Creemos que dicha parábola no se refiere *sólo* a Israel.

la tierra (la ceremonia del actual matrimonio se celebró ya en el Cielo siete años antes). La distribución en dos grupos de cinco no es numérica, como si la mitad de los israelitas que vivan entonces, hayan de ser admitidos a las bodas, y la otra mitad vaya a ser dejada fuera, sino que tiene un valor puramente paradigmático: los que hayan recibido el Espíritu (comp. Mt. 25:4 con Ez. 36:26; Jl. 2:28-32), serán invitados al banquete (comp. con Ap. 19:9); los que no estén preparados se encontrarán con las puertas cerradas. No entrar al banquete equivale a no ser admitido al Reino milenario. Esta división es profetizada claramente en Ez. 20:37-38.

En la segunda parábola, el énfasis no está en la *preparación* de los israelitas para salir al encuentro del Mesías, sino en los *servicios* prestados mientras el Mesías ha estado ausente. La sentencia contra el siervo inútil causa confusión a muchos exegetas,[26] pero en mi opinión, la sentencia implica la destrucción —muerte física— de los israelitas incrédulos, y anticipa prolépticamente el resultado de su condenación en el posterior Juicio Final ante el Gran Trono Blanco. Aunque no se diga explícitamente, el reparto de recompensas (vv. 19-23) implica también la resurrección de los israelitas justos, muertos antes de la presente dispensación y durante la Gran Tribulación. Éstos estarán después, con los santos de todas las dispensaciones, en la Nueva Jerusalén de Ap. 21:2.[27]

2. El juicio de las naciones (Mt. 25:31-46)

Los exegetas no premilenaristas, incluyendo los de la Iglesia de Roma, identifican este juicio con el Juicio Final, a pesar de que este juicio de Mt. 25:31-46 tiene unas características muy peculiares que deberían causar una reflexión más profunda: (a) en primer lugar, distingue *tres* grupos de personas, no *dos*: «ovejas», «cabritos» y «hermanos de Jesús» (vv. 33, 40); (b) en segundo lugar, es el

---

26. Véase H. A. KENT, en *The Wycliffe Bible Commentary*, p. 975.
27. Véase la lección 35.*

único pasaje de los evangelios en que *el Hijo del Hombre* ejerce su función de Juez en calidad de *Rey*; y (c) en tercer lugar, es extraño que la base del juicio sea sólo sobre el amor o desamor, siendo condenados los malvados por cinco pecados de *omisión*.[28] Por contraste, la base del juicio ante el Gran Trono Blanco son *todas las obras* de cada uno (Ap. 20:12-15, comp. con 21:8). Todo se clarifica, cuando se admite que éste es un juicio distinto, que se refiere a las naciones (gr. *éthne*),[29] no a Israel, y que se las juzga con base en el comportamiento —amistoso u hostil— que hayan tenido hacia los israelitas durante la Gran Tribulación. Dice H. A. Kent a este respecto:

> Parece claro que las *ovejas* y los *cabritos* son distintos de *mis hermanos*. De ahí que la interpretación de las *naciones* como gentiles, y *mis hermanos* como el fiel remanente judío que proclamará en todo el mundo el Evangelio del Reino (24:14; Ap. 7:1-8) cumple con todas las demandas del pasaje. (El que Jesús llame anteriormente sus «hermanos» a todos los creyentes, no cambia las exigencias de este contexto; 12:47-50). Estos creyentes judíos promoverán la conversión de una multitud innumerable de gentiles (Ap. 7:9-14), quienes evidenciarán con sus obras su fe. El que visiten a los que están en la cárcel sugiere que eso implicará peligro para los que reconozcan públicamente a Cristo y a sus emisarios durante ese período.[30]

---

28. El místico español Juan de la Cruz decía: «A la tarde, nos examinarán sobre el amor.» Pero aparte de que este juicio no es para los creyentes de la presente dispensación, ha de tenerse en cuenta que el fondo real del juicio de Mt. 25:31-46 es *la condición espiritual manifestada por las obras o por su omisión, no las obras en sí.*

29. Aunque el súbito cambio de género, del neutro *éthne* al masculino *autoús*, en el v. 32, no sea prueba apodíctica de que el juicio es individual, no global, sí resulta convincente cuando se tiene en cuenta que las naciones, como tales, no son enjuiciadas después de esta vida, puesto que, globalmente, ni creen ni tienen destino eterno.

30. *Op. cit.*, p. 976 (los paréntesis son suyos). Para determinar los elementos que entran en escena en este pasaje, C. C. RYRIE emplea lo que él llama «proceso de eliminación»; y, acerca del modo

El tiempo en que se celebrará este juicio queda claramente indicado por la frase «*Cuando el Hijo del Hombre venga en Su gloria*» (v. 31), es decir, en la Segunda Venida del Señor, y el lugar de la celebración del juicio será, de acuerdo con Joel 3:1-2, el valle de Josafat.[31] En efecto, después de la porción del cap. 2:28-32, que alude a la Segunda Venida del Señor, continúa YHWH diciendo por medio del profeta: «*Porque he aquí que en aquellos días y en aquel tiempo en que haré volver a los cautivos de Judá y de Jerusalén, reuniré a todas las naciones, y las haré descender al valle de Josafat, y allí entraré en juicio con ellas a causa de mi pueblo, y de Israel mi heredad, a quien ellas esparcieron entre las naciones, y repartieron mi tierra*» (Jl. 3:1-2).

Los que sean condenados en este juicio, habrán sido anteriormente derrotados y subyugados por el Mesías (Sal. 2:1-10; Is. 63:1-6; 2.ª Ts. 1:7-10; Ap. 19:11-21), y estarán delante del tribunal divino en un completo silencio, lleno de pavor ante la majestuosa presencia y el rostro airado del Juez. Es cierto que, a lo largo de la historia, se ha cumplido la promesa de YHWH a Abraham (Gn. 12:3), transmitida después a Jacob (Gn. 27:29) y pronunciada más tarde, mal de su grado, por Balaam en Nm. 24:9 b:

---

de identificar a ls que Jesús llama «mis hermanos», dice: «Puesto que Cristo está presente como Juez, puesto que la Iglesia ha sido arrebataba antes de que comience la tribulación, y puesto que los sujetos juzgados son los gentiles que vivan entonces, el único grupo que resta deben de ser los judíos del tiempo de la tribulación (sus "hermanos" según la carne)» (*A Survey of Bible Doctrine*, p. 180 —los paréntesis son suyos).

31. «*Josafat*» (hebr. *Yehoshaphat* = «a quien YHWH juzga») fue rey de Judá (914-889 a.C.), y de él tomó el nombre el valle que se extiende entre Jerusalén y el Monte de los Olivos. De él dice C. C. RYRIE: «Probablemente, este valle será creado en el área de Jerusalén por medio de los trastornos geológicos ("physical disruptions") conectados con la segunda venida de Cristo (Zac. 14:4)» (*op. cit.*, p. 179). La creencia general de la Iglesia de Roma es que en este lugar se llevará a cabo el Juicio Final. Recuerdo la hilaridad que me produjo, hace muchos años, un billete de cien pesetas que recibí entre mis honorarios mensuales de canónigo, en cuyo reverso algún humorista, escaso de recursos, había escrito: «¡Adiós, hasta el valle de Josafat!»

«Benditos los que te bendigan, y malditos los que te mal-
digan.» Pero el juicio del que tratamos ahora, no será contra los gentiles que hayan perseguido a los judíos en las
generaciones pasadas, sino sólo contra los del período de
la Gran Tribulación. La sentencia pronunciada contra ellos
(v. 41, comp. con el v. 46) introduce prolépticamente su
destino final, implicando la muerte física en el momento
inmediatamente posterior a la sentencia.

En cambio, los justos que, por medio de sus acciones
generosas y, en muchos casos, heroicas, habrán mostrado
su fe, entrarán a disfrutar de las condiciones privilegiadas
del reino milenario (v. 34); estando todavía en sus cuerpos
mortales, serán capaces de casarse y procrear hijos que
pueblen la tierra durante el milenio.[32] Su destino eterno se
expresa anticipadamente en el versículo 46: *«la vida eterna».*

3. El juicio contra los ángeles caídos

El juicio contra Satanás, el príncipe de los demonios,
es declarado en Ap. 20:2-3, 7, 10, donde vemos que, primeramente es encadenado y arrojado al abismo, donde permanece encerrado durante el milenio. Después de ser soltado y seducir a las naciones para reunirlas a fin de librar
la última revolución contra Dios y Su pueblo, vemos que
es lanzado para siempre al lago de fuego y azufre, donde
ya le esperaban desde hacía mil años el Anticristo y el Falso Profeta.

En cuanto a los demás demonios o *«ángeles caídos»* de
que nos hablan 2.ª P. 2:4 y Jud. v. 6, leemos que fueron
arrojados al *«Tártaro»*,[33] como dice literalmente el pasaje
de Pedro. Hay dos pasajes adicionales, que confirman este
juicio: 1.ª Co. 6:3, donde Pablo asegura que los creyentes
«hemos de juzgar a los ángeles», lo cual sólo puede entenderse de los ángeles caídos, por cuanto los ángeles buenos

---

32. Véase C. C. RYRIE, *op. cit,* p. 180.
33. En la mentalidad helénica, el *Tártaro* era la parte inferior
del *Hádes.* En ella eran atormentados los impíos.

están confirmados ya en su actual estado; y 1.ª Co. 15:24, donde se predice que, al final de los tiempos, Cristo habrá «*suprimido todo principado, toda autoridad y potencia*», lo cual, por analogía con Ef. 6:12, indica claramente los ángeles rebeldes.

Pero hay una grave dificultad en cuanto a la interpretación de 2.ª P. 2:4 y Jud. 6, pues no sólo se habla en esos pasajes de *ángeles caídos* que han sido *ya* arrojados al *Tártaro*, a *prisiones eternas*, mientras que Pablo sitúa a los demonios «*en las regiones celestes*» (Ef. 6:12, bajo la jefatura de Satán, v. 11), es decir, en el primer cielo o cielo atmosférico, sino que se insinúa, conforme al libro apócrifo de *Enoc* (al que hacen alusión tanto Pedro como Judas), que tales ángeles fueron seducidos por su concupiscencia a tener relación sexual con «*las hijas de los hombres*», interpretando así la expresión «*hijos de Dios*» de Gn. 6:2. Esta interpretación ha venido a ser corriente entre los exegetas, como puede verse con una ojeada a los Comentarios existentes en la actualidad. En mi opinión, fuertemente respaldada por el gran rabino J. H. Hertz,[34] *los hijos de Dios* de Gn. 6:2 NO PUEDEN SER ANGELES, puesto que los ángeles son espíritus incapaces de sentir la concupiscencia de la carne; además, tal cosa repugna completamente a la mentalidad judía. No me cabe duda de que Gn. 6:2 se refiere a los descendientes de Set, que acabaron por unirse a los descendientes de Caín, con lo que la corrupción de la raza humana llegó a ser universal (nótese el «*toda carne*» del v. 12, comp. con «*carne*» del v. 3 ¡en ese contexto, no es posible pensar en «*ángeles*»!).

Ante estas razones, en mi opinión, contundentes, caben dos explicaciones posibles de los pasajes paralelos 2.ª P. 2:4 y Jud. 6:

A)   Tanto Pedro como Judas, cualquiera sea la relación que sus frases guarden con el apócrifo 1.ª Enoc, caps. 6-10, ponen en primera línea el ejemplo de los israelitas destruidos en el desierto (v. Jud. 5, comp. con Nm. 14:29, 37; 26:

---

34. Véase mi libro *Un Dios en Tres Personas* (CLIE, Tarrasa, 1974), p. 221.

64-65), por la influencia de falsos profetas y maestros (2.ª P. 2:1; Jud. 4), por donde podemos barruntar que el pronombre griego «*toutois*» de Jud. 7 (que ofrece la mayor dificultad), debe empalmar con «*los que no creyeron*» del versículo 5, más bien que con «*los ángeles*» del versículo 6, cuya similaridad con ellos está en el *castigo*, no en la clase de *pecado*.

B) Otra solución es la que ofrece A. McNab, citando a Plummer, en su comentario a la 2.ª Pedro 2:4:

> Plummer —dice McNab— sugiere que los falsos maestros quizás habían usado este libro (el apócrifo de Enoc) en sus corruptoras enseñanzas, y que Pedro introduce aquí tal referencia como una especie de *argumentum ad hominem* contra ellos. Después Judas, reconociendo la alusión, la adoptó y la expuso en términos más explícitos.[35]

Cualquiera sea la solución que adoptemos, una cosa —repetimos— es cierta: Los «*ángeles caídos*» no pueden ser «*los hijos de Dios*» de Gn. 6:2 y mucho menos pueden ser castigados por un pecado de lascivia.

CUESTIONARIO:

1. ¿Qué juicios se llevarán a cabo inmediatamente después de la Gran Tribulación? — 2. ¿Qué pasajes proféticos nos dan a entender que habrá un juicio sobre los israelitas que hayan sobrevivido a dicha Tribulación? — 3. ¿Quiénes, de entre los israelitas de todas las épocas, serán convocados a este juicio? — 4. ¿Cuál es la enseñanza de Mt. 25:1-30 a este respecto? — 5. Qué características peculiares hallamos en Mt. 25:31-46, que nos indican claramente los sujetos convocados a este juicio? — 6. ¿Qué nos dice la Escritura acerca del tiempo y lugar en que se ha de llevar a cabo este

---

35. En *The New Bible Commentary* (The Inter-Varsity Fellowship, Londres, 1953), p. 1147 (los subrayados son suyos).

juicio sobre las naciones? — 7. ¿Por qué no dan pie los vv. 41 y 46 para concluir que este juicio es el mismo que nos describe Ap. 20:11 ss.? — 8. ¿Qué pasajes de la Biblia nos hablan de un futuro juicio de los ángeles caídos? — 9. ¿Por qué hay cierta dificultad en la interpretación de 2.ª P. 2:4 y Jud. vv. 6-7? — 10. ¿Qué solución debe descartarse y cuáles son las alternativas de una solución correcta de dichos lugares bíblicos?

LECCION 30.ª EL JUICIO ANTE EL GRAN TRONO BLANCO

1. El último juicio

El último juicio de Dios tendrá lugar de acuerdo con lo que Juan describe en Ap. 20:11-15. Para el atento estudioso de la Palabra de Dios, éste es un juicio completamente distinto del que se nos refiere en Mt. 25:31-46. El doctor J. D. Pentecost expone no menos de *catorce* diferencias entre ambos.[36] A pesar de tantas diferencias, la Iglesia de Roma,[37] las Iglesias orientales separadas de la Iglesia de Roma, y gran parte de los protestantes, no aciertan a distinguir entre el juicio de las naciones y el juicio final ante el Gran Trono Blanco.[38] El examen que haremos a continuación, analizando los elementos que concurren en Ap. 20:11 ss., nos dará a entender suficientemente la naturaleza de este juicio. Dichos elementos son: A) el tiempo; B) el lugar; C) el Juez; D) los sujetos que han de ser juzgados; E) la base del juicio; y F) el resultado.

---

36. En *Eventos del Porvenir*, p. 323.
37. Véase la lección 31.ª
38. Véase, por ejemplo, L. Ott, *Fundamentals of Catholic Dogma*, p. 494, quien afirma que la mención, tanto del Valle de Josafat como del Gran Trono Blanco de Ap. 20:11, son meramente símbolos. Esta misma tremenda confusión se advierte ya en Agustín de Hipona, *La Ciudad de Dios*, libros XX y ss., así como en Tomás de Aquino, *Summa Theologica*, Supplementum, pp. 88 y ss. La moderna teología católico-romana ha evolucionado tanto en relación con los temas escatológicos, que en vano buscará el lector en la Gran Enciclopedia *Sacramentum Mundi* (6 grandes volúmenes) un artículo sobre *los juicios de Dios*. ¡No lo hallará!

2. El tiempo en que se llevará a cabo el Juicio Final

El capítulo 20 del Apocalipsis no deja lugar a dudas acerca del tiempo en que se llevará a cabo el Juicio Final: después de la segunda resurrección (Ap. 20:5), es decir, la de los impíos, pues sólo sobre éstos tiene potestad la segunda muerte(comp. v. 6 con v. 14). Estos muertos aparecen ya *de pie* (v. 12), lo cual supone que han sido resucitados (v. 13, antes de la ejecución de la sentencia). El tiempo es, pues, inmediatamente después del milenio y del juicio de los ángeles caídos, e inmediatamente antes de la inauguración del estado eterno, ya que el versículo 11 menciona la desaparición de la tierra y del cielo (comp. con 22:1).

3. El lugar en que se celebrará el Juicio Final

Mientras que el juicio sobre el Israel vivo al fin de la Gran Tribulación tendrá lugar, con toda probabilidad, en Cadés-Barnea, y el juicio contra las naciones en el valle de Josafat, es decir, ambos en esta tierra, este Juicio Final se celebrará en el Cielo, puesto que (a) allí está el Gran Trono Blanco, al que el libro del Apocalipsis viene refiriéndose desde 4:2; (b) no puede ser en la tierra, porque la tierra y el cielo [39] acaban de desaparecer (v. 11).

4. El Juez del Juicio Final

Aunque nuestras biblias leen, en el versículo 12, *de pie delante de Dios*, el testimonio de los MSS es abrumador a favor de la lectura *de pie delante del trono*. Que este trono es también de Cristo, después de la batalla de Armagedón, lo vemos por Ap. 22:1, donde aparece como *trono de Dios y del Cordero* (comp. con 11:15). Por otra parte, sabemos que los juicios escatológicos de Dios se ejecutan por medio de Jesucristo (v. Jn. 5:22, 27; Hch.

---

39. Por «cielo», no se entiende aquí, ni en 22:1, la morada de Dios (el cielo tercero, o cielo empíreo), sino el cielo atmosférico y el cielo estelar (comp. con 2 P. 3:10-13).

10:42; 17:31), quien ha recibido toda potestad en el cielo
y en la tierra (Mt. 28:18). Finalmente, la identidad del trono de Dios con el de Cristo se ve también comparando
Ro. 2:6, 16; 3:6.

5. Los sujetos que serán sometidos a juicio en este caso

El texto sagrado especifica claramente cuáles son los
sujetos de este último juicio, al decir: «*Y vi a los muertos, grandes y pequeños...*» (Ap. 20:12). A pesar de que aparecen ya «*de pie delante del trono*», es decir, ya resucitados,[40] se les llama los «*muertos*», para identificarlos fácilmente con «*los otros muertos*» del versículo 5, que participan en la segunda resurrección para ir a «*la segunda
muerte*» (comp. v. 6 con los vv. 12-15). Todos los muertos
que fueron salvos, habrán ya resucitado anteriormente.[41]

6. La base sobre la cual serán juzgados los impíos

Todos cuantos piensan que éste será el único juicio escatológico (el llamado «Juicio Final»), creen que en él se
decidirá públicamente[42] quiénes son sentenciados al Infierno y quiénes van a ir al Cielo.

Pero esto es una grave equivocación. Todos los que habrán sido salvos a base de su fe, habrán entrado ya en la
eternidad feliz. Este último juicio será sobre «obras» que
mostrarán *la ausencia de fe*, así como el juicio de las naciones mostrará la condición de los gentiles malvados por
la ausencia de obras, y la de los gentiles justos por sus
obras de amor. Tres detalles son dignos de observación en
Ap. 20:12:

---

40. Véase el punto 2 de la presente lección.
41. Sobre si habrá salvos que mueran durante el milenio y hayan de resucitar después, véase la lección 16.ª, punto 3.
42. Decimos «públicamente», porque, según la Iglesia de Roma,
el juicio más importante —el llamado «juicio particular»— tiene
lugar inmediatamente después de la muerte (véase la lección siguiente).

A) *La diversidad de los muertos*: «*grandes y peque-ños*»: *lo* mismo el rey que el vasallo; el magnate y el obre-ro; el millonario y el pordiosero; el premio Nobel y el anal-fabeto, «*porque en Dios no se da el favoritismo*» (Ro. 2:11, comp. con Stg. 2:1-9).

B) *La diversidad de los libros*: «*y los libros fueron abiertos, y otro libro fue abierto, el cual es el libro de la vida*». La verdadera biografía de cada malvado aparecerá en aquel día escrita en el Cielo, sin faltar un solo detalle. Lo que muchos creyeron que nunca se sabría, estará regis-trado allí. Habrá libros de todos los tamaños, «*según sus obras*» (vv. 12, 13). El libro de la vida será abierto también, para mostrar que no se hallan inscritos en él.

C) *La diversidad de las obras*: En la Escritura hay 42 referencias al juicio según las obras; cuatro de ellas, en Apocalipsis: 2:23; 18:3-6; 20:13; 22:12. Todo pecado es mortal de necesidad (Ro. 5:12; 6:23; Stg. 1:15; 2:10), pero hay pecados que son mayores que otros, como vemos en Jn. 19:11, así como en Lc. 12:47-48, donde se advierte la diferencia entre pecados, y también, de acuerdo con la gra-vedad de los pecados, la diferencia de castigos. Pero lo de-cisivo para la condenación eterna, no son precisamente los pecados (v. Jn. 9:41), sino la ausencia de vida por falta de fe (v. Jn. 3:17-21). Por eso, la sentencia contra los mal-vados será la misma: todos ellos serán condenados a la muerte eterna (comp. Ap. 14:11 con 20:10, 14-15).

7. El resultado del Juicio Final

El resultado del último juicio está lacónicamente, pero terriblemente, expresado en Ap. 20:15: «*Y el que no se halló inscrito en el libro de la vida, fue lanzado al lago de fuego*». es decir, al Infierno. Pero lo más terrible del In-fierno será la eterna separación de Dios (v. Mt. 25:41).[43]

---

43. De ello hablaremos en detalle en la lección 34.ª

CUESTIONARIO:

1. ¿Es el juicio descrito en Ap. 20:11 ss. el único juicio escatológico? — 2. ¿Cuántas diferencias puede usted encontrar, sin recurrir a comentarios, entre este juicio y el de Mt. 25:31-46? — 3. ¿En qué momento preciso, dentro de la secuencia de eventos escatológicos, se celebrará el Juicio Final? — 4. ¿En qué lugar, y por qué allí, se llevará a cabo este juicio? — 5. ¿Cuál es la lectura correcta del v. 12? — 6. ¿Por qué podemos afirmar que Jesucristo será el Juez de este Juicio Final? — 7. ¿Quiénes son los sujetos de este juicio? — 8. ¿Sobre qué versará el proceso del Juicio Final? — 9. ¿Por qué será abierto allí el libro de la vida, si ninguno de los sujetos de este juicio será salvo? — 10. ¿Cuál será la sentencia que el Juez Supremo dictará en este juicio, al pronunciar el veredicto?

LECCION 31.ª   LA ENSEÑANZA DE ROMA SOBRE LOS JUICIOS ESCATOLOGICOS

En el punto 1 de la lección anterior, hemos incluido a la Iglesia de Roma entre las denominaciones que identifican el juicio de Ap. 20:11 ss. con el de Mt. 25:31-46. Al no reconocer ningún otro juicio escatológico, la Iglesia de Roma opina, y tiene como «dogma», que todos los hombres de todas las épocas serán juzgados en ese único juicio escatológico, pero lo más importante para un católico-romano es el llamado «juicio particular».

1. La base de un error

Según la enseñanza de la Iglesia de Roma, la bienaventuranza eterna consiste esencialmente en la visión beatífica de la esencia divina, de la que hablaremos en la lección 35.ª. Esta doctrina es «dogma de fe» en la Iglesia romana, y el hecho de que esa visión facial de la esencia divina sea lo más importante del Cielo tiene tres graves repercusiones en el campo de la escatología:

A) Sirve de fundamento al llamado «juicio particular», del que no hay una sola referencia en las Escrituras.

B) Establece una incorrecta preponderancia de la Escatología individual sobre la general. Es cierto que el destino eterno de cada ser humano queda fijado en el momento de la muerte, pues no existe una segunda oportunidad en otra vida de ultratumba,[44] pero eso no significa que los

---

44. Véase la lección 13.ª

eventos escatológicos de la humanidad carezcan de importancia.

C) Quita relevancia a la Segunda Venida del Señor, en
todas sus fases, con lo que, de rechazo, se le quita también
importancia a la clara, repetida y enfatizada enseñanza de
las Escrituras sobre la resurrección.

Como los dos últimos aspectos han sido ya estudiados
en otros lugares, sólo resta aquí tratar del llamado «juicio
particular».

2. La enseñanza católico-romana sobre el juicio particular

Después de establecer, como «sentencia próxima a la
fe» [45] la tesis de que «inmediatamente después de la muerte, tiene lugar el juicio particular, en el cual, por sentencia
divina de juicio, se decide el destino eterno del difunto»,
añade el teólogo católico-romano L. Ott:

Opuesto a la enseñanza de la Iglesia Católica es el
milenarismo, el cual, invocando Ap. 20:1 ss. y profecías del Antiguo Testamento sobre el futuro Imperio
del Mesías, anunció un largo dominio de Cristo y de
los justos en la tierra, durante mil años, antes de la
resurrección general y, consiguientemente, aseguró
que sólo entonces tendrá lugar la beatificación final.

---

45. «Próximo a la fe», en el argot de la Iglesia de Roma, puede
significar una de estas dos cosas: 1.ª, que tal tesis está próxima a
ser definida como «dogma de fe»; 2.ª, que representa una posición
teológica cercana a la de un «dogma de fe». En este segundo sentido, entiende la teología romana la presente tesis. En su reciente libro *Exposición de la fe cristiana* (BAC, Madrid, 1975), pp. 359-360,
dice el actual obispo de Jaén (España): «El *destino definitivo* del
hombre se decide con su muerte. En ese mismo punto "cada uno
dará cuenta de sí a Dios" (Rom. 14:12; 2 Cor. 5, 10). Este es el
juicio particular. El cual consiste, fundamentalmente, en la ejecución de la sentencia inmediatamente después de la muerte. Pertenece esto a la fe de la Iglesia (Dnz 464, 530-531, 693» (los subrayados
son suyos). No sé cómo explicarán los teólogos romanos la mención
que Clemente de Roma, coetáneo del apóstol Juan, hace de *juicios
venideros*, en plural (1 Cor. 28).

Este punto de vista fue expuesto por muchos de los más antiguos Padres (Papías, S. Justino, S. Ireneo, Tertuliano y otros).[46]

Después de este testimonio, mal de su grado, a favor del milenarismo, L. Ott dice que el dogma de la visión beatífica presupone esta doctrina sobre el juicio particular, aparte de que el *Catecismo Romano* (I, 7, 3) la enseña expresamente.[47]

En cuanto a la enseñanza de las Escrituras, L. Ott asegura que éstas implican indirectamente la existencia del juicio particular, puesto que hablan de una retribución —premio o castigo— inmediatamente después de la muerte. Cita, a este respecto, Eccli.[48] 1:13; 11:28 ss.; Lc. 16:22 siguientes; 23:43; Hch. 1:25. Añade que la muerte era, para san Pablo, «la puerta que da a la bienaventuranza» (Flp. 1:23), y que, con la muerte, «cesa el estado de fe y comienza el estado de visión».[49]

Admite L. Ott que muchos de los Padres más antiguos (Justino, Ireneo, Tertuliano, Hilario, Ambrosio) aceptaron la retribución inmediata después de la muerte, pero creyeron en una dilación del juicio. Agustín se había pronunciado a favor de la inmediatez del juicio en su libro *Sobre el alma*, II, 4, 8, pero dudó en sus *Retractaciones*, I, 14, 2. A favor de la tesis romana, cita a Crisóstomo (*Homilías sobre Mateo*, 14, 4), a Jerónimo (*sobre Joel*, 2, 11) y a Cesáreo de Arlés (*Sermón 5*, 5).[50]

---

46. *Op. cit.*, p. 475 (el paréntesis es suyo).
47. *Op. cit.*, pp. 475-476. La cita del *Cat. Romano* en L. OTT, *op. cit.*, p. 476, está equivocada: no es el artículo 8, sino el 7, donde dice así el citado documento: «La primera (ocasión en que cada uno ha de aparecer en la presencia de Dios para dar cuenta) tiene lugar cuando cada uno de nosotros parte de esta vida; porque entonces es colocado al instante delante del tribunal de Dios, donde todo lo que ha hecho, hablado o pensado durante toda su vida, será sometido al más rígido escrutinio. Este es llamado el juicio particular.»
48. Se trata del libro apócrifo (aceptado por la Iglesia de Roma como inspirado) *Eclesiástico* (no confundir con el libro canónico *Eclesiastés* IEcl.).
49. *Op. cit.*, p. 476.
50. *Op. cit.*, misma pág.

3. Refutación de la doctrina romana sobre el juicio particular

En las anteriores lecciones de esta sexta parte, hemos estudiado todos los juicios escatológicos que las Escrituras nos muestran clara y explícitamente. En ninguna parte de la Biblia aparece el juicio particular enseñado por la Iglesia de Roma.

Los teólogos católicos asumen, como indirectamente implicado en los textos que hablan de retribución inmediata, que, inmediatamente después de la muerte, se lleva a cabo un juicio particular de cada ser humano. Pero el hecho de que la Escritura nos presente a los difuntos en un estado de tormento o de reposo feliz no significa que ya se haya celebrado un juicio. Esto es evidente por comparación con 2.ª P. 2:4 y Jud. versículo 6, donde se dice explícitamente que los ángeles caídos están presos en el Tártaro, guardados allí *hasta el juicio.* Esto demuestra que puede haber prisión y tormento, sin haber todavía juicio. También de los creyentes dice Pablo que *el día* (escatológico) declarará la obra de cada uno, y entonces recibirá recompensa o sufrirá pérdida (1.ª Co. 3:13-15, comp. con 2.ª Co. 5:10, donde *«mediante el cuerpo»* indica, a no dudar, una previa resurrección). Por consiguiente, los textos alegados por L. Ott no prueban que haya un juicio particular después de la muerte.

En cuanto a los primeros escritores eclesiásticos, es muy notable que sean los más antiguos los que hablan de la dilación del juicio, pues los testimonios más antiguos suelen ser los más fidedignos. Hacia la mitad del siglo II, dice Justino paladinamente, al hablar de la inmortalidad del alma, «porque si fuesen mortales, los impíos saldrían ganando. ¿Qué, pues, diré? Que las almas de los piadosos permanecen en un lugar mejor, y las de los inicuos y malvados en un lugar peor, esperando el tiempo del juicio».[51]

Medio siglo más tarde, Ireneo escribía: «Las almas irán a un lugar invisible, fijado por Dios para ellas, y allí esta-

---

51. *Apologia II*, 5 (Rouët, 132).

rán hasta la resurrección... cuando recuperen después sus cuerpos... vendrán a la presencia de Dios.»[52] Y, más adelante: «Habrá un cielo nuevo y una tierra nueva... Y como dicen los ancianos, los que entonces sean dignos de habitar en los cielos, pasarán allá, esto es, a los cielos.»[53] Como puede observarse, Ireneo no percibía con toda claridad algunos detalles, pero estaba seguro del punto central, es decir, de la dilación del juicio.

Finalmente, Tertuliano, escribiendo unos quince años más tarde, dice:

> La causa entera de la resurrección, que, en realidad, la hace inevitable, será la siguiente: que el juicio debe realizarse de la manera más digna de Dios. ¿Cómo será administrado este juicio? Considera esta pregunta: ¿Llevará a cabo Dios una investigación sobre los dos elementos (lat. *substantiae*) del hombre, a saber, su carne lo mismo que su alma? Porque es menester que sea resucitado lo que es congruente que sea juzgado. Decimos que un juicio completo y perfecto debe ser llevado a cabo mediante la representación del hombre entero; ahora bien, el hombre entero existe por la concreción de las dos sustancias y, por consiguiente, es menester que sea presentado en sus dos elementos, ya que debe ser juzgado entero, puesto que no vivió aquí sino entero.[54]

CUESTIONARIO:

1. ¿Cuál es la doctrina que está en la base del error católico-romano sobre el llamado «juicio particular»? — 2. ¿Qué otros errores escatológicos se derivan del «dogma» romano de la visión facial de Dios? — 3. ¿Qué textos bíblicos aduce la teología tradicional romana a favor del juicio particular? — 4. ¿Cómo se expresaron acerca de este punto los

---

52. *Adversus haereses*, V, XXXI, 2 (R. 259).
53. *Op. cit.*, V, XXXVI, 1 (R. 262).
54. *De Resurrectione Carnis*, 14 (R. 364). Véase también 15-17.

*más antiguos escritores eclesiásticos? — 5. ¿Qué valor tie-
nen estos testimonios contra la propia teología católico-romana? — 6. ¿Hay en las Escrituras algún texto que hable
del juicio particular? — 7. ¿Prueban algo los pasajes bíblicos aducidos por L. Ott? — 8. El hecho de que los difuntos pasen inmediatamente a un estado de tormento o de
contento, ¿prueba de por sí que se haya celebrado un juicio particular? — 9. ¿Qué hay de seguro, y qué hay de con-
fuso, en la fraseología de Ireneo? — 10. ¿Cómo demuestra
Tertuliano la necesidad de que se demore el juicio? —
11. ¿Qué pasaje del Nuevo Testamento sirve de fundamento explícito para la argumentación de Tertuliano?*

Séptima parte

EL ESTADO ETERNO

LECCION 32.º NUEVOS CIELOS Y NUEVA TIERRA

1. El mundo actual camina hacia su fin

Si este mundo tendrá un fin o será eterno, ha sido uno de los temas que han acuciado la mente de los filósofos. La Iglesia primitiva no pudo verse libre de las filosofías de su tiempo. Por eso, ya desde el primer siglo, se fue notando la intrusión de sistemas antibíblicos, que perturbaron el conocimiento que del texto sagrado podía sin dificultad adquirirse sobre el tema del fin del mundo.

Los gnósticos primero, y los origenistas después, sostuvieron que el actual universo volvería a la nada de donde fue creado. Los estoicos, por su parte, que tanta influencia tuvieron en la ascética cristiana de los primeros siglos,[1] enseñaban que el mundo había de pasar por un eterno ciclo de sucesivas destrucciones y nuevas creaciones, en las que emergería en la misma forma y disposición que en las previas existencias.

Las Escrituras hablan claramente de un final irreversible de este mundo. Existen pasajes claros en los que dicho fin se predice sin ambages. Por ejemplo: Mt. 24:35; Mr. 13:31; Lc. 16:17; 21:33: 2.ª P. 3:10-13: Ap. 20:11: 21:1. El más claro y detallado es, sin duda, 2.ª P. 3:10-13, que dice así:

---

1. AGUSTÍN, por ejemplo, dice al final del cap. XII del libro IX de sus *Confesiones*: «Y ahora, Señor, te lo confieso en estas líneas: léalas quienquiera e interprételas como quisiere; y si hallare pecado en haber llorado yo a mi madre la exigua parte de una hora... ella, que me había por tantos años llorado para que yo viviese a tus ojos, no se ría.» Para un estoico, cuyo lema era «abstente y aguanta», llorar era una infamia.

«Pero el día del Señor vendrá como un ladrón en la noche; en el cual los cielos desaparecerán con gran estruendo, y los elementos ardiendo serán deshechos, y la tierra y las obras que en ella hay serán quemadas.

»Puesto que todas estas cosas han de ser deshechas, ¡qué clase de personas debéis ser en vuestra conducta santa y en piedad,

»aguardando y apresurando la venida del día de Dios, en el cual los cielos, encendiéndose, serán deshechos, y los elementos, siendo quemados, se fundirán!

»Pero esperamos, según su promesa, cielos nuevos y tierra nueva, en los cuales habita la justicia.»

Como ya dijimos en otro lugar,[2] en este pasaje, así como en su contexto anterior y posterior, se halla una superposición de planos, en los que un buen estudioso de la Biblia puede distinguir el día de Jesucristo, el día de YHWH, y el día de Dios, los que, a su vez, connotan circunstancias y eventos distintos, separados por varios períodos de tiempo. Sin embargo, ya desde antiguo, los exegetas amilenaristas sufren una lamentable confusión, pues toman por equivalentes términos y pasajes bíblicos que se refieren a totalmente distintos eventos: unos, al milenio (Mt. 19:28, donde el término es *palingenesía* = regeneración —que, en Tito 3:5, alude al «nuevo nacimiento»—, y Hch. 3:21, donde hallamos el vocablo *apokatástasis* = restauración); otros, como el pasaje 2.ª P. 3:10-13, que se refieren al fin de este mundo. Los que no disciernen, en los pasajes proféticos del Antiguo Testamento, los detalles que se refieren al milenio, sufren la misma confusión. Esta confusión afecta no sólo a los teólogos católico-romanos,[3] sino

---

2. Lección 17.ª, punto 5.
3. V. L. OTT, *Fundamentals of Catholic Dogma*, pp. 494-496; M. GARCÍA CORDERO, *Teología de la Biblia*, III, 26 y ss.; S. BARTRINA, *Apocalipsis*, en *La Sagrada Escritura. Nuevo Testamento*, III, sobre Ap. 20; J. SALGUERO, *Biblia Comentada*, tomo VII, *Apocalipsis.*

a los evangélicos amilenaristas [4] y aun a los postmilenaristas.[5] Esta equivocación hace que muchos sostengan una renovación final, en lugar de una destrucción final, del Universo.

Los más antiguos escritores eclesiásticos hablan de «destrucción». Así la *Epístola de Bernabé*, que, a pesar de ser reconocida como espuria, no hay duda que fue escrita a últimos del siglo I o comienzos del II, dice así: «Cuando venga su hijo (de Dios) y destruya el siglo del inicuo y juzgue a los impíos y cambie (gr. *alláxei*) el sol, la luna y las estrellas, entonces descansará de veras en el día séptimo.» [6] Hacia el año 200, escribe también Tertuliano: «El viejo mundo y todos sus productos serán consumidos.» [7] Pero dos siglos después, Agustín de Hipona, interpretando mal 1.ª Co. 7:31, afirma: «Pasa, por tanto, la figura del mundo, no su naturaleza.» [8] Por su parte, Tomás de Aquino, la máxima figura de la teología tradicional de Roma, al tratar de este tema, nunca emplea el término« destrucción», sino siempre «innovación».[9]

Los premilenaristas, distinguiendo los tiempos e interpretando en su sentido literal los pasajes bíblicos, hablan, como dan a entender dichos lugares, de «destrucción». Dice J. Zoller, refiriéndose a 2.ª P. 3:3-13:

> Considere usted con todo cuidado el versículo 7, que nos dice que esta tierra en la que vivimos, y los cielos (la atmósfera que nos rodea) están RESERVADOS PARA EL FUEGO. ¿Qué significa esto? Permítame decirle lo que yo creo que significa, pues la afirmación está clara. Este mundo es un mundo maldito, todo cuanto hay en él lleva las marcas de la mal-

---

4. Véase L. BERKHOF, *Teología Sistemática*, pp. 883-880; J. GRAU, *Estudios sobre Apocalipsis, y Escatología*, pp. 416-427; W. HENDRIKSEN, *More Than Conquerors*, pp. 197 y ss.
5. V. A. H. STRONG, *Systematic Theology*, pp. 1023-1029.
6. XV, 5 (los paréntesis son nuestros).
7. *Sobre los espectáculos*, 30.
8. *La Ciudad de Dios*, libro XX, cap. 14.
9. *Summa Theologica*, Supplementum, q. 91, en sus cinco artículos.

dición que Dios pronunció sobre él (Gn. 3:17-19). Por consiguiente está RESERVADO PARA EL FUEGO, está destinado a ser destruido completamente... Quiero que usted se percate de estas palabras «SE FUNDIRAN», «ENCENDIENDOSE», «CON GRAN ESTRUENDO». Estos son los vocablos que describen la acción de una bomba atómica. Cuando explota una bomba atómica, se produce un «GRAN ESTRUENDO»; dicen que es el estruendo más fuerte que jamás haya producido el hombre. También se produce un TREMENDO CALOR, comparable al del centro mismo del sol; y, como resultado de ese calor, todo cuanto es alcanzado por esa terrible temperatura queda deshecho, se FUNDE completamente.[10]

Y, en otro lugar, escribe, comentando Job 26:7:

Los modernos astrónomos nos dicen que hay un lugar en el norte, en la constelación del Cisne, donde se aprecia una fisura en el cielo, un lugar en que no hay estrellas. La realidad de lo que decimos está comprobada en fotografías. Los grandes telescopios del Observatorio de Yerkes, situado en la Bahía de Williams, Wisconsin, y del Monte Palomar en California han tomado fotografías de esta fisura, mostrándonos que existe ese lugar vacío del que hablaba Job. Estos mismos astrónomos nos dicen que la tierra se mueve hacia ese lugar vacío hora a hora, día a día, mes por mes y año tras año, a la tremenda velocidad de novecientos cincuenta kilómetros por minuto.[11]

El hebreo de Job 26:7 a es *notéh tsaphón al-tóhu* = «*extendiendo* (el) *Septentrión sobre* (el) *vacío*». Ya en 1934, el teniente coronel español Heredia, del arma de Ingenieros, en un largo artículo en el diario madrileño *El Debate*, hablaba de la fisura o rasgadura a la que alude J. Zoller, describiéndola como una mancha negra ribeteada de rojo, y añadía que se trataba, según todos los indicios, de una

---

10. *Heaven*, p. 76 (el énfasis es suyo). Traducido al castellano por Editorial CLIE con el título *El Cielo*.

11. *Op. cit.*, pp. 74-75.

rotura del éter, desde la que, en una fecha imposible de predecir, el firmamento se había de enrollar (comp. con Ap. 6:14: «*Y el cielo desapareció como un pergamino que se enrolla.*»)

Sobre Ap. 20:11, escribe el doctor J. F. Walvoord:

> La interpretación más natural del hecho de que la tierra y el cielo huyan es que la tierra y el cielo actuales van a ser destruidos y sustituidos por unos nuevos cielos y una nueva tierra. Esto se confirma por la afirmación adicional de 21:1, en que Juan ve unos nuevos cielos y una nueva tierra en lugar de los primeros cielos y de la primera tierra que han huido.[12]

2. Los nuevos cielos y la nueva tierra

Inmediatamente después de la descripción de la «huida» de los actuales cielos y tierra, y del juicio ante el Gran Trono Blanco, la atención de Juan se fija, al comienzo del capítulo 21, en «*un cielo nuevo y una tierra nueva*», en la que «*el mar ya no existe más*». Acerca de estos cielo y tierra «nuevos», dice J. F. Walvoord: «Es evidente que el nuevo cielo y la nueva tierra que se nos presentan aquí, no son simplemente el antiguo cielo y la antigua tierra renovados, sino un acto de nueva creación.»[13]

Por su parte, el doctor J. D. Pentecost afirma:

> Después de la disolución del presente cielo y la presente tierra, al final del milenio, Dios creará un cielo nuevo y una tierra nueva (Is. 65:17; 66:22; 2.ª P. 3:13; Ap. 21:1). Mediante un acto creador, Dios pondrá en existencia un cielo nuevo y una tierra nueva. De la manera como Dios creó los actuales cielos para que fuesen escenario de su despliegue teocrático, así

---

12. *Revelation*, p. 305.
13. *Op. cit.*, p. 311.

creará Dios los cielos y la tierra nuevos, para que sean escenario del reino eterno teocrático de Dios.[14]

La fraseología empleada por el profesor Walvoord («sustituidos») y, en especial, por el profesor J. D. Pentecost («un acto de nueva creación»), dan a entender una *aniquilación* del anterior Universo, y una *creación de la nada* de los nuevos cielos y tierra. Si es esto lo que quieren decir, siento tener que expresar mi disconformidad con esa opinión. El texto sagrado no da a entender una mera *renovación*, ya que usa el término «destrucción», pero tampoco indica «aniquilación». En efecto:

A) En ningún lugar aparece una expresión que indique «reducción a la *nada*», sino más bien una *fusión* (gr. *téketai*) de los elementos. Esto parece indicar que, de esta especie de horno de fundición, donde todo quedará, a la vez que derretido, purificado, Dios moldeará un nuevo cielo y una nueva tierra, sin tener que apelar a «un acto de nueva creación». Swete lo describe como «una nueva ("fresh") vida que surge del descaecimiento y despojo del antiguo mundo».[15]

B) El griego original de Ap. 21:1, al hablar de *«un cielo nuevo y una tierra nueva»*, no usa el adjetivo *«néos»*, sino *«kainós»*. El adjetivo *néos* connota algo que no existía antes, que viene detrás de otro; de ahí que se llame *néos* al hijo menor en Lc. 15:12, 13. En cambio, el adjetivo *kainós* expresa, de suyo, algo reciente en el tiempo, pero cuya íntima esencia puede ser la misma; de ahí que se llame *kainé diathéke* al «nuevo pacto», sin que eso signifique que del pacto antiguo no queda nada. Así, hablando de la continua *renovación* de nuestra mente, el Apóstol Pablo usa el térmi-

---

14. *Eventos del Porvenir*, p. 425. G. B. CAIRD, *The Revelation of St. John the Divine*, p. 258, usa la frase «el mundo creado desaparece en la nada».

15. Citado por W. M. SMITH, *Revelation*, en *The Wycliffe Bible Commentary*, p. 1521. Igualmente se expresan I. BARCHUK, *Explicación del libro del Apocalipsis*, pp. 381 y ss., I. E. DAVIDSON, *Readings in Revelation*, pp. 419-420, y S. VILA, *Cuando Él Venga*, p. 210.

no griego *anakaínosis*, mientras que al hablar de la *juventud* de Timoteo emplea *neótes* (comp. Ro. 12:2 con 1.ª Ti. 4:12). En el primer caso, la mente es la misma, pero está pasando por una *transformación* (gr. *«metamorphoústhe»*), mientras que la juventud de Timoteo era una completa *novedad*.

C) Por otra parte, la *destrucción* del primer cielo y de la primera tierra, a la que se refiere Pedro (2.ª P. 3:10-13), y que es, en realidad, una profunda transformación mediante el fuego, no tiene por qué afectar a todo el Universo, sino sólo a este planeta que habitamos, al cielo atmosférico y, con toda probabilidad, a nuestro sistema planetario e, incluso, a la constelación en la que dicho sistema se mueve. Dice el escritor evangélico don Samuel Vila:

Nos dice la Revelación Santa que el primer cielo se fue, o desaparece. ¿Significa esto que el Universo entero ha de desaparecer o ser aniquilado después del Milenio? No hay lugar en la Sagrada Escritura para tal supuesto. Es inverosímil pensar que el cataclismo que renovará la tierra ha de afectar al Universo entero, pues no parece que exista tal necesidad fuera de esta tierra, según la oración que el Señor nos enseñó...

Tampoco la declaración de Pedro *«los cielos encendiéndose serán deshechos»* implica el Universo entero, sino como dice a continuación *«los elementos»* que rodean la tierra, o sea el agua y el aire *«siendo encendidos se fundirán»*. Debemos recordar que es a la atmósfera que rodea la tierra a la que se refiere la Escritura cuando nos habla de *«las aves que vuelan en la expansión de los cielos»* (Gn. 1:20).

En realidad, la Nueva Tierra tiene ahora otro cielo, otra atmósfera que la circunda (si Dios tiene a bien formarla o hay necesidad de ella en las nuevas condiciones en que la tierra existirá). Y se mueve efectivamente entre *«nuevos cielos»* para ella; no en aquel espacio del Universo, en la constelación de Sirio, donde con rutinaria exactitud estuvo dando vueltas día tras día alrededor de un viejo sol.[16]

---

16. *Op. cit.*, p. 210.

3. La Nueva Jerusalem

En Ap. 21:2, Juan testifica de lo siguiente: «*Y yo Juan vi la santa ciudad, la nueva Jerusalén, descender del cielo, de junto a Dios, dispuesta como una novia ataviada para su esposo.*» Y, después de una somera descripción del Cielo y del Infierno, vuelve a detallar la gloria de esta santa ciudad en los versículos 9 ss., hasta el versículo 5 del capítulo 22.

Todos los amilenaristas, incluidos los exegetas de la Iglesia de Roma, alegorizan esta ciudad, diciendo que es símbolo de la Iglesia, la cual «desciende del lado de Dios», en cuanto que es un don de Dios. Pero, para empezar, hay que tener en cuenta que la Iglesia *no* «desciende del Cielo», sino que *asciende* de la tierra. No hay motivo alguno para tomar esta ciudad en otro sentido que el literal. Dice el pastor inglés J. Speed-Andrews:

> Siempre ha resultado un enigma para este escritor la razón de que tantos hayan visto en la novia de Apocalipsis 21 a la Iglesia... Si a Juan le dicen que le van a mostrar la novia, la esposa del Cordero, e inmediatamente le muestran la Ciudad Santa, Jerusalén, cuya entera conexión tiene que ver específicamente con la nación de Israel, ¿cuál es la razón por la que algunos inmediatamente la identifican con la Iglesia cristiana?... Además, debe notarse que, cuando Juan vio la Ciudad Santa, dijo que estaba preparada... No hay que entender con esto que la Ciudad Santa sea la novia. El significado es que todo estaba allí preparado para algún evento grande, del mismo modo que una novia, ataviada con todos sus adornos, se prepara para su gran acontecimiento: la llegada de su esposo.[17]

Speed-Andrews continúa diciendo que todas las características que describe Ap. 21 apuntan a la Jerusalén israelita.[18] Opinamos, con la mayoría de los exegetas y teólogos

---

17. *The Fulfilling of a Plan*, p. 29.
18. *Op. cit.*, pp. 29 y ss. Esta opinión, como puede verse, resulta demasiado extremista, debido a una opinión prejuzgada.

premilenaristas, que la Jerusalén Celestial incluye, por sinécdoque, a la Iglesia, aunque no se identifica con ella. Basta para probarlo la mención de los «*doce Apóstoles del Cordero*» (v. 14). Dice el doctor Pentecost:

> Cuando se habla de los habitantes de la ciudad, se observa que la Escritura incluye, además de la Iglesia, a otros habitantes. Una *ciudad* era la expectativa de los santos del Antiguo Testamento. De Abraham se dice: «*Porque esperaba la ciudad que tiene fundamentos, cuyo arquitecto y constructor es Dios*» (He. 11:10). Al hacer un contraste entre la Jerusalén terrenal y la celestial, en *Gálatas* 4, Pablo declara que, considerando que el judío en la esclavitud anhelaba la Jerusalén terrenal, se mantenía firme la promesa de una ciudad mayor, o lugar de morada, en las palabras: «*Mas la Jerusalén de arriba, la cual es madre de todos nosotros, es libre*» (Gá. 4:26).[19]

Citando a Grant, dice el profesor J. F. Walvoord:

> ¿Por qué no ha de ser (la Nueva Jerusalén) la novia-*ciudad*, tomando prestado el nombre de la novia-*iglesia*, cuya mansión es, aunque haya también en ella otros ocupantes?... La ciudad celestial, el tabernáculo de Dios, no permite que uno solo de los redimidos se quede fuera de ella, sino que tiene sus puertas abiertas de par en par para todos.[20]

En nuestra opinión, ningún pasaje bíblico identifica más fielmente ni describe mejor quiénes son los ocupantes de la Jerusalén Celestial que He. 12:22-24, que dice así:

> «*sino que os habéis acercado al monte de Sión, a la ciudad del Dios vivo, la Jerusalén celestial, a la asamblea festiva de miríadas de ángeles,*

---

19. *Op. cit.*, p. 436 (los subrayados son suyos. Véase todo lo que dice en pp. 427 a 441, así como S. VILA, *La Nada o las Estrellas*, pp. 307 y ss. y *Cuando El Venga*, pp. 211 y ss., y J. F. WALVOORD, *Revelation*, pp. 312 y ss.).

20. *Op. cit.*, p. 313.

>*a la congregación de los primogénitos que están inscritos en los cielos, a Dios el Juez de todos, a los espíritus de los justos hechos perfectos,*

>*a Jesús el Mediador del nuevo pacto, y a la sangre rociada que habla mejor que la de Abel.»*

Empecemos por notar lo del monte de *Sión* que, por contraste con el Sinay (véanse los vv. 18-21), nos recuerda lo mismo que dice Pablo en Gá. 4:25-26, donde es muy de notarse lo de *«madre de todos nosotros»*, entre los cuales estaban también los creyentes gentiles de Galacia, pues para todos los creyentes valen las palabras de Jesús en Jn. 14:2; *«En la casa de mi Padre hay muchas mansiones... voy, pues, a preparar lugar para vosotros.»* Aquí, pues, «Sión» es símbolo de la esfera de *gracia*, así como el Sinay era la esfera de la *Ley*. Es la misma *ciudad del Dios vivo* de la que se habla en He. 11:10, y que Abraham esperaba, es la *Jerusalén celestial* de Gá. 4:26, y es la *asamblea festiva* (gr. *panegyrei*) *de decenas de millares de ángeles*; de esos mismos ángeles que son enviados *«para servicio a favor de los que van a heredar la salvación»* (He. 1:14); los mismos que se inclinan para asomar la cabeza, como por una ventana abierta en el cielo, para ver las maravillas de gracia y de gloria que Dios ha hecho por nosotros (véase 1.ª P. 1:12), y que tanta alegría experimentan cuando un pecador se convierte (v. Lc. 15:7, 10). Al ver a tantos redimidos, los ángeles celebran en el Cielo una gran fiesta.

El versículo 23 merece especial atención. ¿Quiénes son esos *«primogénitos»*, cuyos nombres están inscritos en los cielos, lo cual es motivo del mayor regocijo (v. Lc. 10:20)? El original dice: *«Ekklesía prototókon»*: «Iglesia de (los) primogénitos.» Dice el profesor E. Trenchard:

> La *«Iglesia»* es la compañía de los redimidos, asociados con Cristo, la «cabeza», y unidos con El, y los unos con los otros, por el fuerte lazo del Espíritu Santo. Se declara que es *«Iglesia de los primogénitos»* por su asociación con el «Hijo Primogénito», y muy especialmente por su enlace con Cristo como «el

primogénito de entre los muertos» (Col. 1:18), pues la resurrección inaugura la nueva creación.[21]

Estos *primogénitos* son también llamados así, en mi opinión, porque, con el único Hijo de Dios, que es también el *«primogénito entre muchos hermanos»* (Ro. 8:29, comp. con He. 2:11 ss.), son coherederos de toda la herencia de Dios (v. Ro. 8:17: 1.ª P. 1:3-4, comp. con Col. 1:15). Extraña ver, en esta conexión, la frase *«Dios el Juez de todos»*, pero es preciso hacer dos observaciones que aclaran el sentido de esta frase: A) el original dice: *«kritei Theoi pantón»* = *«al Juez Dios de todos»*, lo que nos lleva a 1.ª Ti. 2:5: *«un solo Dios»* (¡de todos!, v. el contexto anterior): B) lo de «Juez» no nos ha de extrañar, a la vista de 2.ª Co. 5:19-21, ya que, a continuación (He. 12:24), se nos habla del Mediador del nuevo pacto (comp. de nuevo con 1.ª Ti. 2:5), y del rociamiento de Su sangre. En la Cruz, pronunció este Juez su veredicto más importante.

En cuanto a *«los espíritus de los justos hechos perfectos»*, opino, de acuerdo con E. Trenchard, que se trata de los mismos a que alude He. 11:40: los justos del Antiguo Testamento, que hubieron de esperar hasta alcanzar lo que Dios proveyó mediante la obra de Cristo, para ser *perfeccionados* (comp. con Col. 2:10; He. 10:14) juntamente con nosotros.[22]

4. ¿Cuál es la ubicación presente, y futura, de la Nueva Jerusalem

Aunque Ap. capítulos 21 y 22 nos muestran la Nueva Jerusalén en el estado en que se encontrará después del Juicio Final, la ciudad como tal habrá existido ya anterior-

---

21. *Hebreos* (Literatura Bíblica, Madrid, 1974), p. 233.

22. Opinamos así, con E. TRENCHARD, *op. cit.*, pp. 234-235, contra la opinión de J. BROWN (*Hebrews* —London, The Banner of Truth, 1961—, pp. 653 y ss.), quien afirma que *«la iglesia de los primogénitos»* son los cristianos que están en la tierra, mientras que *«los espíritus de los justos hechos perfectos»* son todos los salvos que están en el Cielo.

mente, al menos desde el arrebatamiento de la Iglesia, y en ella tendrá Dios Su trono. De allí habrá descendido, con la mayor probabilidad, hasta situarse cerca de la tierra durante el milenio, ya que los habitantes de dicha ciudad «*reinarán con Cristo mil años*» (Ap. 20:4), siendo así que Cristo reinará, durante el milenio, en la tierra, como dan a entender todas las profecías mesiánicas para el futuro y el mismo libro del Apocalipsis (v. por ej., 14:1); además, el reino celestial no es por mil años, sino «*por los siglos de los siglos*» (22:5). Los amilenaristas objetan que esta tierra no puede ser habitación de los que ya están, resucitados, en el Cielo, pero no se percatan de dos detalles: A) aunque la mansión propia de los resucitados sea la Ciudad celestial (Jn. 14:2), pueden, sin embargo, ejercer funciones regias en la tierra durante el reinado mesiánico de paz y prosperidad milenarias; B) el hecho de que los habitantes de la tierra no estén en condiciones de andar por el Cielo, no implica que los habitantes del Cielo no puedan andar por la tierra, pues la lógica más elemental enseña que lo mayor incluye lo menor, pero no viceversa.

Al tener lugar la última revolución, así como el cataclismo final (Ap. 20:7-9), la Nueva Jerusalén habrá subido de nuevo hasta el Cielo empíreo, para descender nuevamente —esta vez definitivamente, y hasta el suelo— a la nueva tierra, cubierta por un nuevo cielo. Durante todo este tiempo, se habrán añadido a la Iglesia, con su naturaleza corpórea, los santos del Antiguo Testamento, resucitados después de la Gran Tribulación, así como los que hayan muerto durante la misma Gran Tribulación, y los muertos durante el milenio, aunque de la resurrección de éstos últimos nada nos dice el texto sagrado. El doctor J. D. Pentecost resume bien estas fases de ubicación de la Nueva Jerusalén, cuando escribe:

> El Señor prometió preparar un lugar para los suyos. En el traslado y la resurrección de la Iglesia, los santos de esta era, después del juicio y de las bodas, se instalarán en ese lugar preparado. Se unirán a los santos del Antiguo Testamento en tiempo de su resurrección en la segunda venida de Cristo. Este lugar

de morada preparado para la Esposa, en el cual los santos del Antiguo Testamento encontrarán su lugar como siervos (Áp. 22:3),[23] es trasladado hacia abajo para permanecer en el aire sobre la tierra de Palestina, durante el milenio, tiempo durante el cual los santos ejercerán su derecho a reinar. Estos santos estarán en su estado eterno, y la ciudad gozará de eterna gloria. A la expiración de la era milenaria, durante la renovación de la tierra, el lugar de morada será removido durante la conflagración, para encontrar su lugar, después de efectuarse la nueva creación, como un eslabón que unirá los cielos nuevos y la tierra nueva.[24]

5. Forma, medidas y materiales de la Nueva Jerusalem

Dejando para la lección 35,[a] el tratado de lo que será la vida eterna en el Cielo, del cual será la Nueva Jerusalén el centro, vamos a detallar muy brevemente, ya que el volumen de este libro no permite detenerse en cada tema por extenso, la forma, los materiales y las medidas de la Jerusalén Celestial.[25]

Las medidas de la ciudad son colosales: unos 2.400 kilómetros de largo, por otros 2.400 kms. de ancho, nos dan

---

23. Opinamos que estos «siervos» del v. 3 no son sólo los santos del A. T., sino todos los redimidos de todas las dispensaciones, pues son los mismos que «reinarán por los siglos de los siglos» (véase 5). El vocablo griego *douloi* ha de verse, en mi opinión, a la luz del verbo *latreoúsousin*, correspondiendo así al *eved* del hebreo, que significa «siervo que trabaja en adoración (hebr. *avodah*) a *YHWH*». Esta designación como «reyes y sacerdotes» se atribuye primeramente, en Ap. 1:6; 5:10, a los 24 ancianos que representan a la Iglesia. Quizás el Dr. Pentecost conecta el v. 4 «*su nombre estará en sus frentes*» con 14:1 «*el nombre de él* (el Cordero) *y el de su Padre, escrito en la frente*». (véase también 7:3; 9:4), pero, ¿por qué no sobre la frente de los demás también, de acuerdo con 3:12?

24. *Eventos del Porvenir*, p. 439.

25. Hay en la liturgia latina, para la fiesta de la dedicación de la Iglesia, un bello himno, que comienza diciendo:

«Coelestis urbs Jerusalem — Beata pacis visio,
Quae celsa de viventibus — saxis ad astra tolleris...»
(Ciudad celestial, Jerusalem — Bienaventurada visión de paz,
que, levantada con piedras vivas, eres alzada a lo alto...)

una superficie de 5.760.000 kms. cuadrados. Siendo la altura también de 2.400 kms., tenemos como resultado, si la ciudad es un cubo, la fantástica cifra de 13.824 millones de kilómetros cúbicos. Soy, sin embargo, de la opinión de W. M. Smith,[26] J. F. Walvoord,[27] y muchos otros autores, de que su estructura es piramidal, con lo que su volumen sería de 6.912 millones de kilómetros cúbicos.[28] Las razones a favor de una forma piramidal son las siguientes: A) Su belleza arquitectónica es mucho mayor; B) se entiende mejor que el río de agua viva y pura salga del trono de Dios y del Cordero (22:1); C) Si el muro de la ciudad tiene unos 64 mts. de altura, este tamaño, que sería enorme para una ciudad normal, resulta pequeñísimo en comparación de la altura; pero ya no es tan desproporcionado si la ciudad, en lugar de tener estructura cúbica, la tiene piramidal.

Un buen apartamento, digno de un rey, puede tener una capacidad de 5.000 mts. cúbicos, Esto supuesto, puede haber en la Nueva Jerusalén, descontando 2/3 partes para parques y avenidas, 1.152.000.000.000.000 regios apartamentos (mil ciento cincuenta y dos billones de palacios, ¿será éste el número de los salvos?).

La disposición de los elementos arquitectónicos de la ciudad nos recuerda con insistencia el número *doce*: *doce* puertas en el muro, con *doce* ángeles como guardianes, y los nombres de las *doce* tribus, inscritos cada uno sobre (gr. *epigegramména*) cada una de las puertas (v. 12).[29] El muro tiene *doce* fundamentos, y sobre ellos los *doce* nom-

26. *Revelation*, en *The Wyclifft Bible Commentary*, p. 1523.
27. *Op. cit.*, p. 323.
28. El jesuita español S. BARTRINA (*apocalipsis de san Juan*, en *La Sagrada Escritura, Nuevo Testamento*, III, pp. 833-834), da medidas mucho más modestas: 2.131 Kms. de perímetro.
29. Esto nos advierte que la raíz y centro de la salvación de la humanidad es el Israel de Dios (véase Jn. 4:22b, comp. con Ro. 3:1-2; 9:4-5). El v. 13 dispone las puertas de forma similar a la de las tribus que acampaban en torno al tabernáculo (véase también Ez. 48:23-34, aunque aquí se trata de la Jerusalem terrenal durante el milenio, con medidas inmensamente inferiores a las de la Nueva Jerusalem).

bres de los *doce* apóstoles del Cordero (v. 14), lo que nos
refiere a Ef. 2:20. Teniendo en cuenta que los doce apóstoles eran israelitas, vemos de nuevo cómo la Iglesia se
sostiene sobre Israel, no viceversa (comp. con Ro. 11:18:
«Sabe que no sustentas tú a la raíz, sino la raíz a ti.») Las
medidas son igualmente múltiplos de *doce*: tanto la largura
como la anchura y la altura de la ciudad miden *doce* mil
estadios (v. 16). La altura del muro es de 144 (= 12 × 12)
codos; *doce*, las piedras preciosas que adornan los cimientos del muro (véanse vv. 19-20). *«Y las DOCE puertas eran
DOCE perlas»* (v. 21). Finalmente, a uno y otro lado del
río que sale del trono, *«el árbol de la vida, que produce
DOCE frutos, dando cada mes su fruto»* (22:2). Opino con
Swete,[30] como más probable, que son varios árboles (comp.
con Ez. 47:12) —quizá *doce* también— los que aquí se indican colectivamente bajo la designación de *«el árbol de
la vida».*

Todos estos números no necesitan más imaginación que
la que se requiere para una operación matemática. En cambio, respecto a la calidad de los materiales, no podemos
decir otro tanto. No hay duda de que son materiales de
diferente calidad de la que poseen los materiales de este
mundo, tanto en lo referente a las piedras preciosas, perlas, jaspe, etc., que se mencionan, como al *«oro puro»* del
que está construida la ciudad, *«semejante al cristal puro»*
(v. 18). Como dice J. F. Walvoord:

> Usando lenguaje de apariencias exteriores, Juan
> se esfuerza en describir una escenografía que, en mu-
> chos aspectos, transciende la experiencia terrenal. La
> mención constante de diafanidad indica que la ciu-
> dad está diseñada para transmitir la gloria de Dios
> en forma de una luz que no encuentra obstáculos.[31]

En efecto, el versículo 23 nos dice que *«La ciudad no
tiene necesidad de sol ni de luna que brillen en ella; porque
la gloria de Dios la ilumina, y el Cordero es su lumbrera»*

---

30. Citado por WALVOORD, op. cit., p. 330.
31. *Op. cit.*, pp. 324-325.

(comp. con Is. 60:19). Las similaridades con todo el capítulo 60 de Isaías han hecho pensar a algunos que no se trata aquí del estado eterno, sino del milenio. Lo que ocurre es que las magníficas condiciones del milenio son un anticipo, como en bosquejo, de lo que será el estado eterno [32] en la Jerusalén Celestial.

Finalmente, W. M. Smith hace notar, citando a Govett, que,

> si comparamos los colores de la piedras de los cimientos con los del arco-iris, hallaremos, creo yo, una similaridad intencionada, aunque, a causa de nuestra ignorancia con respecto a las piedras preciosas, no podamos llegar, ni de cerca, a una conclusión satisfactoria.[33]

Govett compara, pues, los colores del arco-iris con los de las piedras preciosas de los cimientos de la Nueva Jerusalén, a partir de la quinta, en la forma siguiente:

    sardónica   — rojo
    cornalina   — anaranjado
    crisólito   — amarillo
    berilo   — verde-mar
    topacio   — amarillo (en lugar del azul)
    crisopraso — verde dorado (en lugar del índigo)
    jacinto   — violeta
    amatista (rosado).[34]

CUESTIONARIO:

1. ¿Cuáles son las principales opiniones, no bíblicas, acerca del fin del mundo actual? — 2. ¿Qué nos enseña, a este respecto, 2.ª P. 3:10-13? — 3. ¿Qué es preciso tener en cuenta al analizar tal pasaje? — 4. ¿Suponen las frases de Pe-

---

32. Véase la lección 35.ª.
33. *Op. cit.*, p. 1523.
34. *Op. cit.*, p. 1523 (como puede verse, no todos los colores coinciden).

dro que este mundo será reducido a la nada? — 5. ¿Qué nos dicen los astrónomos sobre la forma en que posiblemente se llevará a cabo ese gran incendio de los elementos, del que nos habla el texto sagrado? — 6. ¿Qué razones nos inducen a ver, en el texto griego de Ap. 21:1, que el nuevo cielo y la nueva tierra no serán creados de la nada? — 7. ¿Cuál es el correcto término medio entre las opiniones que ven, en la «nueva Jerusalén» de Ap. 21, a la Iglesia sola, o sólo a Israel? — 8. ¿Qué luz arroja He. 12:22-24 sobre los distintos habitantes de la Jerusalén Celestial? — 9. ¿En qué lugar se encuentra ya, probablemente, y se encontrará después, la Santa Ciudad que es la Nueva Jerusalén? — 10. ¿Qué nos dicen sus enormes medidas, en función del número aproximado de mansiones regias? — 11. ¿Qué le sugiere la insistente repetición del número doce o de múltiplos de doce? — 12. ¿Qué podemos vislumbrar acerca de la calidad de los materiales de la ciudad, de acuerdo con la descripción que nos ofrece Juan?

LECCION 33.º EL LLAMADO «LIMBO DE LOS NIÑOS»

1. ¿Una tercera alternativa?

En el estado eterno, los evangélicos sólo admitimos, de acuerdo con la Palabra de Dios, dos metas finales: Cielo e Infierno. En cambio, la Iglesia de Roma (al menos, en su enseñanza tradicional) admite, dentro del estado eterno, una tercera alternativa: el llamado «Limbo de los niños».

2. Resumen del desarrollo de dicha doctrina

A comienzos del siglo III, y de la pluma de Tertuliano, aparece el primer documento eclesiástico que exige la necesidad del bautismo de agua para salvarse, citando libremente Jn. 3:5, con lo que implícitamente quedan incluidos los niños.[35] Unos cuarenta años más tarde, Orígenes arguye ya explícitamente a favor de la necesidad del bautismo para los niños, dando como razón que «la gracia del bautismo parecería superflua, si nada hubiera en los niños que perteneciese a la remisión de los pecados».[36] Cirilo de Jerusalén excluye de la necesidad del bautismo a los mártires, con lo que los niños martirizados entran implícitamente en esta excepción.[37] En carta al obispo de Tarrago-

---

35. TERTULIANO cita muy libremente: «*Nisi natus ex aqua quis erit, non habet vitam*» = el que no haya nacido del agua, no tiene vida (R. 306). También fue él quien primeramente aludió al Purgatorio. De modo que un escritor que murió fuera de la comunión de la Iglesia al hacerse seguidor de MONTANO, fue también el que inició la enseñanza de tales doctrinas antibíblicas.

36. R. 496.

37. R. 811.

na, Himerio, el obispo de Roma Siricio, escribía el 10 de
febrero del año 385, que todo el que sale de este mundo
sin el bautismo, «pierde el reino y la vida».[38] El año 418, un
Concilio regional en Cartago anatematizó a quienes se
atrevan a defender que los niños que mueren sin el bautismo van al Cielo o a otro lugar cualquiera que no sea el
Infierno.[39]

Agustín es el más explícito en enviar al Infierno a los
niños que mueren sin el bautismo,[40] aun cuando dice que
quienes no añadieron ningún otro pecado al original que
contrajeron por la generación, sufrirán en el Infierno «la
pena más suave».[41] Muchos escritores eclesiásticos de los
siglos V y VI, seguidores de Agustín, fueron llamados, como
él, «*tortores infantium*», esto es, «torturadores de los niños». Es digno de citarse el testimonio de Fulgencio, quien
dogmatiza de la manera siguiente:

> Sostén firmísimamente, y no dudes de ningún
> modo, que no sólo los hombres que ya tienen uso
> de razón, sino también los niños («párvulos»), ya los
> que comienzan a vivir en el vientre de su madre y
> allí mueren, ya los que, nacidos de sus madres, sa-
> len de este mundo sin el sacramento del santo bautis-
> mo... han de ser castigados con el perpetuo suplicio
> del fuego eterno.[42]

Esta enseñanza tan radical no se encuentra en los escritores eclesiásticos orientales. Hacia el año 389, cuando
Agustín tenía 35 años y llevaba sólo dos de convertido,
escribía Gregorio de Nacianzo de los niños que mueren
sin el bautismo: «ni son glorificados, ni son enviados al

---

38. DENZINGER, 184. Éste es el primer documento emanado de
la sede de Roma.
39. D. 224. El Concilio no menciona explícitamente el Infierno,
pero termina diciendo: «El que no esté a la derecha, sin duda
se encontrará a la izquierda.» (Aquí se ve la mano de AGUSTÍN.
V. R. 1525.)
40. V. R. 1525, 1717, 1868, 1878, 1881 y 1882.
41. R. 1924.
42. R. 2271.

suplicio por el justo juez, puesto que, aunque no fueron signados,[42 bis] no fueron malvados tampoco, sino que padecieron el daño, más bien que hacerlo».[43]

3. La enseñanza se suaviza

En carta al arzobispo de Arlés, el papa Inocencio III escribía: «La pena del pecado original es la carencia de la visión de Dios, pero la pena del pecado actual es el tormento de la gehenna eterna.»[44] En el año 1274, el Concilio II de Lyon afirmaba que «las almas de los que mueren en pecado mortal, o con sólo el original, descienden inmediatamente al Infierno, aunque para ser castigadas con penas dispares».[45] Esta declaración parecía ser un paso atrás, después de la declaración de Inocencio III. Pero, hacía ya dos siglos que Anselmo de Canterbury, aun concediendo que los niños que mueren sin el bautismo se ven privados de la bienaventuranza celestial, postulaba para ellos un lugar especial. Los grandes maestros de la teología medieval le siguieron, hasta que llegó a cristalizar la idea del «Limbo», en el que dichos niños no sufren pena alguna, e incluso pueden disfrutar de una felicidad «natural». Aunque estén privados de la visión beatífica, no sufren por ello, pues, según el antiguo adagio, «no hay deseo de lo desconocido». Siglos más tarde, Pío VI, en su Bula «*Auctorem Fidei*», de 28 de agosto de 1794, al condenar ciertas doctrinas del Sínodo de Pistoya, habla del lugar «al que corrientemente mencionan los fieles con el nombre de limbo de los niños».[46]

Desafortunadamente, los grandes Reformadores del siglo XVI *siguieron*, en esto como en otras cosas (unas, buenas; otras, malas), al gran Agustín y, como él, condenaron al Infierno a todos los niños que mueren sin el bautismo. La luterana Confesión de Augsburgo condena a los Anabap-

---

42 *bis*. El término «signados» indica una ceremonia bautismal, que simboliza el «ser sellados» con el Espíritu Santo (Ef. 1:13).
43. R. 1012.
44. Denz. 780.
45. D. 858.
46. D. 2626.

tistas «por afirmar que los niños se salvan sin el bautismo»,[47] y lo mismo afirma la calvinista Confesión de Fe
de Westminster.[48]

4. Puntos de vista de la moderna teología católica-romana

En la gran Enciclopedia católica *Sacramentum Mundi*,
dice P. Gumpel sobre este tema:

> En la teología actual no pocos (y a veces muy pres-
> tigiosos) teólogos e historiadores del dogma ponen en
> tela de juicio la existencia del limbo y discuten a
> fondo si tal doctrina, a saber, la tesis según la cual
> dichas personas quedan excluidas de la visión beatí-
> fica, es de hecho firme e invariable doctrina teológi-
> ca.[49]

Y después de describir las distintas tentativas de los
teólogos «liberales», afirma:

> Hasta ahora el magisterio eclesiástico no es favo-
> rable a las opiniones liberales, pero permite que se
> siga investigando sin trabas. Ante esta situación, en
> la predicación de la fe habrá que evitar el pronun-
> ciarse categóricamente, y más aún en forma polémi-
> ca; y se recomienda la prudencia bajo todo aspecto.
> Sea lo que fuere de las opiniones, es evidente que en
> la medida de lo posible se ha de administrar sin tar-
> danza el bautismo a los niños.[50]

Sin embargo, el ya famoso Nuevo Catecismo Holandés,
dejando a un lado las recomendaciones de la «prudencia»,
afirma que la voluntad de Dios de que todos se salven incluye también a los niños que mueren sin bautizar: 1) por-

---

47. V. A. H. STRONG, *Systematic Theology*, p. 663. Sin embargo,
STRONG se equivoca al afirmar que CALVINO no creyó en la condenación de los niños que están fuera del pacto (véase mi libro
El Hombre, Su Grandeza y Su Miseria, p. 218, nota 83).
48. Cap. X, párr. III.
49. Vol. 4. p. 322.
50. *Op. cit.*, mismo vol., p. 323.

que el Evangelio presenta a los niños como especiales objetos del amor de Jesús y de Dios: 2) porque Cristo nació y murió por todos; 3) porque nadie se pierde a no ser por pecados que haya cometido personalmente.[51] Igualmente, P. Fannon afirma que dichos niños han sido incluidos en «el bautismo general de la Cruz», inclusión que podrán ratificar personalmente «en el momento de su muerte».[52]

5. La doctrina del Limbo de los niños es antibíblica

La doctrina del Limbo de los niños es rechazada por todos los evangélicos y, como acabamos de ver, también por los teólogos católico-romanos llamados «liberales» o «progresistas».[53] Pero no todas las razones que se dan para rechazar tal doctrina son bíblicamente válidas.

Los herederos doctrinales de Lutero y Calvino, a saber, los teólogos de la llamada «Teología del Pacto», rechazan el Limbo porque creen que tales niños van al Infierno, por estar fuera del «pacto actual de Dios», cuya señal es el bautismo, como antes lo era la circuncisión. Esta razón no es válida, puesto que no era la circuncisión la que salvaba *personalmente* a un judío, sino la justificación por la *fe* en las promesas de Dios, las cuales fueron dadas *antes de la circuncisión* (comp. Gn. 15:6 con 17:10; v. también Gá. 3:6 ss.; 5:1 ss.), Ni la circuncisión antes, ni el bautismo después, salvan a nadie, a no ser que se admita la enseñanza romana del «*ex opere operato*», es decir, que los sacramentos *causan* lo que significan. Tampoco sirve decir que la bendición cae sobre la familia (no es ese el sentido de 1.ª Co. 7:14, como los mismos teólogos católicos admiten, v. L. Ott— [54]), pues nadie puede salvarse por otro, así como

---

51. V. A. *New Dutch Catechism. Catholic Faith for Adults* (Burns and Oates, Herder and Herder, London, 1967), p. 252. En el punto 5, diremos cuál es nuestra opinión sobre tales razones.
52. En *La Faz Cambiante de la Teología* (Sal Tarrae, Santander, 1970), p. 87.
53. Para este punto, véase mi libro *El Hombre, Su Grandeza y Su Miseria*, pp. 214-220.
54. *Op. cit.*, p. 360.

no puede creer por otro (v. Jn. 1:12-12; 3:15-16). Por otra parte, enviar a estos niños al Infierno va directamente contra la voluntad salvífica de Dios (1.ª Ti. 2:4), teniendo en cuenta que los niños no son personalmente responsables de ningún pecado mientras no hayan alcanzado el uso de la razón, suficiente para discernir entre el bien y el mal (comp. con Jonás 4:11).

Por otra parte, el argumento del Nuevo Catecismo Holandés, y de algunos evangélicos, de que el Evangelio presenta a los niños como especiales objetos del amor de Dios y de Cristo, no significa que *ya* fuesen salvos. Jesús alude a las actitudes infantiles, sin malicia ni pretensión autosuficiente, propias de los niños, pero que se demandan a los adultos para entrar en el Reino. Además, los teólogos de la teología del pacto podrían replicar que dichos niños estaban circuncidados, aunque ya hemos visto que esta razón no tiene validez. En cuanto al segundo argumento del Nuevo Catecismo Holandés, de que Cristo nació y murió por todos, hemos de decir que tampoco es válido: A) en primer lugar, porque no somos salvos por el *nacimiento* de Cristo, sino por su *muerte*; B) tampoco la muerte de Cristo salva automáticamente a nadie, a no ser que se aplique personalmente a cada uno, lo cual se hace por la *fe*, de la que los niños pequeños no son capaces.

En cambio, admitimos el tercer argumento del Catecismo Holandés, de que «nadie se pierde a no ser por pecados que haya cometido personalmente», aun cuando nos apresuramos a matizar debidamente tal afirmación de la manera siguiente: 1) Nadie se condena, es cierto, si no es por pecados personales. Esto tiene aplicación, especialmente, para los adultos y, por cierto, en el sentido de que el único pecado que lleva a la condenación eterna es la incredulidad (v. Jn. 3:17-21; 8:24; 9:41); para el que cree, los demás pecados *no son tenidos en cuenta* para la salvación ni para la condenación (v. 2.ª Co. 5:14-21). 2) Los niños, todos los niños, nacen en pecado (v. Sal. 51:5; Ef. 2:3: «...éramos por naturaleza hijos de ira.») Por consiguiente, es preciso hallar también para ellos un medio de *aplicarles* la salvación. ¿Cuál es ese medio? Creo que el teólogo católico Patrick Fannon acertó en su argumento, que quizá necesita un ulterior desarrollo que exponemos en tres fases:

(a) Las Sagradas Escrituras presentan la provisión del remedio que Dios nos ha ofrecido para salvarnos, como coextensiva con la ruina general ocasionada por la caída de nuestros primeros padres (v. 1.ª Co. 15:22, 49), ya que «cuando abundó el pecado, sobreabundó la gracia» (Ro. 5:20). En otras palabras, la voluntad benéfica de salvación, por parte de Dios (v. 1.ª Ti. 2:4-6), ha de cubrir, por lo menos, todo lo que la obra maléfica de condenación, a causa del pecado de Adán, ha producido en sus descendientes (v. Ro. 5:12-21).

(b) De esto se deduce que, así como los que han imitado a Adán, pecando *personalmente*, necesitan acudir *personalmente*, por fe, a beneficiarse de la obra del Calvario, así también los niños que, sin culpa personal, fueron afectados por la caída de Adán, han de ser igualmente alcanzados por la obra de Cristo, sin necesidad de acercarse personalmente a la Cruz.

(c) Pero hay una diferencia que es preciso obviar: Los niños incurren *por herencia* en el pecado de Adán, mientras que no pueden salvarse por herencia. ¿Cuándo y cómo se les aplicará, pues, la obra de la Cruz? No antes de la muerte, porque, de ser así, estarían salvos antes del uso de razón y no necesitarían «nacer de nuevo» si llegaban a ser adultos, o podrían perder la salvación, como cree la Iglesia de Roma, lo cual no podemos admitir con la Biblia abierta (v. por ej., Jn. 10:28). Sólo resta, pues, que tales niños sean salvos *en* el momento de la muerte, aunque no *por* la muerte, puesto que la muerte nunca es un medio de salvación, sino, por el contrario, un fruto del pecado (Ro. 5:12; 6:23). Dice el teólogo bautista A. H. Strong:

> Así como los restos de la depravación natural en el cristiano quedan desarraigados, no por la muerte, sino en la muerte, mediante la visión de Cristo y la unión perfecta con él, así también el primer momen-

to de la consciencia de un niño puede coincidir con una visión tal de Cristo Salvador, que realice la completa santificación de su naturaleza.[55]

Unicamente nos resta añadir que, por este medio, los niños que murieron antes del uso de razón, entrarán en el Cielo y en el Reino de Dios, pero no pueden pertenecer a la Iglesia, porque no han recibido en este mundo el bautismo del Espíritu Santo, que hace de todos los creyentes de la presente dispensación, sin distinción de raza, sexo ni clase social, *un solo Cuerpo de Cristo* (v. 1.ª Co. 12:13).

CUESTIONARIO:

1. ¿Cuál es la tercera alternativa que, para el estado eterno, admite la enseñanza tradicional de la Iglesia de Roma? — 2. ¿Cuál fue el primer fundamento erróneo para tal enseñanza? — 3. ¿Cuál era, entonces, la condición de los niños que morían sin el bautismo? — 4. ¿Fue universal en la Iglesia tal enseñanza? — 5. ¿Cómo se suavizó, en la Edad Media, esta doctrina? — 6. ¿Cómo cristalizó, en la teología medieval, la idea del «Limbo de los niños»? — 7. ¿Cómo se expresan los modernos teólogos de la Iglesia de Roma? — 8. ¿Es bíblica la enseñanza del Limbo? — 9. ¿Qué piensa usted de la posición adoptada por los Reformadores? — 10. ¿Son válidos los argumentos que presentan los modernos teólogos católico-romanos? — 11. ¿Sobre qué bases, de fondo bíblico, puede argumentarse a favor de la salvación final de los niños que mueren antes de alcanzar la edad de discernimiento entre el bien y el mal?

---

55. *Systematic Theology*, p. 663.

LECCION 34.ª EL INFIERNO ETERNO

1. Un tema del que se predica y enseña muy poco

El Infierno es un tema que no agrada a muchos predicadores y maestros, especialmente en estos tiempos en que mucha gente *no sufre la sana doctrina, sino que teniendo comezón de oír, acumulan para sí maestros conforme a sus propias concupiscencias, y apartan de la verdad el oído y se vuelven a las fábulas* (2.ª Ti. 4:3-4). Dice el doctor L. S. Chafer:

> Mentes sin la debida instrucción se rebelan contra la doctrina de la perdición eterna, y cuanto más compasivos son por naturaleza, más se rebelan; sin embargo, la doctrina no tiene su origen en el raciocinio humano ni en la compasión humana. Aquí, como siempre, se le demanda al teólogo descubrir y defender lo que Dios ha revelado. Lo que se afirma en la Biblia está en consonancia con la sublime lógica de Dios. La raíz del problema latente en toda especulación humana está en el hecho de que el hombre no conoce el significado del pecado ni de la santidad, y estos dos factores son casi todo lo que se implica en esta discusión.[56]

Sólo un falso concepto de Dios puede hacer que muchas personas se rebelen contra la existencia del Infierno eterno. Tales personas invocan el amor y la misericordia de Dios, olvidando que el amor de Dios es un amor *santo*,

---

56. *Teología Sistemática*, II, p. 435 (véase también 436 y ss.).

y que la misericordia de Dios está basada en la *justicia*. Sólo cuando los requisitos de la santidad y justicia divinas se han cumplido mediante la obra sustitutoria de Cristo en el Calvario, queda completamente libre el amor divino para derramarse sobre los pecadores que ponen su fe en la sangre que nuestro Redentor derramó en la Cruz. Como dice L. S. Chafer:

> La Palabra de Dios debe permanecer firme, y se debe recordar al hombre que hay dos cosas involucradas, que son el pecado y la santidad, de cuyos significados profundos él nada sabe. Siendo *absoluta*, la santidad divina no puede ser cambiada ni alterada en lo más mínimo. Esta verdad es la clave de todo el problema que la idea de la retribución engendra. Si Dios pudiera perdonar un solo pecado de una sola persona como un acto de bondad solamente, comprometería Su propia santidad, la cual demanda juicio sobre el pecado, y Él mismo necesitaría ser salvado por la injusticia que habría cometido. Por una supuesta bondad, habría establecido un principio según el cual podría perdonar todo pecado humano por un acto de clemencia divina y, por tanto, la muerte de Cristo sería superflua.[57]

Creo que nadie ha ido al fondo del tema tan profundamente como lo ha hecho Chafer en el párrafo citado. En efecto, sólo el Calvario da a entender, a un mismo tiempo, la inmensa perversidad del pecado y la horrible eternidad del Infierno. No es, pues, extraño que el mansísimo Jesús no se recatara de hablar del Infierno cuando la ocasión lo demandaba. Así, exhortando a la valentía en el testimonio del Evangelio, dice: «*Y no temáis a los que matan el cuerpo, mas no pueden matar el alma; temed más bien a aquel que puede destruir alma y cuerpo en el infierno*» (Mt. 10:28). Y, al hablar de la necesidad de arrancar de raíz todo lo que sirva de tropiezo, pone de relieve la tremenda realidad del *Infierno*, «*donde su gusano no se muere, y el fuego no se apaga*» (Mr. 9:48).

---

57. *Op. cit.*, II, p. 440 (el subrayado es suyo).

2. Nombres que la Escritura da al Infierno

A) *En el Antiguo Testamento*. El hebreo del Antiguo Testamento no tiene otro vocablo que *she'ól* para expresar la morada o condición de los difuntos, y siempre connota, como ya se dijo en otro lugar, «ausencia de la presencia y comunión de YHWH».[58] La raíz *sha'al* significa, en este contexto, «estar hueco», de donde procede el sentido simbólico de *she'ól* como «cueva subterránea». Aun cuando la doctrina sobre el Infierno no está en el Antiguo Testamento tan claramente expresada como en el Nuevo, hay ciertos lugares en que el *she'ól* se vislumbra como lugar de tormento de los condenados (v. Nm. 16:33; Dt. 32:33; Job 24:19; Sal. 9:17; Is. 14:9-11; 33:14; Ez. 32:21 ss.; Dan. 12:2).

B) *En el Nuevo Testamento*. Es el Señor Jesucristo quien nos da la más profunda enseñanza sobre el Infierno, ya que, como dice R. A. Killen, «sólo de Aquel que amó a los hombres lo bastante para morir por ellos, pueden los hombres recibir esta terrible verdad».[59]

El Nuevo Testamento designa al Infierno con las siguientes expresiones:

(a) *«Gehenna»*, que es la forma helenizada del hebreo *ge Hinnom* = valle de Hinnom, una hondonada al sur de Jerusalén, que, tras las abominaciones cometidas en aquel lugar (v. 1.ª R. 11:7; 2.ª Cr. 28:3: 33:6: Jer. 7:32), fue convertida en vertedero al que se arrojaba la basura para consumirla en fuego perenne, siendo así el símbolo más apropiado para expresar la condición de los difuntos impíos (v. Mt. 5:22, 23. 30; 10:28; 18:9; 23:15, 33; Mr. 9:43, 45, 47; Lc. 12:5; Stg. 3:6).

(b) *«Las tinieblas de afuera»* (Mt. 8:12). Como sólo los interiores estaban iluminados en tiempo de Jesús, ser arrojado a la oscuridad exterior era símbolo de exclusión del banquete o de la comunión social.

---

58. Véase la lección 8.ª.
59. *Wycliffe Bible Encyclopedia*, I, p. 779.

(c) «*Fuego eterno*» (Mt. 25:41).

(d) «*Castigo eterno*» (Mt. 25:46).

(e) «*Pecado eterno*» (Mr. 3:29). Esta frase, en labios del Salvador, tiene un misterioso significado, pero fácilmente conjeturable: Los condenados están sufriendo un castigo eterno porque están eternamente en pecado.

(f) «*Ira*» (Ro. 2:5, comp. con Ef. 2:3 «*hijos de ira*»).

(g) «*Eterna perdición excluidos de la presencia del Señor*» (2.ª Ts. 1:9, comp. con Jn. 3:15, 16 «*...no se pierda...*»).

(h) «*El pozo del abismo*» (Ap. 9:1, 2, comp. con 9:11; 20:3).

(i) «*Tormento... por los siglos de los siglos*» (Ap. 14:11).

(j) «*Lago de fuego que arde con azufre*» (Ap. 14:10; 19:20; 20:10, 14, 15, 21:8).

(k) «*La segunda muerte*» (Ap. 20:6, 14; 21:8).

(l) «*Enviar al Tártaro*» (gr. *tartaróo*, 2.ª P. 2:4), lugar que, en la nomenclatura helénica, designaba la parte inferior del *Hádes*, en la que eran atormentados los criminales.

3. ¿Qué es, en realidad, el Infierno?

Comencemos por decir que, tanto el Cielo como el Infierno, se fraguan en nuestro interior. Después de describir los nombres que la Biblia da al Infierno, A. H. Strong resume así el concepto que de él podemos alcanzar:

> En resumen, podemos decir que es la pérdida de todo bien, ya sea físico o espiritual, y la miseria de una malvada conciencia, desterrada de la presencia de Dios y de la compañía de los santos, y existiendo para siempre bajo la directa maldición de Dios. Aquí hemos de recordar, como en el caso del estado final de los justos, que el elemento decisivo y dominante no es el exterior, sino el interior. Si el Infierno es un lugar, lo es sólo para que lo exterior corresponda a lo interior.[60]

---

60. *Op. cit.*, p. 1034.

Quizá nada describa mejor lo que es el Infierno que la definición de J. P. Sartre, ateo y blasfemo por los cuatro costados: «El Infierno son los demás.» El orgullo y el egoísmo, la rabia y la envidia de un Caín, condenado a existir para siempre en compañía de otros Caínes, odioso y odiado, sin la menor esperanza de cambiar el carácter, ni el propio ni el ajeno, es un atisbo de lo que será el Infierno. F. Dostoievski lo definía como «el tormento de ser incapaz de amar».[61] En realidad, podemos afirmar que sólo van al Infierno los que no se encontrarían a gusto en el Cielo. Dios no despide a nadie de Su presencia; los que se pierden es porque escogen el camino de huida *para irse a su propio lugar»* (Hch, 1:25).[62]

Si el rostro de muchos criminales es tan terrible, que instintivamente apartamos la vista para no encontrarnos con la mirada en que se asoma al exterior la negrura de un corazón endurecido por el vicio, ¿qué será aquel lugar en el que se habrán dado cita todas las ruinas del mundo moral, todas las perversidades habidas bajo el sol, la escoria más repugnante y la más podrida resaca del mar de la Historia?

Pero no pensemos, por eso, que las personas «honradas» están al abrigo de un destino tan funesto. No es, en efecto, la vileza, sino la protervia [62 bis] lo que conduce al Infierno (comp. Jn. 8:24 con 9:41; Ro. 2:4-8). Personas tenidas por «buenas», que «no matan ni roban», pero apegadas a un *ídolo*, del cual nunca llegan a desprenderse del todo para quemarlo a los pies del Señor y poner toda su confianza en nuestro bendito Salvador, gente que acude a nuestros cultos, y hasta les agrada la predicación, pero como los morosos procrastinadores del Areópago, dicen: «*Ya te*

---

61. Citado en *The Encyclopedia of Religious Quotations*, p. 332.
62. Se cuenta de una anciana creyente y piadosa, que le entró el escrúpulo de que había cometido el «pecado imperdonable» y, por tanto, habría de ir al Infierno. Así se lo confió al pastor de su iglesia. Éste le preguntó: «¿Y qué hará usted si va al Infierno?» «Lo primero —contestó ella—, convocar una reunión de oración.» «Entonces —replicó el pastor, después de soltar una sonora carcajada—, no tema ir al Infierno, porque allí no puede haber reuniones de oración.»
62b. Es decir, obstinación en la maldad.

oiremos acerca de esto otra vez» (Hch. 17:32); o, como el aterrorizado gobernador que dio largas al asunto, en espera de otra oportunidad que nunca llegó (Hch. 24:25); amigos y familiares nuestros que, por complacer, responden siempre en potencial («querría»), nunca en presente («quiero»); todos ellos arriesgan imprudentemente su destino eterno. Bien ha podido decirse que «el Infierno está pavimentado con buenas intenciones»; y un proverbio portugués añade: «y techado con oportunidades perdidas». El famoso predicador francés Bourdaloue, en un sermón memorable, decía que la conversión no debía diferirse para otra oportunidad, porque nadie puede garantizar una nueva conjunción de tres elementos: tiempo, gracia y voluntad. Como escribió Tryon Edwards, «el Infierno es la verdad vista demasiado tarde, el deber descuidado en su tiempo».[63] Y D. L. Moody solía decir que, «cuando predicamos del Infierno, al menos deberíamos hacerlo con lágrimas en los ojos».[64]

4. Principales características del Infierno

A) *El Infierno es un estado eterno.* En su *Divina Comedia, Infierno*, canto III, vio el Dante, «escrita en negro en lo alto de una puerta», la siguiente inscripción: *«Lasciate ogni speranza voi ch' entrate»* = «Abandonad toda esperanza, vosotros los que entráis.» El ser humano vive de esperanzas. Cuando todas las puertas de la esperanza se le antojan cerradas, el hombre se siente tan acorralado por la adversidad, que prefiere morir.[64 bis] «Si Sartre tiene razón, el único problema serio de la filosofía es el suicidio» —escribió A. Camus—. Pero lo terrible de la muerte segunda es ser un morir continuo sin acabar jamás de morir. Si los juicios divinos durante la Gran Tribulación serán tan espantosos, que *«en aquellos días, los hombres buscarán la muerte, y de ningún modo la hallarán; y ansiarán morir, pero la muerte huirá de ellos»* (Ap. 9:6), ¿qué será el Infier-

---

63. En *The Encyclopedia of Religious Quotations*, p. 332.
64. *Enc. of Religious Quotations*, p. 333.
64b. Tal fue la triste realidad en el caso de Mariano José de Fana («Fígaro») y el de Angel Ganivet.

no, donde el estado será perpetuo y los tormentos serán inmensamente mayores?

La Biblia nos dice que el castigo de los impíos será *eterno*, y usa para expresarlo el vocablo griego *aiónios*, procedente de *aión*, y éste, a su vez, del sánscrito *ayús*, que significa «larga vida». Aunque en su raíz, pues, no comporte necesariamente *eternidad*, sí que la connota en el Nuevo Testamento de diversas maneras:

(a) reduplicando, lo más extensamente posible, la idea de duración. Por ejemplo, con la frase griega *eis tous aiónas ton aiónon* = por los siglos de los siglos, equivalente al hebreo *me' olam ad olam*, con que se expresa la eternidad de Dios (v. Sal. 90:2; 103:17);

(b) por analogía con otros lugares en que la eternidad está claramente expresada, como cuando se habla de la perpetuidad de la vida eterna (Mt. 25:46 «castigo *eterno*... vida *eterna*»), o de la eterna duración de las personas divinas (v. Ro. 16:26; 1.ª Ti. 1:17; He. 9:14; Ap. 1:18);

(c) por atribución a sujetos que, por naturaleza, tienen duración ilimitada. El ser humano fue hecho, a imagen de Dios, inmortal.[65] Por consiguiente, un ser humano que ha perdido toda oportunidad de arrepentirse, que «*es reo de pecado eterno*» (Mr. 3:29), merece un Infierno *eterno*;

(d) así lo entendió siempre, y desde un principio, la Iglesia. Ya a comienzos del siglo II, Ignacio de Antioquía, refiriéndose al «que corrompe con su mala doctrina la fe de Dios, por la que Jesucristo fue crucificado», dice que «ese tal, convertido en un impuro, irá al fuego inextinguible y, lo mismo que él, quienquiera lo escuchare».[66] Ireneo, a últimos del mismo siglo, al hablar de «los que no creen al Verbo de Dios y desprecian Su Venida y apostatan», dice que «la pena de éstos... se ha convertido en eterna». Y añade: «Ya que todos aquellos a quienes el Señor diga: *"Apartáos de Mí, malditos, al fuego eterno"* ıMt. 25:41), estarán condenados para siempre.»[67] Tertuliano ha-

---

65. Véase la lección 7.ª.
66. *Carta a los efesios*, XVI, 2 (R. 41).
67. *Contra las herejías*, 4, 28, 2 (R. 239).

bla igualmente del *«fuego eterno»* y pregunta qué será tal fuego, cuando el de los volcanes de este mundo es tan terrible.[68] Y Agustín, tras comentar Mt. 25:41; 2.ª P, 2:4 y Ap. 20:9-10, dice en un párrafo digno de su pluma:

> Los que quieran librarse del suplicio eterno no deben perder el tiempo argumentando contra Dios, sino aprovecharlo cumpliendo sus mandamientos. Además, ¿qué es eso de entender por suplicio eterno un fuego temporal, aunque duradero, y por vida eterna una vida sin fin, cuando Cristo, en el mismo pasaje y sin distinción alguna, dijo: *«Así irán éstos al eterno suplicio, y los justos a la vida eterna»*? Si los dos destinos son eternos, se debe entender: o que los dos serán duraderos, pero finibles, o que los dos serán perpetuos y sin fin. La correlación en el texto es perfecta: de una parte, el suplicio eterno, y de la otra, la vida eterna. Decir que la misma expresión significa en vida eterna que no tendrá fin, y en suplicio eterno que tendrá fin, es un absurdo mayúsculo.[69]

B) *El Infierno es un estado terrible.* La teología de Roma distingue dos clases de tormentos en el Infierno: la pena de *daño*, que consiste en ser excluido de la visión beatífica, y la pena de *sentido*, con que se expresan los tormentos físicos y morales, que la Biblia describe como *«fuego eterno»* *«lamento y crujir de dientes»*, indicaciones de la inmensa amargura y profunda desesperación en que se debatirán los réprobos. En cuanto al «fuego», muchos teólogos católicos, antiguos y modernos, opinan que es un símbolo, no una realidad. Otros, como Agustín, Gregorio Magno y Tomás de Aquino, viendo la dificultad de que un fuego material pueda atormentar a las almas espirituales, opinaron que su acción es más bien confinante, como una ligadura, que torturante, como una quemadura. Otros, en fin, apelan al poder divino, que es capaz de sensibilizar al

---

68. *Sobre la penitencia*, 12 (R. 317).
69. *La Ciudad de Dios*, libro XXI, cap. 23 (R. 1779. Véase también su *Enchiridion*, 111 y 112 — R. 1931 y 1932).

alma mediante el fuego, del mismo modo que aquí es sensibilizada mediante el cuerpo.

Los evangélicos, ateniéndonos a la Biblia, creemos que el tormento mayor del Infierno es la exclusión, no de la visión de la esencia divina,[70] sino de la presencia y comunión del Señor Jesucristo. En cuanto al fuego del Infierno, no podemos imaginar qué clase de fuego será, pero si hemos de tomar en serio las Escrituras, es preciso que admitamos la existencia literal de tal *«fuego»* (v. Mt. 25:41; Lc. 16:24: *«en esta llama»*; Ap. 14:10, 11; 19:20; 20:10, 15; 21:8), aun cuando ignoremos su naturaleza precisa. Una cosa es cierta: Ese fuego, creado por la ira de Dios, necesariamente será más temible que el fuego creado por Él para beneficio de la humanidad. Todo inconverso debe, pues, hacerse la siguiente pregunta: ¿Seré capaz de aguantar por toda la eternidad el fuego de la ira de Dios, cuando no puedo tener, ni por dos segundos, un dedo mío sobre una candela encendida?

C) *El Infierno no es igual para todos.* Es decir, los tormentos de los condenados son proporcionados a la perversidad de cada uno. En efecto, si los pecados se distinguen por su gravedad (v. Jn, 19:11), su castigo, aun siendo *eterno* para cuantos rechazaron el Evangelio de la gracia y del perdón, ha de ser desigual, según el número y la gravedad de los pecados personales de cada uno. El propio Señor Jesucristo lo dio a entender claramente (v. Mt. 11:20-22; Lc. 20:46-47).

5. Objeciones contra la eternidad del Infierno

Los incrédulos, por no aceptar la Palabra de Dios, y los «misericordistas», en expresión de L. S. Chafer,[71] que se han formado un concepto equivocado de la santidad de Dios y de la maldad del pecado, oponen diversas objeciones contra la existencia del Infierno eterno. Las principales son las siguientes:

A) Un tormento eterno, y tan horrible como el del Infierno, sería una muestra refinada de sadismo.[72] A esto

---

70. Véase la lección 35.ª.
71. *Teología Sistemática*, II, p. 440.

respondemos que, si el alma humana fuese mortal por naturaleza, sería una prueba de sadismo conferirle el don de
la inmortalidad precisamente para atormentarla eternamente. Pero ya hemos probado en otro lugar [73] que el alma
humana es de naturaleza inmortal.

B) Un pecado que se comete en un instante no debe
ser castigado por toda la eternidad.[74] Respondemos que la
gravedad del pecado no se mide por el tiempo, sino por su
perversidad y, sobre todo, por la impenitencia. Un pecador
eterno merece un castigo también *eterno*. Dice, a este respecto, A. H. Strong:

> El pecador, en el acto de su pecado, produce una
> pecaminosa inclinación de su intelecto, su afección y
> su voluntad; en otras palabras, se forja un carácter
> que, sin la gracia de Dios, produce una continuidad,
> no necesaria, pero sí cierta, en su pecaminosa acción,
> pues halla en sí mismo una automotivación al mal,
> lo suficientemente fuerte para prevalecer sobre to-
> das las incitaciones a la santidad que Dios pudiera
> presentarle como preferibles. Está, pues, sujeto a su-
> frir en la otra vida. Pero el sufrimiento no posee en
> sí ningún poder reformador. A no ser que vaya acom-
> pañado de especiales renovadoras gracias del Espíri-
> tu Santo, sólo endurece y amarga el alma. Y no ha-
> llamos en la Escritura que tales influencias del Es-
> píritu se ejerzan, después de la muerte, sobre una
> persona que continúa impenitente; por el contrario,
> hallamos abundante evidencia de que la condición
> moral en que la muerte sale al encuentro del ser hu-
> mano, es la que continúa a perpetuidad.[75]

C) Dios es Padre, y un padre, por muy mal que un
hijo se le porte, no lo deshereda a perpetuidad.[76] A esto res-

---

72. Así argumentan, entre otros, los Adventistas del Séptimo Día.
73. Véase la lección 7.ª.
74. Esta objeción es muy corriente entre los católicos.
75. *Op. cit.*, p. 1041.
76. Recuerdo cómo, hace ya muchos años, una señora católica
—no muy piadosa— me puso esta objeción en plena calle, cuando
el que esto escribe era un cura romano. Entonces no acerté a
decirle otra cosa sino que Dios es también Juez, aunque esto no
la convenció mucho.

pondemos que, aunque parezca una gran perogrullada, Dios es Padre *sólo* de Sus hijos; e hijos de Dios sólo son los que han nacido de nuevo (v. Jn. 1:12-13; 3:3-8; Ro. 8:14 ss.: Gá. 4:4-7: He. 2:10-14). Para éstos, no hay ya *ninguna condenación* (Ro. 8:1), porque Cristo les ha ganado, con Su sangre, la justicia eterna (v. 2.ª Co. 5:21). Los impíos no son hijos de Dios, sino del diablo (v. Jn. 8:44; 1.ª Jn. 3:12; 5:19).

D) Aun la justicia más severa debe ir acompañada de alguna misericordia, pero el Infierno eterno no admite ni pizca de misericordia. Respuesta: En las leyes humanas, está bien temperar la justicia con cierta misericordia, por el hecho mismo de que los jueces humanos no pueden penetrar en el corazón del hombre, donde se forja el crimen,[77] pero Dios penetra los corazones y ve la motivación, la intencionalidad y el grado de perversidad que cada pecado incluye. Por otro lado, sólo Dios puede confrontar el pecado con base en su infinita justicia, la cual, como dice Strong, «no es una forma de benevolencia, sino la expresión y manifestación de la santidad de Dios».[78] Finalmente, y esto es muy de tener en cuenta, las penas que los jueces humanos imponen han de ser, dentro de la debida justicia, tanto medicinales como vindicativas, a fin de que los miembros enfermos y dañinos de la sociedad puedan recuperarse para beneficio propio y de la comunidad en la que están insertos; todo esto es imposible para los condenados al Infierno, puesto que están en «pecado eterno», son incapaces de regeneración y, por ello, dignos de castigo también eterno. La compañía misma de los demás condenados no servirá sino para endurecerles más en su perversa condición espiritual.

E) Los condenados tienen remordimiento de conciencia, como indica Mr. 9:48 mediante la figura del *«gusano que no muere»*. Pero, si son capaces de remordimiento, ¿por qué no pueden tener arrepentimiento? Y si llegan

---

77. En una escena de la famosa serie televisiva española «Kung-Fu», éste, actuando como testigo de un crimen, dijo al juez: «Yo vi su revólver, pero no vi su corazón.»
78. *Op. cit.*, p. 1047.

a arrepentirse, no es justo que estén para siempre en el Infierno.[79] Respuesta: El remordimiento de los condenados no implica arrepentimiento, sino sólo la rabia y la desesperación similares a las del criminal que ha sido sorprendido *in fraganti* por la policía. La conciencia le pondrá delante, sin cese y sin pausa, su condición perdida, pero ello sólo servirá para agravarle el tormento. Por lo demás, no puede haber sincero arrepentimiento sin gracia de Dios, y las oportunidades de gracia se acaban con la muerte (He. 9:27).

F) La predicación sobre el Infierno es repelente y, por ello, resulta un obstáculo para la extensión del Evangelio, ya que el ser humano actúa por estímulos positivos, no negativos. Para responder aptamente a esta objeción, es preciso hacer dos observaciones: (a) Si una enseñanza está en la Escritura y, a mayor abundamiento, fue predicada por el propio Señor Jesucristo, no sólo se puede, sino que se debe, predicar. Este es el caso de la doctrina del Infierno eterno (v. Mt. 10:28; 23:33; 25:41, 46). (b) Como dice A. H. Strong,

> el miedo al castigo futuro, aun cuando no es el motivo más elevado, es, con todo, un motivo apropiado para renunciar al pecado y volverse a Jesucristo. Por consiguiente, es menester apelar a él, con la esperanza de que la búsqueda de la salvación que comienza con el temor de la ira de Dios, termine en un servicio de fe y amor.[80]

Es cierto que la enseñanza del Infierno es muy dura y difícil de entender, y aun de aceptar: pero en esto, como en todo, hemos de proclamar la santidad, la sabiduría y la justicia de Dios, *«derribando argumentos y toda altivez que se levanta contra el conocimiento de Dios, y llevando cautivo todo pensamiento a la obediencia a Cristo»* (2.ª Co. 10:5).

---

79. Tomás de Aquino (*Summa Theologica*, I-II, q. 85, a. 2, ad 3) llega a decir que el remordimiento de los condenados es señal de que «todavía les queda alguna inclinación natural a la virtud». No cabe mayor absurdo.

80. *Op. cit.*, p. 1055.

6. ¿Quiénes van al Infierno?

A estas alturas, parecerá superflua tal pregunta. Ap. 20:15 dice con toda claridad: «*Y el que no se halló inscrito en el libro de la vida fue lanzado al lago de fuego.*»[81] En el libro de la vida sólo están los que van al Cielo. Todos los demás están destinados al Infierno. Quienes hayan oído el mensaje del Evangelio y no hayan respondido a la invitación que Dios hace a «*reconciliarse con El*» (2.ª Co. 5.20), tendrán mayor condenación, por su mayor responsabilidad (Lc. 12:47-48). Pero los que no hayan tenido la oportunidad de oír dicho mensaje, no por eso quedarán con excusa (v. Ro. 1:18-20; 10:18 ss.), pues la conciencia les acusará de no haber prestado atención a la voz que, por ella (Ro. 2:14-16), les dirigía el Espíritu Santo (v. Jn. 16:8-9).[82]

Es de notar que, en Ap. 21:8, Juan interrumpe su descripción de la Nueva Jerusalén, para decirnos quiénes van a ser lanzados al Infierno. En esa siniestra procesión de condenados, los más notables, según el estilo del Nuevo Testamento (comp. Hch. 13:1). van respectivamente en cabeza y cerrando filas. Representan ocho clases de personas. Podríamos decir que representan igualmente *ocho* puertas por las que se entra en el lugar de eterno tormento.[83] Pero, siguiendo a J. Zoller,[84] y con base en Mt. 15:19 y 1.ª Co. 6:10, podemos añadir otros *tres* grupos: los blasfemos, los borrachos y los difamadores. Comenzaremos por estos tres últimos grupos:

1) Los *blasfemos* (Mt. 15:19 nombra las *blasphemiai*

---

81. Sobre el «*lago de fuego*», dice el Dr. PENTECOST (*Eventos del Porvenir*, p. 424), citando de C. T. SCHWARZE: «La palabra *lago* debe connotar un cuerpo de materia que tiene forma líquida. Por lo tanto, si la Escritura es verdad, este fuego eterno debe ser en forma líquida.» Y, después de seguir citando largamente del mismo autor, concluye el Dr. PENTECOST (*op. cit.*, p. 425): «Los cuerpos resucitados de los perdidos, evidentemente, serán de tal naturaleza que serán indestructibles aun en medio de tal lago de fuego.»

82. Así opinamos, con la mayoría de los evangélicos, a la vista de Jn. 3:15-21; Ro. 10:18 y ss.; 1 Ti. 2:4-6; 1 Jn. 2:2, entre otros lugares.

83. Otras listas pueden verse en 1 Co. 6:9-10 y Gá. 5:19-21.

84. En *Heaven*, pp. 279 y ss.

= hablar mal contra Dios o contra el prójimo). Son especialmente los que profanan el nombre del Señor, no sólo con vocablos soeces o despectivos, sino también usándolo en vano (v. Ex. 20:7). Dice J. Zoller: «Si usted es uno de los que usan tal profanación a la menor provocación... permítame esta advertencia y arrepiéntase de su pecado.»[85] Los que no se arrepientan irán al Infierno.

2) Los *borrachos* (1.ª Co. 6:10: gr. *méthysoi*). La Biblia no condena el *uso* del vino; incluso lo aconseja en ciertos casos (v. Pr. 31:6-7; 1.ª Ti. 5:23); sólo condena el *«mucho vino»* (1.ª Ti. 2:3, 8; Tito 2:3). Nótese que Jesús obró su primer milagro ¡para convertir mucha agua en vino! (véase Jn. 2:3-11).[86] Pero dicho esto, es preciso enfatizar que la ebriedad es un vicio que conduce al Infierno y constituye una grave lacra social. Por otra parte, la mayoría de los alcohólicos no beben precisamente vino, sino licores más perjudiciales.[87] De todos modos, esperamos que el lector no esté *«dado al vino»* (1.ª Ti. 2:3), frase muy expresiva, pues indica que alguien es *esclavo*, más bien que *señor*, del vino (v. 1.ª Co. 6:10), y toda esclavitud de pecado conduce al Infierno, ya que impide la liberación que viene del Señor Jesucristo (v. Jn. 8:32-36).

3) Los *maldicientes* (1.ª Co. 6:10; mejor, *difamadores*; gr. *loídoroi*). No sólo los mundanos, sino también muchos creyentes tienen el vicio de difamar a sus prójimos (lo cual puede hacerse de muchos modos, ¡hasta con el silencio!). Los tales deben leer atentamente lo que dice Stg. 3:5-15.[88]

---

85. *Op. cit.*, p. 280.
86. El griego *oinos* significa verdadero *vino*, no jugo de uva o de otra cosa. Los judíos usaban y usan para la Pascua *cuatro* copas de vino fermentado y lo consideran *kosher* = limpio. Eso es, sin duda, lo que el Señor bebió y dio a beber a Sus discípulos.
87. Como digo en mi libro *Espiritualidad Trinitaria*, la versión que nuestras Biblias suelen hacer del hebreo *shekhar* es incorrecta, pues tal vocablo no significa *sidra*, sino licor *fuerte*, embriagante.
88. Cuando tantos creyentes cargan todo el énfasis en pecados sexuales y olvidan la gravedad de la difamación, Santiago dedica grandes espacios de su epístola a pecados de la lengua, mientras que sólo de pasada menciona *un* pecado sexual en *un* solo versícu-

Si usted es un cristiano auténtico, debe mostrarlo en la forma de hablar acerca de sus semejantes, especialmente de sus hermanos en la fe. ¡No se engañe! Si cultiva ese hábito, tiene motivos para dudar de si, en realidad, *ha nacido de nuevo.*

4) Los *cobardes.*[89] Cuando Juan escribía esto, los cristianos se hallaban en medio de una de las más feroces persecuciones que la Iglesia primitiva hubo de afrontar: la de Domiciano. Los *cobardes* eran los que se avergonzaban de confesar públicamente a Cristo, prefiriendo así la vida temporal a la eterna (v. Mt. 10:33, 39, en contraste con Ro. 10:9-11; 1.ª Co. 12:3). Recordemos, sin embargo, que el mundo es *siempre* enemigo de Dios y de los hijos de Dios (v. 1.ª Jn. 2:15-17), y que en todas las épocas ha de estar dispuesto el creyente a sufrir tribulación de parte del mundo, antes que renegar de su bendito Señor y Salvador (v. Jn. 15:18-21; 16:1-4, 20-22, 33).

5) Los *incrédulos.* En este grupo se hallan, no sólo los que dicen que no creen, sino también mucho de los que *dicen* que creen (v. Stg. 2:18-19). Como escribe J. Zoller:

> Muchos creen en el Señor Jesús, que fue una gran personalidad, que nació y vivió en esta tierra, que fue crucificado y sepultado. Pero ésta no es todavía una fe salvífica. Es una fe de cabeza, y eso es todo. Pero, querido lector, una fe de cabeza no salva a nadie, pues también los demonios creen así en nuestro precioso Señor Jesús, y tiemblan.[90]

---

lo (2:11). Noé se embriagó, pero sólo una vez es mencionado en la Biblia su pecado (Gn. 9:21), pero la maldición sobre Canaán (Gn. 9:25), que, probablemente tomó parte en la perversa actitud de su padre Cam (Gn. 9:22, comp. con Hab. 2:15), va recorriendo las páginas del A. T. Mal hizo Cam al contemplar la desnudez de su padre; peor todavía, al difamarlo ante sus hermanos.

89. Aquí comienza la lista de Ap. 21:8. De todos los comentarios que obran en mi poder, sólo el del Dr. GILL, publicado en 1853, presta atención a esta lista.

90. *Op. cit.;* p. 287.

Ya hemos insistido en otros lugares en que la incredulidad es el mayor pecado, puesto que cierra de plano la puerta de la salvación. Leemos en Jn. 3:18: «*Pero el que no cree, ya ha sido condenado.*» En efecto, la ira de Dios se cierne sin cesar sobre la cabeza de los incrédulos, porque están cerrando deliberadamente las ventanas por las que la luz pugna por entrar (v. Jn. 3:19-21: Ro. 1:18 ss.). Los incrédulos tienen ya su carta de ciudadanía en el Infierno y, si no cambian de mentalidad (v. Mr. 1:15), se irán, como Judas, «*a su propio lugar*» (Hch. 1:25).

6)   Los *abominables.* ¿Quiénes son éstos? Véase cómo los señala la Palabra de Dios en Job 15:16; Sal. 14:1; Tito 1:15-16. Especialmente abominables son los *hipócritas* (Mt. 7:22-23), «*la gente honrada*», que olvidan lo de Is. 64:6 «*todas nuestras justicias son como trapos de inmundicia*», así como los lascivos adoradores de la carne (v. Mr. 7:22). Estamos en una época en que periódicos, revistas, salas de espectáculos, playas, televisión, etc., exhiben *carne* constantemente. Después de citar Hch. 19:13-14, escribe J. Zoller:

> Necesitamos hoy una limpieza casera de literatura sobre el sexo, similar a aquella. ¡Y qué decir de esas competiciones de belleza, contempladas por multitudes y anunciadas en prensa, radio y televisión, en las que mujeres jóvenes desfilan semidesnudas, exhibiendo su cuerpo delante de todos! Tenemos toda clase de reinas de belleza —reinas en la agricultura; reinas en la industria; reinas en los deportes; reinas en las escuelas; sí, reinas de una docena de otras cosas—. Todo esto fomenta, halaga y glorifica a la carne. Todos saben que hay mucha gente que se jacta públicamente de sus relaciones ilícitas...[91] Querido lector, no permitas que los demonios del Infierno te engañen o te tienten hasta que cedas y te veas atrapado.

---

91.   *Op. cit.,* p. 292. En su libro *El Español y los Pecados Capitales,* el escritor FERNANDO DÍAZ-PLAJA cuenta el caso típico de un afamado médico español, a quien cierta dama solicitó para tener relación sexual con él, pero él no aceptó sino bajo la condición de que podría contarlo después a sus amigos de tertulia. Por supuesto, la «dama» no quiso publicidad.

Con frecuencia, se comienza por algo que parece inocente, pero la pendiente de este pecado es muy resbaladiza, hasta que flaquean las fuerzas para hacer frente a las más graves tentaciones (v. Pr. 5:3-5; 6:25-29; 7:6-27; 9: 17-18). Los antiguos recomendaban esta máxima: «*Principiis obsta*» = «resiste a los comienzos». ¡He ahí un lema de gran sabiduría! «*Resistid al diablo y huirá de vosotros*» (Stg. 4:7). ¿Quién no es tentado? ¡Pero Dios da siempre la gracia necesaria para salir victorioso! (v. 1.ª Co. 10:13). Como alguien ha dicho: «No puedes impedir que un pájaro revolotee en torno a tu cabeza, pero sí puedes impedir que haga su nido en tu cabello.»

7) Los *homicidas*. Todos entienden que el que quita voluntariamente la vida del prójimo es homicida, y la gravedad de este pecado está puesta de relieve en Gn. 9:6. Pero también es homicida el que se quita a sí mismo la vida, el que odia a su hermano (1.ª Jn. 3:15), y el que provoca directa y voluntariamente el aborto, pues toda vida humana tiene, desde el vientre de la madre, un destino fijado por Dios (v. Sal. 139:16). Esta es una de las puertas anchas por las que se entra al Infierno.

8) Los *fornicarios*. Dentro de esta categoría entran los que están dados a cualquier clase de impureza sexual (gr. *pórnois*). Es, más bien, un término genérico que incluye adúlteros, incestuosos (v. 1.ª Co. 5:1 ss.), etc., pero Pablo alude específicamente a él en 1.ª Co. 6:15-20, haciendo notar este detalle: «*Cualquier otro pecado que el hombre cometa, está fuera del cuerpo; mas el que fornica, peca contra su propio cuerpo*» (v. 18). Esto no significa que sea el mayor de los pecados, sino que posee un matiz especial. Mayor gravedad todavía reviste la homosexualidad, como vemos por Ro. 1:24-27.

9. Los *hechiceros* (gr. *pharmákois*). El vocablo griego tiene su origen en los brebajes mágicos (gr. *phármakon*) que los hechiceros usaban para sus encantamientos. En estos brebajes se mezclaban sustancias benéficas con otras ponzoñosas, por lo que «*fármaco*» llegó a significar, como el latín *venenum*, tanto *veneno* como *medicamento*, y de este último vocablo ha venido a fijarse la familia de

palabras que tienen que ver con *farmacia*. Si vamos a la
Biblia, hallamos la conexión de la hechicería con la magia,
la adivinación y el espiritismo, todo lo cual era abomina-
ble a YHWH (v. por ej., Ex. 22:18; Lv. 19:26, 31; 20:6, 27;
Dt. 18:11-14: 2.ª R. 9:22; Is. 19:3; Dan. 1:1-2; Hch. 8:9-11).
En nuestros días, la hechicería primitiva sigue vigente en
muchas tribus de Asia, África y América. Lo verdaderamente lamentable es el auge que el ocultismo, el espiritismo y el satanismo están cobrando en nuestros días entre
las gentes que se tienen por más civilizadas. Más aún, ni los
propios creyentes son impermeables al esoterismo, revestido de múltiples formas, algunas aparentemente suaves. Hemos de estar, pues, alertados, ya que también éstos irán
al Infierno.

10) Los *idólatras*. Idólatra no es sólo el que adora
una imagen de metal, madera, yeso, mármol, etc., sino también todo aquel que entroniza en su corazón cualquier su-
cedáneo del Dios vivo y verdadero. Unos adoran ídolos de
carne; otros, ídolos de papel-moneda, de joyas, etc. Son
los que, en lugar de servir a Dios, sirven a Mamón (v. Mt.
6:24). Por eso, Pablo llama *«idolatría»* a la avaricia (Col.
3:5) y, escribiendo a su amado discípulo Timoteo, le dice:
*«Porque los que quieren enriquecerse caen en tentación y
lazo, y en muchas codicias necias y dañosas, que hunden
a los hombres en ruina y perdición; porque raíz de todos
los males es el amor al dinero, el cual codiciando algunos
se extraviaron de la fe, y se traspasaron a sí mismos con
muchos dolores»* (1.ª Ti. 6:9-10). El pecado y su paga (v. Ro.
6:23) están ahí retratados con pinceladas de mano maestra.
Puesto que el dinero es el medio con que la gente se abas-
tece de todo lo demás que se vende en este mundo, la consecuencia es que los hombres ponen en él una falsa seguridad, no sólo para su bienestar, sino también para toda
clase de vicios.

11) Finalmente, *todos los mentirosos*. Por el adjetivo
todos, se indica que hay muchas clases de *mentiras*: las
que parecen inocentes o *jocosas*, como las llama la Moral
católico-romana, diciendo que son siempre «pecado venial»,
aun cuando la Biblia considera «graves y mortales» todos

los pecados (v. Ro. 6:23; Stg. 2:10); las mentiras perjudiciales, los engaños de toda especie, y de los que ni los grandes patriarcas se vieron libres (v. Gn. 3:1-5; 4:9; 12:18-19; 18:15; 20:5; 26:7; 27:8, 15, 24; 37:31-32; 42:14, etc.). ¡Cuán cierto es que *«todo hombre es mentiroso»* (Sal. 116:11; Ro. 3:4)! Y también las medias verdades, que son las peores mentiras, como las que dijo el diablo, no sólo a Eva, sino al propio Señor Jesús (v. Mt. 4:3-9; Lc. 4:3-11). Pero la peor de todas las mentiras es una vida de farsa, hipócrita, inconsecuente (comp. con Jn. 8:44), *amando y haciendo la mentira* (Ap. 22:15), en agudo *contraste con los que siguen y practican la verdad, y andan en la verdad* (v. Ef. 4:15; 1.ª Jn. 1:6; 2.ª Jn. 4; 3.ª Jn. 4). En último término, la íntima *verdad* del hombre es su obediencia a la Palabra de Dios (v. Ecl. 12:13), así como la *verdad* de Dios es la fidelidad a Su propia Palabra. ¿Y cuál es el final que aguarda a los mentirosos? Véanse, además de Ap, 21:8, Sal. 63:11; 101:5 y Mt. 12:27.

CUESTIONARIO:

1. ¿Por qué razón se predica poco del Infierno? — 2. ¿Qué olvidan los que se rebelan contra la idea de un Infierno eterno? — 3. ¿Qué ocurriría si Dios perdonase un solo pecado, sin satisfacer las demandas de su justicia? — 4. ¿Cómo habló el Señor Jesús de este tema? — 5. ¿Qué fraseología usa el Nuevo Testamento para referirse al Infierno? — 6. ¿En qué consiste la esencia íntima del Infierno? — 7. ¿Qué nos dice sobre el Infierno la definición que de él daba J. P. Sartre, comparada con la que dio F. Dostoyevski? — 8. ¿Por qué no están las personas «honradas» al abrigo de un destino tan funesto como el de la condenación eterna? — 9. ¿Qué pruebas hallamos en la Biblia, de que el Infierno sea eterno? — 10. ¿Cuál es el mayor tormento que sufrirán los condenados al Infierno? — 11. ¿Qué hay de cierto, y qué de misterioso, en cuanto a la naturaleza del fuego del Infierno? — 12. ¿Serán iguales las penas del Infierno para todos? — 13. ¿Por qué no hay desequilibrio entre el pecado del hombre y el castigo que Dios impone? — 14. ¿Por qué no va el Infierno contra la justicia, la benevolencia o la paternidad de Dios? — 15. ¿Pueden los condenados arrepentirse y hacerse acreedores, así, al perdón de Dios? — 16. ¿No sería preferible hablar del Cielo y del amor, en lugar de aterrorizar a la gente con mensajes sobre el Infierno? — 17. ¿Qué nos enseña Ap. 21:8 sobre las muchas y diferentes puertas por las que se entra en el Infierno?

LECCION 35.ª   EL CIELO, LA MORADA
DE LOS BIENAVENTURADOS

1. Un broche de oro

Algunos autores terminan su tratado de Escatología con el tema del Infierno. Sin embargo, la Biblia dice mucho más del Cielo que del Infierno, y sus dos últimos capítulos están dedicados, en su mayor parte, a describir las características de la Nueva Jerusalén y la vida de los bienaventurados, que tendrán en ella su mansión. También al que esto escribe le ha parecido conveniente terminar el libro con el tema que debe estimular y llenar de gozo a todo creyente.

En la lección 32.ª hemos hablado ya de la Nueva Jerusalén, así como de los nuevos cielos y de la nueva tierra que Dios habrá creado cuando hayan desaparecido el cielo y la tierra actuales. Nos queda por estudiar lo que será la vida de los bienaventurados en el Cielo, teniendo en cuenta su estado glorioso y eterno.[92]

Puesto que Juan vio la *Nueva Jerusalén descender del cielo* (Ap. 21:2), evidentemente desde el nuevo cielo, a la tierra, podemos afirmar que la santa ciudad, la Nueva Jerusalén, será la *mansión* residencial de los bienaventurados, pero eso no significa que sólo haya de existir la *ciudad*, sino que será el *domicilio* dentro de un esplendoroso *hábitat* del universo espacial, ya que sólo nuestra galaxia habrá dejado de existir en la conflagración profetizada en

---

92. Acerca de las condiciones de los cuerpos glorificados, véase la lección 15.ª.

2.ª P. 3:10-12. Pero antes, debemos aclarar el significado de lo que la Biblia entiende por el vocablo «cielo».

2. ¿Qué se entiende por «Cielo» en las Escrituras?

La palabra «cielo» o «los cielos» se usa en las Escrituras de diversas maneras:

A) En sentido general, se usa para incluir todo lo que se halla *sobre* el mundo, es decir, lo que no es la tierra. En este sentido, comienza la Biblia diciendo que: «*En el principio, creó Dios LOS CIELOS Y LA TIERRA*» (Gn. 1:1), dividiendo así en *dos* partes todo lo creado.

B) En un sentido más limitado, el término «cielo» designa la atmósfera que rodea a nuestro planeta. En este sentido, se nos habla del *«rocío del cielo»* (Dan. 4:15), de *«las nubes del cielo»* (Dan. 7:13), y se nos dice que *«el cielo dio lluvia»*. Pero este concepto material de «cielo» comprende también el cielo estelar, la *«expansión de los cielos»* en la que puso Dios las *«lumbreras»* para beneficio del hombre (v. Gn. 1:14-18).

C) Finalmente, el término «cielo» significa el reino invisible e impenetrable a los mortales, que bien puede ser como una cuarta dimensión en la que nuestro mundo está como envuelto. E. F. Kevan lo llama «espiritual», más bien por su condición, que por su localización.[93] Este término es el que mejor describe la morada de Dios, del Señor Jesucristo y de los santos que se hallan en Su presencia. Pablo lo llama *«el tercer cielo»* (2.ª Co. 12:2). Algunos lo titulan «el cielo empíreo».

3. ¿Dónde está el Cielo?

Esto nos lleva al tema de la localización, propiamente dicha, del Cielo. Cuando hablamos del Cielo «allá arriba», como la morada de Dios, no debemos perder de vista el

---

93. En su *Correspondence Course*, VII, lección 10, p. 1. Es de notar la frase *áphantos egéneto* = se hizo invisible, en Lc. 24:31.

sentido antropomórfico y simbólico de tal expresión. En efecto, Dios, por razón de Su inmensidad, es omnipresente; en otras palabras, se halla necesariamente presente en todo lugar. Del Verbo encarnado en esta tierra, dice Juan que estaba *en el seno del Padre* (Jn. 1:18), mientras que, en He. 10.12, se nos dice que *está para siempre sentado a la diestra de Dios*, siendo así que Juan lo vio *de pie como inmolado* (Ap. 5:6). El simbolismo del cielo excelso o empíreo como morada de Dios se palpa en la expresión doblemente metafórica de He. 1:3 *se sentó a la diestra de la Majestad en las alturas*, donde observamos que la «Majestad», el poder y el dominio, el honor y la gloria sin par de Dios, van ligados al concepto de excelsitud, *aunque ciertamente no está lejos de nosotros. Porque en él vivimos, y nos movemos y existimos* (Hch. 17:27-28).

No obstante lo dicho, el Cielo de los bienaventurados no es meramente un estado o condición, sino que es también literalmente un *lugar*:

A) En efecto, Jesucristo, en su humanidad perfecta, está en algún lugar. En He. 4:14, leemos que *pasó a través de los cielos*; y, en He. 9:24, que *entró... en el cielo mismo.*

B) En Jn. 14:2, Jesús habla de *la casa de mi Padre*, en la cual *hay muchas mansiones*, y en la que El está *preparando lugar para nosotros*.

C) Si hemos de aceptar el sentido literal de la *nueva ciudad, cuyo artífice y constructor es Dios* (v. He. 11:10-16; 12:22; Ap. 21:23: 22:14), tenemos que aceptar también la literal localización del Cielo.

D) Ap. 22:14-15 nos muestra claramente una localización, en la que los justos *tienen acceso al árbol de la vida*, y los impíos se quedan *fuera*.

E) El *estar con Cristo* (Jn. 17:24; 2.ª Co. 5:8; Flp. 1:23) significa ciertamente algo más que una condición; hay una *presencia*, y la presencia comporta un *lugar*.

4. Lo que no habrá en el Cielo

En el Cielo no habrá nada de lo que causa pesar y sufrimiento en esta vida. Con sólo la ausencia de todo dolor y de toda angustia, ya sería bastante para que el Cielo fuera un lugar sumamente delicioso. De acuerdo con la Palabra de Dios, en el Cielo no habrá ninguna de las siguientes cosas:

A) *No habrá mar*: «*y el mar ya no existe más*» (Ap. 21:1). En efecto, el mar es, en la Biblia:

(a) símbolo de *tormentas* (Sal. 107:23-30). El mar encrespado es algo tan terrible que hace «*desleírse el alma*» (Sal. 107:26);

(b) símbolo de *inquietud* (Is. 57:20-21);

(c) símbolo de *misterio* atemorizador (Sal. 36:6; 77: 19);

(d) símbolo de *separación*. Dice J. Zoller:

> En los días en que se escribió la Palabra de Dios, el mar separaba, infinitamente más que ahora, a unas naciones de otras. En aquellos tiempos, cada año... desde el mes de octubre hasta el mes de mayo, el mar estaba, en términos romanos, «cerrado». Las gentes de un continente estaban separadas de las de otro continente por un mar fiero, encrespado y turbulento.[94]

(e) símbolo de *la morada de los grandes monstruos*: del *behemot* de Job 40:15, y del *leviatán* (o *livyatán*) de Job 41:1. Del mar sale la *bestia* de Ap. 13:1 ss., que es el Anticristo, teniendo en cuenta que el mar también significa allí las *naciones inquietas*, que se amotinan contra YHWH y su Ungido (Sal. 2:1-2).

B) *No habrá llanto ni clamor, y Dios enjugará toda lágrima de los ojos de ellos* (Ap. 21:4, así como 7:17). En el Cielo no habrá ningún motivo para llorar: ningún pesar,

---

94. *Op. cit.*, p. 235.

ningún accidente, ninguna mala noticia, ninguna traición, ningún fracaso, ninguna persecución, etc. El Dios y Padre amoroso que *guarda en su redoma nuestras lágrimas* (Sal. 56:8), esto es, que no echa en olvido nuestros sufrimientos, no necesitará más tal redoma, pues todos los motivos para llorar en silencio y clamar en angustia habrán pasado.[95] Ni siquiera la condenación eterna de familiares y amigos queridos será motivo de pena y de quebranto, pues los justos juicios de Dios prevalecerán en nuestro corazón sobre cualquier otro sentimiento.

C) *No habrá dolor, ni enfermedad ni muerte* (Ap. 21:4). Estando ya por completo *redimidos* (Ro. 8:18-24), estaremos libres de todo aquello que nuestro Redentor cargó sobre sí (Is. 53:4; 2.ª Co. 5:14; 1.ª Ti. 2:6; He. 2:14). El dolor y la enfermedad son el prólogo de la muerte. *«Y el último enemigo que será suprimido es la muerte»* (1.ª Co. 15:26).

D) *No habrá noche* (Ap. 21:25 y 22:5). Noche, tinieblas y pecado forman una tríada que, en la Biblia, se opone respectivamente a día, luz y santidad (v. por ej., 1.ª Ts. 5:4-8; 1.ª Jn. 1:5 ss.). La noche atemoriza, no sólo por su oscuridad, sino también porque es principalmente por la noche cuando los criminales cometen sus peores fechorías. Por eso, todos cierran con llave y cerrojo las puertas de

---

95. *«Jesús lloró»* (Jn. 11:35) es el vers. más corto del N. T., pero no de la Biblia (como dice ZOLLER, *op. cit.*, p. 271), pues hay otros seis más cortos (Ex. 20:13, 14, 15; Dt. 5:17, 18, 19), aunque es necesario hacer dos aclaraciones: (a) los vv. de Ex. y Dt. aparecen agrupados, respectivamente, en *un* solo vers. en la Biblia Hebrea; (b) la división en caps. existía desde los primeros siglos de nuestra era; pero la división en vers. es muy tardía. Sobre la ausencia de lágrimas en el Cielo, véase ZOLLER, *op. cit.*, pp. 269-270. En esas páginas, ZOLLER dice cosas muy interesantes. Me limito a copiar la definición que da de «lágrimas»: «Las lágrimas son el desagüe de los íntimos sentimientos del corazón»; y, citando al finado Dr. TALMADGE, dice: «Un farmacéutico le dirá a usted que una lágrima se compone de sal, agua y cal, con algunos otros pequeños ingredientes, pero no tiene en cuenta los principales ingredientes: el ácido de una vida agriada; el veneno de un recuerdo amargo; los fragmentos de un corazón quebrantado. Alguien ha definido la lágrima como "una agonía en solución".»

sus casas antes de acostarse. Pero en el Cielo las *puertas nunca serán cerradas*, porque allí no entrará ningún criminal (vv. 8 y 27).

E) *Y no habrá más maldición* (22:5). La maldición que fue pronunciada sobre la tierra por el pecado del hombre, y que en el hombre mismo resultó en muerte (Gn. 3:17-19), habrá dejado de existir, desapareciendo con la tierra actual, en la que la maldición de la muerte continuará incluso en el milenio (v. Is. 65:20). Del trono de Dios y del Cordero sólo saldrán bendiciones perpetuas.

5. ¿Qué es, en realidad, el Cielo?

Si el Cielo ya es tan deseable por lo que *no* hay en él, ¿qué será por lo que hay allí? Para poder vislumbrar un poco de lo que el Cielo es, sería menester comprender la «*profundidad de las riquezas de Dios*», de un Padre omnisciente, omnipotente e infinitamente amoroso. Después de haber sido «*arrebatado al paraíso*», el Apóstol «*oyó palabras inefables que no le es permitido al hombre expresar*» (2.ª Co. 12:4). Y en otro ludar, dice: «*Cosas que el ojo no vio, ni el oído oyó, ni han subido al corazón del hombre* (es decir, ni se le han podido ocurrir a nadie), *son las que Dios ha preparado para los que le aman*» (1.ª Co. 2:9).

El Apóstol Pedro nos describe el Cielo como «*una herencia incorruptible, incontaminada e inmarcesible, reservada en los cielos*» (1.ª P. 1:4). También nosotros «*somos guardados*» para tal herencia (v. 5). Boecio definió la eternidad bienaventurada con una frase latina densa y concisa: «*Interminabilis vitae tota simul et perfecta possessio*» = la posesión plena y perfecta de una vida siempre entera y sin fin. Pero las expresiones de Pedro nos parecen más felices todavía, como inspiradas por Dios. Con base en tales expresiones, podemos dar la siguiente definición de bienaventuranza eterna: «la completa satisfacción, en actividad perfecta, de todos los órganos y facultades del ser humano, sin temor de pérdida, deterioro ni alteración».

Notemos que Pedro, en el pasaje citado, menciona los elementos siguientes:

A) *«Herencia.»* Este término nos suena enseguida a «posesiones». Teniendo en cuenta que es a Dios a quien vamos a heredar, y que vamos a ser los coherederos con Su Hijo Unigénito (Ro. 8:16-17), las inmensas riquezas (*«todo»*, 1.ª Co. 3:21-22) del Dueño del Universo serán nuestras.[96]

B) *«Incorruptible»* = que no se echa a perder jamás; *«incontaminada»* = que no se puede ensuciar ni afear; *«inmarcesible»* = que no se puede marchitar ni deteriorar en manera alguna.

C) *«Reservada.»* Cuando alguien quiere asegurar asiento o cabina en un avión o en barco, lo «reserva» para que nadie le suplante. No obstante, él mismo puede sufrir un accidente, o sobrevenir cualquier otra circunstancia que le prive de ocupar el asiento, por muy «reservado» que esté. Pero Pedro añade que también nosotros estamos *«guardados»*, es decir, «reservados» para dicha herencia, y nada menos que *«por el poder de Dios»* (v. 5), para quien *no hay nada imposible* (Lc. 1:37). Verdaderamente, nuestros tesoros celestes están a buen seguro (Mt. 6:20).

D) *«Para alcanzar la salvación»* —continúa Pedro (v. 5). Esta salvación es la «vida eterna», de la cual ya disfrutamos, y que puede definirse en los mismos términos con que hemos definido la «bienaventuranza eterna»; sólo falta que *«sea revelada en el último tiempo»*, es decir, que se levante el velo que ahora la cubre, cuando la *fe* dará paso a la *visión* (1.ª Jn. 3:2) y *seremos manifestados con Jesucristo en gloria* (Col. 3:3); entonces le conoceremos como somos conocidos por Él (1.ª Co. 13:12).

---

96. Un dato interesante es que somos *koinonoí* = «en comunión con» (2 P. 1:4), no *métokhoi* = «partícipes» (He. 12:8 —cada uno, una parte), de la divina naturaleza, con lo que las posesiones del Cielo no se disminuyen con el número de los participantes. Por otra parte, lo espiritual no se mide por la *cantidad*, sino por la *calidad*.

6. ¿Banquete o sala de espectáculos?

En mi opinión, fue Gregorio de Nacianzo el primero que interpretó 1.ª Co. 13:12 en el sentido de «visión beatífica de Dios».[97] Agustín llegó hasta afirmar que veremos a Dios con los ojos del cuerpo.[98] Lo que, en realidad, hizo que la doctrina de la visión beatífica de la esencia divina entrase en la Iglesia fue una equivocada interpretación de los pasajes que hablan de «ver a Dios» (Mt. 5:8), «ver el rostro de Dios» (Ap. 22:4), «cara a cara (Ex. 33:11), etc. Tales pasajes no indican una contemplación directa de la esencia divina, sino que son modismos semíticos para dar a entender una comunión íntima con Dios. Igualmente equivocada fue la interpretación de pasajes como 1.ª Co. 13:12; 2.ª Co. 5:8 y 1.ª Jn. 3:2, como si tales lugares se refiriesen a la visión de la esencia divina, cuando está claro por el contexto, tanto próximo como remoto, que se refieren a la visión del Señor Jesucristo. Por otra parte, Ez. 1:26; Dan. 7:9; Ap. 4:2; 5:1, nos refieren visiones en las que la presencia de Dios Padre se describe por medio de antropomorfismos que tienen determinados simbolismos.

Lo cierto es que esta doctrina equivocada y completamente antibíblica (v. Jn. 14:9, comp. con Hch. 1:6-7 —donde Jesús no niega el hecho—, y en especial, la declaración enfática de Pablo en 1.ª Ti. 6:16 «a quien ninguno de los hombres vio ni puede ver») entró de lleno en la Iglesia de Roma, y no son pocos los «protestantes» que la creen, llevados de la misma equivocación. Tomás de Aquino, haciendo referencia a los lugares bíblicos arriba indicados y, especialmente, a Agustín, construyó todo un sistema filosófico-teológico para explicar la visión facial de Dios.[99] Tratándose de una visión «sobrenatural», Tomás afirma que el

---

97. V. R. 988. Esto era a fines del siglo IV.
98. *La Ciudad de Dios*, libro XXII, caps. 29 y ss. (R. 1786, 1787 y 1788). Sin embargo, unos 22 años más tarde, cuando ya AGUSTÍN había muerto, escribía TEODORETO: «No ven la sustancia divina, la cual no puede circunscribirse, comprenderse ni ser percibida por la mente —pues ella comprende o abarca todas las cosas—, sino cierto resplandor adecuado a la naturaleza de ellos» (R. 2150).
99. *Summa Theologica*, I, q. 12, arts. 4-9.

entendimiento humano, para alcanzar la visión facial de Dios, no tiene bastante con la gracia divina, sino que necesita ser potenciado con el «*lumen gloriae*» = luz de la gloria, tomando esta expresión del Sal. 36:9 y apelando a Ap. 21:23 en confirmación de ello. Sin embargo, la frase del Salmo 36:9: «*en tu luz veremos (la) luz*», no tiene nada que ver con la visión facial de la esencia divina; tanto que el jesuita español R. Arconada, comentando este versículo, dice:

> En la frase *por tu luz veremos la luz* se ha pretendido ver una ilustración o nuevo apoyo del *lumen gloriae* (es algo que Dios da en la felicidad eterna para que le podamos ver tal cual es, en lo cual consiste la felicidad; Tomás de Aquino, I q. 12 a 2.c); pero escriturísticamente sería mejor ver aquí una expresión metafórica para indicar la excelencia, riqueza y generosidad de los dones divinos y de la felicidad que viene y vendrá de Dios.[100]

En cuanto a Ap. 21:23 («*la gloria de Dios la ilumina*»), nada tiene que ver igualmente con el *lumen gloriae* del de Aquino. Nos limitaremos a citar de otro jesuita español, S. Bartina:

> El efecto de la presencia divina sin velos es radiante. Una ciudad no está perpetuamente a oscuras. La iluminan, al menos, los dos grandes luminares: el sol y la luna. Pues bien, en la nueva Jerusalén, el orden antiguo de cosas ha pasado. Es un mundo nuevo. Está iluminada, pero no necesita de sol ni de luna (Is. 24:33; 60:1, 19, 20; Zac. 14:7). Su luz es Dios, que lleva como manto la claridad resplandeciente (Sal. 104.2). *La gloria de Dios* (he dóxa toú Theoú) es la manifestación radiante de su esencia, traducida en resplandor material a veces. A través de la imagen hay que penetrar en lo simbolizado: los hombres verán perpetuamente la gloria de Dios. De nuevo el Cordero es presentado en la misma línea divina del

---

100. *La Sagrada Escritura. Antiguo Testamento*, IV, sobre este lugar (los subrayados son suyos).

Padre. El luminar (ho lykhnos), más resplandeciente que el sol, de la nueva Jerusalén es Jesucristo. En virtud del paralelismo sinónimo hebreo, lámpara equivale a resplandor (lykhnos = dóxa), y Dios el Padre es idéntico al Hijo en la naturaleza divina.[101]

Sin embargo, la enseñanza de Tomás ha prevalecido en la Iglesia de Roma hasta nuestros días.[102] Y el papa Benedicto XII, el año 1336, definió como «dogma de fe» que las almas de todos los que se salvan, inmediatamente después de su entrada en el Cielo,

> han visto y ven la esencia divina intuitivamente y cara a cara, de modo que, en cuanto se refiere al objeto visto, nada creado opera como medio de visión, sino que la esencia divina se les manifiesta plena, clara y abiertamente... Por esta visión y el gozo consiguiente, las almas... son verdaderamente felices.[103]

Según esta misma enseñanza, la presencia de Jesucristo en el Cielo sólo añade una gloria o bienaventuranza *accidental*.[104] De este modo, el Cielo se convierte así en una especie de «sala de espectáculos», donde la visión de la esencia divina puede compararse a una gigantesca pantalla panorámica, en la que los bienaventurados ven todo lo existente.[105] No todos los teólogos católicos están conformes con esta representación del Cielo. El jesuita belga P. Charles comenta sobre esto:

---

101. *La Sagrada Escritura. Nuevo Testamento*, III, sobre este lugar (los subrayados son suyos).

102. Preguntará algún lector: Entonces, ¿cómo perdura tal doctrina, si los modernos exegetas católicos la soslayan? Responderé con una observación que le oímos a nuestro profesor de Antiguo Testamento en la Universidad Eclesiástica de Salamanca, el famoso dominico A. COLUNGA: «Si los teólogos no se metieran en exégesis, ni los exegetas en teología, las cosas irían mucho mejor» (esto era en el año 1944).

103. Denz. 1000 En cuanto a las funestas consecuencias teológicas de tal «dogma», véase mi libro *Catolicismo Romano* (CLIE, Tarrasa, 1972), pp. 130 y ss.

104. V. L. OTT, *op. cit.*, p. 47.

105. V. TOMÁS DE AQUINO, *Summa Theologica*, I, q. 12, a. 8.

Encuentro hoy en vuestro Evangelio esta frase sorprendente [*«a mi mesa»*, Lc. 22:30], Señor, por la cual Vos nos describís el cielo que todos esperamos... Hemos construido sobre este punto muy bellas teorías. Hemos explicado y probado que la felicidad del cielo estriba en una visión beatífica, acompañada de una luz de gloria; y que esta visión tenía por objeto, Señor, vuestra misma esencia divina... Vos nos dijisteis que el cielo era una gran mesa, donde estaríamos sentados con Vos, bebiendo el vino del Padre y conversando como amigos... Vuestro cielo no es solamente una gran sala de espectáculos; es un comedor.[106]

La equivocación de P. Charles, como la de todos los que se oponen al milenio literal, es que toman como dicho del Cielo lo que la Palabra de Dios refiere al reino mesiánico en la tierra. «Este lenguaje figurativo —dice J. McNicol— significa comunión con Cristo en el gobierno de Su reino mesiánico.»[107] Pero, aún así, es preferible el símbolo del «banquete» al de la «sala de espectáculos».

Ya hemos dicho anteriormente que muchos evangélicos andan confundidos con esto de la «visión beatífica», que es un dogma típicamente «romanista». Incluso referida al Señor Jesucristo, opino que la expresión «visión beatífica»[108] no nos expresa bien lo esencial de la bienaventuranza eterna. Creo que sería preferible hablar de «comunión dichosa» con nuestro divino Señor y Salvador Jesucristo, *«porque en El habita corporalmente toda la plenitud de la Deidad»* (Col. 2:9). El que no se satisfaga con la futura compañía del Salvador, no ha comprendido aún nada de lo que es y significa para los creyentes la adorable persona de Cristo. El Apóstol Pedro, que le trató personalmente y tanto le amó, nos dice que *«para vosotros, pues, los que*

---

106. *La Oración de Todas las Cosas* (Desclée de Brouwer, Bilbao, 1965), pp. 65-68 (citado más ampliamente en mi libro *Espiritualidad Trinitaria*, 2.ª Parte, cap. 2.º, punto 4).
107. En *New Bible Dictionary*, sobre este lugar.
108. Así la usa, por ejemplo, E. F. KEVAN, *op. cit.*, VII, lecc. X, p. 3.

creéis, es de gran valor» (1.ª P. 2:7).[109] Y en el capítulo anterior, tiene unas frases emocionantes: «A quien (Jesucristo, v. 7) amáis sin haberle visto, en quien creyendo, aunque ahora no lo veáis, os alegráis con gozo inefable y glorioso» (1.ª P. 1:8).

7. No todos disfrutarán de la misma gloria en el Cielo

En otro lugar,[110] hemos hablado largamente sobre la diversidad de recompensas en el tribunal de Cristo. Opino personalmente que la frase de Pablo en 1.ª Co. 15:41 b: «pues una estrella se diferencia de otra en el resplandor», con el «Así también...» con que comienza el versículo siguiente, es una clara indicación de la diversidad de gloria y de servicio que los bienaventurados tendrán, de acuerdo con la dedicación que mostraron aquí en esta vida (v. también Dan. 12:3; 1.ª Co. 3:11-15; 2.ª Jn. 8; Ap. 3:11: 22:12). No por eso se sentirán menos favorecidos los que «brillen» menos en el Cielo, sino que, por el contrario, glorificarán a Dios por aquellos que «brillen» más. Dice Agustín: «No habrá envidia por la gloria desigual, porque en todos reinará la unidad del amor.»[111]

El doctor Graham Scroggie dice muy atinadamente: «Quizá podamos afirmar que todos los que serán salvos, gozarán del Cielo para siempre, pero no todos tendrán la misma capacidad para este gozo.»[112] La mejor ilustración que se me ocurre es la de vasos de diferente capacidad, pero todos llenos hasta rebosar. Más aún, puesto que la vida es algo dinámico, no estático, la vida eterna será un crecimiento interminable. Comentando la frase de Pablo en Ef. 3:19: «para que seáis llenados hasta toda la plenitud de Dios», dice E. Y. Mullins:

---

109. Aunque el griego dice literalmente: «Es un honor para vosotros los que creéis», el sentido queda igual: Jesús es alguien tan valioso, que resulta un gran honor creer en El.
110. Lección 28.ª, punto 4.
111. Tratado sobre el Evangelio de Juan, 67, 2.
112. Citado por E. F. KEVAN, op. cit., VII, lecc. X, p. 4.

Este modelo de conocimiento exige crecimientos sin límites. La naturaleza de la mente y del espíritu implica una capacidad que siempre va ensanchándose. La actividad mental es imposible sin cierto grado de ensanchamiento. De otro modo viene a ser, bajo la ley del hábito, una especie de instinto, el cual llega a ser automático y tiende a rebajarse hasta el nivel de los brutos. La gracia abre todas las puertas de nuestra naturaleza e intensifica todo anhelo que tenemos de las realidades más altas... El verdadero ideal de los seres espirituales y personales es el de una vida que sea siempre activa, siempre descansando, sin embargo, en la actividad; que esté siempre satisfecha y bendecida, sin embargo, siempre aspirante; que siempre hace adquisiones, sin embargo, siempre esperando mayores adquisiciones (Ro. 8:24). La esperanza es un elemento permanente de la vida redimida, y esto implica crecimiento y mejoramiento sin fin.[113]

Alguien podría objetar que la esperanza cesa cuando llega la posesión (v. Ro. 8:24, comp. con 1.ª Co. 13:13), pero eso se refiere únicamente a la entrada en la gloria, no a una posesión estática sin crecimiento, ya que los bienes espirituales progresan al ritmo de la vida espiritual, y la vida es siempre una actividad que tiende a progresar. Podríamos comparar el Cielo (o nuestro disfrute del Cielo) a unos vasos elásticos, siempre llenos y, al mismo tiempo, siempre ensanchándose para llenarse más y más. Nuestras ocupaciones en el Cielo exigen igualmente este progreso.

8. ¿Cuáles serán nuestras ocupaciones en el Cielo?

A) *Adoración.* Si la primera función del creyente espiritual es la alabanza y la acción de gracias con cánticos espirituales (v. Ef. 5:19-20), ésta ha de ser también nuestra primordial ocupación en el Cielo. Por eso, Ap. 21:3 nos describe la nueva Jerusalén como *«el tabernáculo de Dios con los hombres»*; no hará falta otro *«santuario»* (v. Ap. 21:22).

---

113. *La Religión Cristiana en su expresión doctrinal,* pp. 495-496, y *Enciclopedia de Teología Apologética,* por S. VILA.

Esto significa que, mientras antiguamente Dios habitaba en su «tabernáculo» o «morada personal», entre las *tiendas* o moradas de los Suyos, en el Cielo ensanchará Su tabernáculo, como un inmenso pabellón de gloria, para habitar en comunión íntima y presencia infinitamente cercana con sus hijos. Que la adoración cantada sea la primordial ocupación de los creyentes se echa de ver por los capítulos 4 y 5 del mismo Apocalipsis. Dice F. Martínez García:

EL CIELO ES ALABAR DE LA MISMA FORMA QUE LA CONDENACIÓN ES NO TENER NADA QUE ALABAR... La alabanza aquí es proporcional a un buen corazón, al conocimiento y reconocimiento de un Dios grande y maravilloso. Ser cristiano es alabar, y salvarse es alabar eternamente. «En tu casa, Señor, te alabaré por los siglos» (Sal. 84:4).[114] «Oí como una gran voz de una gran multitud en el cielo, que decía: ¡Aleluya!... Y por segunda vez continuaron diciendo: ¡Aleluya!» (Ap. 19:1, 3). Alabar es poseer a Dios, ser poseído por Él. Resumir la vida en Él, valorándose. Es tomarle en cuenta, en serio. Es hacer que Él sea en el conocimiento, en el corazón y en la vida. Hay una alabanza hipócrita que no nace del corazón ni expresa la verdad de una vida. Pero hay una alabanza que expresa al hombre entero, porque su vida, sus hechos y su corazón quedan totalizados en su expresión de alabanza.[115]

B) *Servicio.* A pesar de las resonancias peyorativas que este vocablo parece provocar en muchos oídos, lo cierto es que no hay nada tan glorioso como «servir» (v. Gá. 5:13 *b*; 6:2), porque «servir» significa, en fin de cuentas, «ser útil» (v. 2.ª Ti. 2:20-21). Ap. 22:3 dice: *«y sus siervos le servirán».* Siendo un servicio a Dios nuestro Padre, será siempre un servicio santo, sagrado, cultual, como está bien indicado en el verbo *latreúsousin.* ¿Qué clases de servicios le ofreceremos a Dios por toda la eternidad? La Palabra de Dios menciona, como hemos dicho, la adora-

---

114. El texto correcto de dicho vers. es: «*Bienaventurados los que habitan en tu casa, perpetuamente te alabarán.*»
115. *La Misa, compromiso de la comunidad cristiana,* pp. 106-107.

ción, la alabanza, el reconocimiento perenne por lo que
Él es en Sí y por lo que ha sido, es y será para nosotros.
Es probable que haya también servicios de enseñanza, administración, etc., aunque es preferible esperar gozosos,
a sabiendas de las numerosas sorpresas que el Señor nos
deparará, más bien que enredarnos en imaginaciones con
poco o ningún fundamento en la Biblia.[116]

C) *Comunión.* Si el Cielo es una «comunión beatificante» con nuestro Dios y Padre, esta comunión ha de
incluir también a los demás bienaventurados (v. 1.ª Jn.
5:1 b: «*y todo aquel que ama al que engendró, ama también al que ha sido engendrado por él*»). He. 12:22-24 nos
describe esta comunión al decirnos que «*nos hemos acer-
cado a la asamblea festiva de miríadas de ángeles, a la
congregación de los primogénitos que están inscritos en
los cielos, a Dios el Juez de todos, a los espíritus de los
justos hechos perfectos, a Jesús*». ¿Cabe una compañía más
gloriosa? Si el Infierno es la compañía de los demás malvados, lo cual añadirá un tormento indecible al tormento
personal, el Cielo será una comunión dichosa con Dios y
con Sus hijos. ¿Quién no deseará encontrarse allí con Pablo, con Pedro, con Juan, y escuchar de sus labios las grandes maravillas que hizo el Señor en ellos y por ellos?
¿Quién no deseará, especialmente, escuchar arrobado a los
pies de nuestro divino Salvador tantas y tantas cosas que
tendrá que decirnos? ¡Cómo alabaremos a Dios, al reconocer la sabiduría, el poder y el amor con que fue contro-
lando todas las circunstancias para que todas las cosas
cooperasen para nuestro bien! (Ro. 8:28).

D) *Conocimiento.* 1.ª Co. 13:8-10 nos da a entender que
el Cielo se caracterizará por una plenitud, siempre crecien-
te, de conocimiento. Allí reconoceremos también a nues-

---

116. El famoso compositor de himnos religiosos, JOHN NEWTON,
decía: «Cuando yo llegue al Cielo, espero encontrarme allí con
tres sorprendentes maravillas: la primera, hallar allí algunos que
no pensé ver en aquel lugar; la segunda, no hallar allí algunos
que yo esperaba ver; y la tercera, la mayor maravilla de todas,
encontrarme a mí mismo allí» (citado en *The Encyclopedia of Religious Quotations*, p. 326).

tros familiares y amigos, contra lo que opinan algunos hermanos (¿qué sentido tendría, si no, He. 12:22-23?). Todo lo que en este mundo hay de «*verdadero, respetable, justo, puro, amable, de buena reputación, virtud, digno de alabanza*» (Flp. 4:8), estará allí sublimado y perfeccionado, pues el mismo Apóstol que terminó esas frases con la exhortación «*en esto pensad*», dijo también: «*Poned la mira en las cosas de arriba*» (Col. 3:2). «La vida eterna —dice E. F. Kevan— no puede significar empobrecimiento.» [117] El hecho de que allí no existan las relaciones sexuales (Mr. 12:25), no quiere decir que se hayan destruido los sentimientos y los afectos que aquí han constituido una parte legítima de nuestra felicidad. [118]

E) *¿Habrá en el Cielo funciones vegetativas?* Lugares como Lc. 14:15; 22; 18, 30 deben tomarse al pie de la letra, no metafóricamente, pero el caso es *que no se refieren al Cielo, sino al reino mesiánico en la tierra.* Por otra parte, Ro. 14:17 no puede tomarse como argumento en contra, ya que dicho texto ha de leerse en su contexto y a la luz de 1.ª Co. 8:8. Jesús, ya resucitado, «*comió a la vista*» de los discípulos, pescado y miel (Lc. 24:42-43). Bien pudo hacerlo, no porque lo necesitara, sino para dar evidencia de que no era «*un espíritu*» (v. 39). Jn. 20:27, con heridas abiertas, pero no sangrantes, viene a ser una confirmación de lo que dice Pablo en 1.ª Co. 15:50: «*La carne y la sangre no pueden heredar el reino de Dios.*» Tratándose de lo que ocurre después de la resurrección, no cabe duda de que Pablo se refiere al Reino en su estado eterno, no al reino milenario. Escribe, a este respecto, Trenchard:

---

117. *Op. cit.*, VII, lecc. X, p. 4.
118. Ap. 21:26 causa mucha confusión a los exegetas, haciendo dudar a muchos sobre si se trata allí del reino milenario o del estado eterno. Los alegoristas (V. S. BARTRINA, *op. cit.*, sobre los vv. 24-26) andan a tientas. Las *naciones*, como tales, no entrarán en el Cielo, porque pertenecen a las estructuras terrenales, pero todo lo *honorable* que hayan producido los *gentiles, en cuanto tales*, entrará en las moradas eternas. Israel, por un lado, con todo lo sagrado (Véase Zac. 14:20-21), y la Iglesia, que habrá sido ya *presentada sin mancha ni arruga* (Ef. 5:27), no tienen por qué ser mencionados de nuevo (véase J. F. WALVOORD, *op. cit.*, pp. 327-328).

En tono enfático Pablo afirma que «carne y sangre no pueden heredar el Reino de Dios». «Heredar»
aquí sólo significa el hecho de «tomar posesión» del
Reino en su manifestación final, y la referencia no
anula otros aspectos presentes y pasados del «Reino
de Dios» ni el hecho de que podemos entrar en él
como «niños» ahora (Mr. 10:13). El «Reino de Dios»
ha de entenderse aquí en relación con la doctrina de
la resurrección y corresponde al nuevo orden, cuando Dios hará nuevas todas las cosas. En aquella esfera y condición es inoperante el modo de vivir que
depende ahora de la sustancia del cuerpo y del riego
sanguíneo, con todos los demás factores anatómicos
y fisiológicos que rigen en el maravilloso cuerpo que
poseemos.[119]

A pesar de que la ausencia de sangre y el estado glorificado de los cuerpos de los bienaventurados parecen indicar el cese total de las funciones vegetativas, la existencia
del «árbol de la vida» (Ap. 22:2) en el Cielo nos indica que
hemos de comer de él, si hemos de tomarlo en el mismo
sentido literal que tiene en Gn. 2:9 (v. también Ap. 2:7;
22:14 y probablemente, 22:19, en lugar de «libro de la
vida», la fraseología es distinta de la de 3:5 «no borraré su
nombre...»). Como dice J. F. Walvoord:

> El árbol de la vida parece referirse a un árbol se-
> mejante en el huerto del Edén (Gn. 3:22, 24). Su ca-
> rácter nos es revelado en Gn. 3:22, en el sentido de
> que, si Adán y Eva hubiesen comido del árbol de la
> vida, la muerte física habría sido una imposibilidad.
> El árbol de la nueva Jerusalén parece tener una cua-
> lidad y un objetivo similares y, aun cuando es difícil
> determinar dónde habría de trazarse la línea diviso-
> ria entre lo literal y lo simbólico, el árbol es repre-
> sentado llevando fruto cada mes, fruto que, al pare-
> cer, se puede comer, aunque el texto no lo dice, y
> también provee de hojas que se describen como «para
> la sanidad de las naciones»... La palabra para «sani-
> dad» es therapeian, de la que se deriva el término

---

119. *Primera Epístola a los Corintios* (Edit. Literatura Bíblica,
Madrid, 1970), p. 306.

terapéutica... Más bien que significar específicamente
«sanidad», habría de entenderse como «dando salud»,
ya que el vocablo tiene en su raíz la idea de servir o
ministrar. En otras palabras, las hojas del árbol pro-
mueven el disfrute de la vida en la nueva Jerusalén,
y no son para corregir males que no existen. Por supuesto, esto se confirma por el hecho de que allí ya
no hay más maldición, como lo declara el versículo 3.[120]

Al llegar al final de este libro, me siento anonadado por
la dificultad de los temas que la Escatología incluye y no
me extraño de que, en algunos puntos, los distintos co-
mentaristas de los textos sagrados difieran tanto. De buena gana diría como Sócrates: «Sólo sé que nada sé.» Pero
Pablo, inspirado por Dios, lo dijo mejor: *«Y si alguno se
imagina que sabe algo, aún no ha aprendido nada como se
debe conocer»* (1.ª Co. 8:2). Con todo, el Apóstol no era un
pesimista; conocía *«un camino por excelencia»* (1.ª Co.
12:31) y añadió otro de sus dichos sublimes: *«Pero si alguno ama a Dios, ése ha sido conocido por Él»* (1.ª Co. 8:3).

En fin de cuentas, no es la cabeza, sino el corazón, lo
que hace al teólogo, lo mismo que al cristiano. El doctor
A. T. Pierson escribió lo siguiente: «El más alto secreto
para el estudio de la Biblia es un espíritu de aprendizaje
que es inseparable de la obediencia.» [121]

¡Quiera el Señor concedernos, al que esto escribe, y a
todo aquel que lo lea, la gracia de obedecer Su Palabra y
*«estar atentos a ella como a una lámpara que alumbra en
un lugar oscuro, hasta que despunte el día y el lucero de la
mañana alboree en nuestros corazones»* (2.ª P. 1:19)!

«SI, VEN, SEÑOR JESUS» (Ap. 22:20).

---

120. *Op. cit.*, p. 330.
121. Citado en *Scofield Correspondence Course,* I (Moody Bible
Institute, Chicago), p. 141.

CUESTIONARIO:

1. ¿Qué lugar ocupará la nueva Jerusalén en el estado eterno? — 2. ¿En qué sentidos usa la Biblia el vocablo «cielo»? — 3. ¿Es el cielo un estado solamente o es también un lugar? — 4. ¿Qué simbolismos encierra el hecho de que el mar haya dejado de existir? — 5. ¿Qué otras cosas desagradables estarán ausentes del cielo? — 6. ¿Cómo describe Pedro la herencia de los bienaventurados? — 7. ¿Qué significan los textos bíblicos que hablan de «ver a Dios»? — 8. ¿En qué se funda la doctrina romana de la llamada «visión beatífica»? — 9. ¿Qué lugares bíblicos están claramente contra tal doctrina? — 10. ¿Hay alguna diversidad de gloria entre los moradores del Cielo? — 11. ¿Quedará fijado para siempre el grado de gloria que cada bienaventurado reciba a su entrada en el Cielo? — 12. ¿Cuáles serán nuestras ocupaciones en el Cielo?

BIBLIOGRAFIA

*(Los marcados con * son católicos)*

* AGUSTÍN DE HIPONA, *La Ciudad de Dios*, 2 vols. (BAC, núms. 171 y 172, Madrid).

ASKWITH, CH., *The Certainty & Signs of the Lord's Second Coming* (The Protestant Truth Society, London, 1942).

BARCLAY, W., *New Testament Words* (SCM Press Ltd., London, 1964).

* BARTINA, S., *Apocalipsis*, en *La Sagrada Escritura. Nuevo Testamento*, III (BAC, núm. 214, Madrid, 1967), pp. 571-865.

BERKHOF, L. *Teología Sistemática* (trad. de F. Delgado, Eerdmans, Grand Rapids, 1976), pp. 791-884.

BERKOUWER, G. C., *Studies in Dogmatics. The Return of Christ* (Eerdmans, Grand Rapids, 1972).

BARCHUK, I., *Explicación del Libro del Apocalipsis* (trad. de J. A. Holowaty, La Voz de la Amistad, San Francisco, 1975).

* BETTENSON, H. —Edit. and Transl.—, *The Early Christian Fathers* (Oxford University Press, London, 1963).

BRADY, CH., *The Near Return of The Lord Jesus Christ* (The Children's Special Service Mission, London, s/f).

BROWN, C. —Edit.—,*Dictionary of New Testament Theology*, 3 vols. (The Paternoster Press, Exeter, 1975).

CAIRD, G. B., *The Revelation of St John the Divine* (A. & Ch. Black, London, 1977).

CARBALLOSA, E. L., *Daniel y el Reino Mesiánico* (Portavoz Evangélico, Barcelona, 1979).

COHN, L., *Daniel's Seventy Weeks — What Do They Mean?* (trad. al inglés por J. H. Cohn y Ch. L. Feinberg, Sar Shalom Publications, Hamilton, s/f).

CONN, H. M., *Teología Contemporánea en el Mundo* (trad. de J. M. Blanch, publicado por la Subcomisión Literatura Cristiana de la Iglesia Cristiana Reformada, s/s).

* CUERVO-ARANGO, F., *Introducción al pensamiento de K. Barth* «*El Destino del Reprobado*» (Nova Terra, Barcelona, 1970).

CULLMAMM, O., *La Historia de la Salvación* (trad. de V. Bazterrica, Ediciones Paulinas, Barcelona, 1967).

CHAFER, L. S., *Teología Sistemática*, vol. II (trad. de varios aa., Publicaciones Españolas, Dalton, 1974), pp. 259-450.

DARBY, J. N., *Estudio sobre el libro del Apocalipsis* (trad. de C. Sanz, CLIE, 1976).

DAVIDSON, I. E., *Readings in Revelation* (Barbican Book Room, Chislehurst, 1969).

DUBARRY, R., *Pour Faire Connaissance avec un Trésor Caché* (Imprimeries Réunies, Valence-Sur-Rhône, 1954).

EICHRODT, W., *Teología del Antiguo Testamento*, 2 vols. (trad. de D. Romero, Ediciones Cristiandad, Madrid, 1975).

FEINBERG, CH. L., *Millennialism. The Two Major Views* (Chicacago, Moody Press, 1980).

—, Editor, *Prophecy and the Seventies* (The Moody Bible Institute, 1976).

FERNÁNDEZ, D., *¿Se acerca el fin del mundo?* (tratadito de LA HORA BAUTISTA).

FOUNTAIN, Th., *Claves de interpretación bíblica* (Casa Bautista de Publicaciones, El Paso, 1975).

* GARCÍA CORDERO, M., *Teología de la Biblia*, 3 vols. (Madrid, BAC, núms. 307, 335 y 336).

* GELIN, A., *Las Ideas Fundamentales del Antiguo Testamento* (trad. de J. M. C. Azcona, Ed. Desclée de Brouwer, Bilbao, 1965).

GRAU, J. *Escatología* (CLIE, Tarrasa, 1977).

—, *Estudios sobre Apocalipsis* (Ediciones Evangélicas Europeas, Barcelona, 1977).

—, *Las Profecías de Daniel* (Ed. Evangélicas Europeas, Barcelna, 1977).

GRIFFITH THOMAS, W. H., *The Principles of Theology* (Church Book Room Press, 1956).

GUINNESS, O., *The Dust of Death* (The Inter-Varsity Fellowship, Londres, 1973).

HARRISON, E., *El Comentario Bíblico Moody. Nuevo Testamento* (Editorial Moody, Chicago, 1971).

HENDRIKSEN, W., *More Than Conquerors. An Interpretation of the Book of Revelation* (The Tyndale Press, Londres, 1962). Hay edición española.

HERNÁN, M., *El Futuro Está Escrito* (Humanes de Madrid - CARPA, 1979).

HODGE, Ch., *Systematic Theology*, III (James Clarke & Co. Ltd., Londres, 1960), pp. 713-880.

HOUGHTON, Th., *The Faith and the Hope of the Future* (The Sovereign Grace Advent Testimony, Londres, s/f).

JEREMÍAS, J. *Teología del Nuevo Testamento* (trad. de C. Ruiz-Garrido, Ed. Sígueme, Salamanca, 1974).

* JUAN CRISÓSTOMO, *Homilías sobre san Mateo*, II (BAC, Madrid, n. 146), pp. 494-572.

KEELING, G. G., *The Visions of the Horses* (L. Saunders & Co., Manchester, 1928).

KEVAN, E. F., *London Bible College Correspondence Course. Eschatology.*

KUHLMANN, P. y PATON, J. I., *Outline Studies of Prophetic Truths* (Back to the Bible Publishers, Nebraska, 1959).

LACUEVA, F., *El Hombre, Su Grandeza y Su Miseria* (CLIE, Tarrasa, 1976).

—, *Espiritualidad Trinitaria* (CLIE, Tarrasa, 1983).

—, *Etica Cristiana* (CLIE, Tarrasa, 1975).

—, *La Iglesia, Cuerpo de Cristo* (CLIE, Tarrasa, 1973).

—, *La Persona y la Obra de Jesucristo* (CLIE, Tarrasa, 1980).

—, *Mensajes de Siempre Para Hombres de Hoy* (CLIE, Tarrasa, 1981).

LINDSEY, H., *The Late Great Planet Earth* (Lakeland, Londres, 1973).

MACPHERSON, D., *The Incredible Cover-Up* (Logos International, Plainfield, 1975).

MOODY, R. A., *Vida después de la Vida* (trad. de R. Lassaletta, EDAF, Madrid, 1977).

MOTYER, J. A., *After Death. A Sure and Certain Hope* (Hodder and Staughton, Londres, 1965).

MULLINS, E. Y., *La Religión Cristiana en su expresión doctrinal* trad. de S. Hale. Casa Bautista de Publicaciones, 1968).

* OTT, L., *Fundamentals of Catholic Dogma* (The Mercier Press Ltd., Cork, 1966), pp. 473-496.

PENTECOST, J. D., *Eventos del Porvenir* (trad. de L. G. Galdona, Edit. Libertador, Maracaibo, 1977).

—, *Man's Problems, God's Answers* (Moody Press, Chicago, 1980).

* ROUËT DE JOURNEL, M. J., *Enchiridion Patristicum* (Herder, Barcelona, 1959), Index núms. 583-612.

ROWLANDS, W. J., *Our Lord Cometh* (The Sovereign Grace Advent Testimony, Londres, 1964).

RYRIE, Ch. C., *A Survey of Bible Doctrine* (Moody Press, Chicago, 1980), pp. 159-184.

—, *Biblical Theology of the New Testament* (Moody Press, Chicago, 1978).

—, *Dispensacionalismo, hoy* (Portavoz Evangélico, Barcelona, 1975).

* SALGUERO, J., *Apocalipsis*, en *Biblia Comentada*, VII (BAC, Madrid, n. 249, año 1965), pp. 293-547.

SAUER, E., *De eternidad a eternidad* (trad. de G. Serrano V., Portavoz Evangélico, Barcelona, 1977).

SCHAEFFER, F., *Escape from Reason* (IVF, Londres, 1968). Hay ed. cast. *(Huyendo de la Razón)*.

—, *Muerte en la Ciudad* (trad. de J. Grau, EEE, Barcelona, 1973).

SPEED-ANDREWS, J., *The Fulfilling of a Plan. A Study in the Second Coming of Christ* (The Chronicle Press Ltd., Ilfracombe, 1964).

STRONG, A. H., *Systematic Theology* (Pickering & Inglis, Londres, 1958), pp. 981-1056.

TATFORD, F. A., *El Plan de Dios para las edades* (trad. de S. Vila, Outreach Inc., 1971).

THOMPSON, D. A., *The Believer at & after the Death* (The International Council of Christian Churches, Londres, s/f).

* TOMÁS DE AQUINO, *Suma contra los Gentiles*, II (BAC, Madrid, n. 102), pp. 953 y ss.

—, *Summa Theologica*, Supplementum (BAC, Madrid, n. 87), pp. 352-630.

TOMS, A. D., «*I will come again». An Introduction to the Study of Prophecy* (The Sovereign Grace Advent Testimony, Londres, 1963).

TREGELLES, S. P., *The Hope of Christ's Second Coming* (The Sovereign Grace Advent Testimony, Londres, s/f).

TRENCHARD, E., *Estudios de Doctrina Bíblica* (Literatura Bíblica, Madrid, 1976).

TURNER, D. D., *Doctrina de las Ultimas Cosas* (Academia Cristiana del Aire, Quito, 1965).

—, *Exposición del Apocalipsis* (Academia Cristiana del Aire, Quito, 1967).

VILA, S., *Cuando El Venga* (CLIE, Tarrasa, 1967).

—, *La Nada o las Estrellas* (CLIE, Tarrasa, 1980).

VON RAD, G., *Teología del Antiguo Testamento*, 2 vols. (Sígueme, Salamanca, 1972).

VOS, G., *Biblical Theology* (The Banner of Truth, Londres, 1975), pp. 27-40, 289 y ss., 372-390.

WALVOORD, J. F., *Daniel. The Key to Prophetic Revelation* (Moody Press, Chicago, 1980).

—, *The Rapture Question* (Zondervan, Grand Rapids, 1978).

—, *The Return of the Lord* (Zondervan, Grand Rapids, 1980).

—, *The Revelation of Jesus Christ* (Moody Press, Chicago, 1966).

WESTMINSTER CONFESSION OF FAITH (The Wycliffe Press of The Protestant Truth Society, Londres, 1962), pp. 28, 84-90.

ZOLLER, J. E., *Heaven* (New Era, Michigan, CLIE, 1972). (Hay edición en castellano.)

COMENTARIOS GENERALES Y ENCICLOPEDIAS

* ALFARO, J. y FONDEVILA, J. M., *Enciclopedia Sacramentum Mundi* (Editores de la ed. castellana, Ed. Herder, Barcelona, 1976), 6 vols.

DAVIDSON, F., Director of *New Bible Commentary* (The IVF, Londres, 1953).

* DÍEZ MACHO, A. y BARTINA, S., Directores de la *Enciclopedia de la Biblia* (Ediciones Garriga, S.A. Barcelona, 1969), 6 vols.

GILL, J., *Dr. Gill's Commentary* (W. Hill, Londres, 1852 y 1853), 6 vols.

HOWLEY, G. C. D., Editor, *A Bible Commentary for Today* (Pickering & Inglis, 1979).

MEYER, F. B., *Bible Commentary* (Tyndale House Publishers Inc., Wheaton, Illinois, 1979).

PFEIFFER, Ch. & HARRISON, E. F., Edits., *The Wycliffe Bible Commentary* (Moody Press, Chicago, 1980).

— & Vos, H. F. & Rea, J., Directs., *Wycliffe Bible Encyclopedia* Moody Press, Chicago, 1976), 2 vols.

ESCATOLOGIA II - (C.F.T.E.)

(XI-87)

ESTIMADO LECTOR:

La DIRECCION de la Editorial CLIE, agradece sinceramente el que usted haya adquirido este libro, deseando que sea de su entera satisfacción.

Si desea recibir más información remítanos este volante son su nombre y dirección, y le enviaremos gratuitamente nuestro Boletín de Novedades.

Cualquiera observación que desee hacernos puede escribirla al dorso.

Desprenda esta hoja tirando hacia afuera y de arriba a abajo y envíela a su librería o a:

EDITORIAL CLIE
Galvani, 113
08224 TERRASSA (Barcelona) España

Nombre: —————————————————————

Calle: ———————————————————————

Ciudad: ——————————————————————

Estado: ——————————————————————

Edad: ——— Profesión: ——————————Fecha: ———

Nota:
Este libro ha sido adquirido en:

OBSERVACIONES